中国式现代化教学科研的理论与实践

二十一世纪"双一流"建设系列精品教材

项目式教学案例集萃

主　编　汤火箭　廖春华　蒋海曦

西南财经大学出版社

中国·成都

图书在版编目（CIP）数据

项目式教学案例集萃/汤火箭,廖春华,蒋海曦主编.—成都:西南财经
大学出版社,2024.3
ISBN 978-7-5504-5946-5

Ⅰ.①项…　Ⅱ.①汤…②廖…③蒋…　Ⅲ.①高等学校—教学研究
Ⅳ.①G642.0

中国国家版本馆 CIP 数据核字(2023)第 185440 号

项目式教学案例集萃

XIANGMUSHI JIAOXUE ANLI JICUI

主编　汤火箭　廖春华　蒋海曦

责任编辑:李特军
责任校对:冯　雪
封面设计:张姗姗
责任印制:朱曼丽

出版发行	西南财经大学出版社(四川省成都市光华村街55号)
网　　址	http://cbs. swufe. edu. cn
电子邮件	bookcj@ swufe. edu. cn
邮政编码	610074
电　　话	028-87353785
照　　排	四川胜翔数码印务设计有限公司
印　　刷	郫县犀浦印刷厂
成品尺寸	185 mm×260 mm
印　　张	16.875
字　　数	374 千字
版　　次	2024 年 3 月第 1 版
印　　次	2024 年 3 月第 1 次印刷
印　　数	1— 1000 册
书　　号	ISBN 978-7-5504-5946-5
定　　价	48.00 元

序 言

当前，以大数据、人工智能为代表的高新技术迅猛发展，新一轮科技革命和产业升级加速演进，全球各领域正历经全方位、深层次变革，并与我国全面建设社会主义现代化国家新征程形成历史性交汇。一方面，人工智能、大数据、云计算等高新技术催生出诸多创新应用场景，为我国实施创新驱动发展战略、全方位参与国际竞争提供了新赛道。另一方面，日益激烈的国际竞争迫切需要广泛集聚各类人才，形成助推创新高地建设的智力支撑，这对当前高等教育人才培养提出了新要求。高校作为教育、人才和科技融合的交汇平台，务必要抢抓机遇、迎头追赶、主动变革，与时俱进创新改革高等教育人才培养模式，全面提升人才自主培养质量。为此，诸多高校准确识变、主动求变，积极顺应数字时代人才培养导向，因地制宜创新教学模式和方法，推动高等教育教学内容精准对接社会发展需求，为全面提高新时代创新型人才培养水平筑牢坚实支撑。

近年来，西南财经大学全面推进"新财经"战略，紧扣数字时代社会变革新特征，紧贴数字时代高等教育形态新转向，紧跟数字时代对人才素养新要求，加强数字经济拔尖创新人才培养，推进以项目式学习为核心的场景化教学改革先行先试，逐步形成有西财特色的高等财经教育教学改革模式。作为一种建构性的教与学方式，项目式学习强调以学生为中心，引导学生对知识主动探索、发现并进行主动建构。作为一种创新的教学方法，场景化教学倡导以项目式学习为核心，鼓励教师基于课程知识点，结合数字经济、人工智能等真实应用场景，设计具有明确目标任务的独立项目，指导学生分组合作或独立进行信息收集、方案设计、项目实施、最终评价和项目成果转化。在这个过程中，学生的独立思考能力和沟通协作能力得以提升，系统性、整体性和实践性思维逐步形成，跨学科、高质量、沉浸式的学习体验得以实现。

为进一步推动"新财经"战略升级,西南财经大学围绕全面提高人才自主培养质量重点任务,聚焦制度建设、课堂教学、教研培训、产教融合与典型案例,深入开展场景化教学改革,推进新财经教育变革和创新。学校建立健全制度建设,将场景化教学改革纳入人才培养方案,要求每个专业开设不少于1门场景化课程;着力推进课程改革,建设系列场景化教学项目,打造示范性教学应用场景;挖掘优秀实践项目,凝练一批项目式学习教学优秀案例;强化跨界协同,开展"数智驱动·场景打造"社会实践,支持教师将课堂教学"搬"到实践创新第一线。同时,学校开设多期"项目式学习教学高级研修班",邀请北京师范大学等单位的专家学者,开展专题研讨、专题讲座并进行教学观摩和成果展示等,系统全面地提升教师场景化教学能力。

在西南财经大学专家学者以及教务工作者的共同努力下,场景化教学改革取得了一定成果。学校主办了首届高校项目式教学研讨及场景化案例分享会,举办了4期"腊月周周见:ChatGPT vs STEM PBL"线上教育对话,多名教师在全国首届智慧教育微论坛分享场景化教学的"西财经验"等。有关经验成果被学习强国、中国网、四川教育发布、网易新闻、封面新闻等主流媒体争相报道。

为进一步凝练场景化教学改革做法,加强优秀教学经验示范推广,我们特编辑出版场景化教学改革丛书,以飨读者。这套丛书旨在系统性介绍场景化教学的基本理念、教学设计、教学组织与开展、评价反馈等,为教育工作者、学生和相关领域的人士提供有价值的参考和指导。

是为序。

编者

2023 年 8 月

目　录

项/目/式/教/学/案/例/集/萃

"洞察全局"的数据可视化

一、案例基本情况介绍

1. 案例背景

2022 年 10 月 16 日至 10 月 22 日，中国共产党第二十次全国代表大会顺利召开。这是在全党全国各族人民迈上全面建设社会主义现代化国家新征程、向第二个百年奋斗目标进军的关键时刻召开的一次十分重要的大会。大会报告分析了国际国内形势，阐述了开辟马克思主义中国化时代化新境界、中国式现代化的中国特色和本质要求等重大问题，擘画了全面建成社会主义现代化强国的宏伟蓝图和实践路径，就未来五年党和国家事业发展制定了大政方针，作出了全面部署。从党的十九大以来的五年和新时代以来的十年期间，党团结带领全国各族人民，立足新发展阶段，贯彻新发展理念，构建新发展格局，推动高质量发展，稳步推进改革，扎实推进全过程人民民主，全面推进依法治国，积极发展社会主义先进文化，突出保障和改善民生，大力推进生态文明建设，坚决维护国家安全，防范化解重大风险，保持社会大局稳定，大力度推进国防和军队现代化建设，全方位开展中国特色大国外交，深入推进新时代党的建设新的伟大工程。

这一系列的战略性举措、变革性实践、突破性进展以及标志性成就，对于我们的同学而言，可能并未深刻感知。因此，我们希望能以国家宏观数据为抓手，以数据可视化为切入点，让学生运用自己所学的技能深入分析和洞察，见证这十年来党和国家事业取得的历史性成就和变革，继而深刻领会持续推动经济、社会、文化、生态等各方面高质量发展的必要性和重大意义。

2. 适用课程

本案例主要适用于"数据可视化"课程，也可作为其他编程类课程绘图章节的项目案例，如"Python 编程"和"R 编程"等。

3. 适用对象

本案例适用于二年级及以上的，有一定的统计学基础，且具有运用软件或编程语言处理数据的基本能力（Excel、SQL、Python）、绘制数据可视化图表的基本能力（Tableau、Python）、解读图表的基本能力、数据探索性分析的基本能力以及基本的项目管理能力、团队沟通与协作能力等相关基础能力的本科学生。

4. 教学重难点

通过课堂听讲、参与互动、完成作业等方式，学生可以有效掌握可视化图表的原理、分类和绘图方法等知识。但是，其中更高阶的实践技能（如对图表的灵活运用、高效地使用图表表达观点、通过可视化进行分析交流等）却难以单纯地通过课堂听讲和简单练习来达成，而需要通过解决有一定复杂度和真实性的问题来积累相应的实践体验，并基于深度体验、自身思考、团队交流等多元反馈来形成真正的理解和经验。

5. 创新点与特色

本案例不同于多数仅关注唯一场景或唯一问题的教学案例，而是允许学生通过充分的分组调研，从六个与时俱进的"方向"中自愿选择感兴趣的方向并拟定本组的项目题目开展学习。这样具有一定开放性的项目选题方式，一是可以响应学生的个性化诉求，充分调动学生的参与积极性；二是各组学生可以从其他组的学习调研中汲取经验，相互借鉴，相互启发；三是在整合各组成果后，全班学生可以从多元视角，更全面地了解中国式现代化在民族复兴路上的必要性和重大价值。

二、案例设计过程

1. 教学目标

在大数据时代，理解数据含义与价值、基于数据传达信息和思想的能力（Data Literacy）已成为人们的核心能力之一。数据可视化利用视觉感知提供了一种高效的数据呈现方式，这是经常与复杂数据贴身过招的科学家们的利器法宝，这种数据呈现方式也被科学、工程、商业和传媒等各学科广泛运用。通过数据可视化，人们既能洞察数据中蕴含的知识和价值，也能清晰呈现各个行业领域的逻辑和思想。本课程旨在引导学生理解可视化价值和学习可视化原理；学会根据业务需求解读、设计和绘制可视化图表；借助感知心理学和认知科学原理，提升可读性、有效性和吸引力；并最终模仿科学家的日常工作，将可视化技能用于实务场景中的探索性数据分析和用数据叙事，通过实战掌握数据可视化必杀技。

在课程后半段，教学团队逐步引导学生基于对课程学习的梳理和总结，在真实场景中完成一个需要综合运用数据可视化工具和分析、沟通、协作等技能的课程项目（course project），以项目式学习（project-based learning，PBL）帮助学生体验从数据中获取信息、知识、智慧的全过程，达到培养学生数据思维、促进学生全面发展的目的。具体而言，主要教学目标包括以下三方面：

（1）立德树人目标：数据可视化课程的学习，是培养学生数据思维和思辨能力的重要路径，也是帮助学生树立世界观、人生观、价值观的重要抓手。课程中的PBL教学与时俱进，围绕当下的时事要事展开，让学生在亲身实践过程中，潜移默化地培养辩证唯物主义世界观和主动投身民族复兴伟大事业的责任感。

（2）专业能力目标：PBL教学帮助学生通过实践来充分理解多种可视化图表的适用场景；通过考虑数据类型、分析目的等因素来合理解读、设计或使用可视化图表，对真实世界中的数据可视化进行客观专业的阐述和评价；实践色彩和其他视觉线索提升可视化设计的可读性、吸引力和影响力的方法；实践探索数据分析的实施流程和可视化方法；通过数据可视化来陈述观点和洞察交流数据。最终，全面提升学生的数据思维与实践能力。

（3）综合素养目标：PBL 教学也能促进学生实践输出式学习和合作式学习方法，让学生具备问题定位和拆解能力、团队沟通与协作能力、项目复盘和反思能力，从而掌握解决现实问题的能力。

2. 教学理论

PBL 教学有助于打破传统课程"我教你学"的思维惯性，促进学生与客观世界、授课教师、学习同伴之间的思想互动，让教师能够引导学生通过"付诸行动"去调查、思考、设计、实践和反思来积累、拓展和沉淀学习收获，推动自我发现和自我领悟。与此同时，PBL 教学也在激发学生参与热情、搭建学习"脚手架"等方面对教师提出了更高的要求。因此，本课程的 PBL 教学参照 Grant Wiggins 和 Jay McTighe 倡导的 GRASPS 架构来设计教学任务，帮助学生利用科学思考方法来充分实现对课程知识和技能的实践运用。GRASPS 架构主要包括：

①Goal 目标：明确学生要面对的挑战或要解决的问题。

②Role 角色：帮助学生定义一个在现实生活中可能扮演的角色。

③Audience 受众：确定学生解决问题或创造作品的目标受众。

④Situation 情境：创设情境和/或解释情境的背景。

⑤Product 作品：清楚地描绘出交付作品包括哪些内容。

⑥Standards & Criteria for Success 成功的标准：告知学生作品将如何被评估。

3. 基于学情的教学设计

基于 GRASPS 架构，围绕本课程教学目标和授课对象/学生的特点，本课程 PBL 教学主要从以下几个维度进行设计：

（1）激发学生主动认知世界的热情

虽然多数学生对时事政治耳熟能详，但他们对相关背景、问题、趋势不具有一定广度和深度的认知，很难对这些时事有真实的理解和感悟，从时事中收获"三观"的成长更无从谈起。本课程 PBL 教学的出发点搭建在教师自身日常教学和学生在生活中持续积累的具有一定广度和深度的阅读和思考的基础上，首先由教师结合时事梳理出具有一定吸引力、覆盖度、专业性、时效性的适量参考资料（包括但不限于文献、视频、网络话题等），搭建起与真实世界相联系的情景。教师引导学生通过阅读和观看资料，了解课程 PBL 教学所涉场景和问题的发展渊源与现实意义，将道听途说变成睁眼看世界，认识到"遥远"的新闻和话题，其实是与我们每个人息息相关的"身边事"，从而激发学生主动学习和探索世界的热情。

（2）推动学生走通解决问题的路径

本课程 PBL 教学为学生设计了在不久的将来可能身处的场景和扮演的角色，引导他们代入角色面对该场景中某个具有挑战性的现实问题，使他们通过资料搜集、文献阅读、数据采集、数据可视化、分析解读等方式来形成对问题的理解（What）、洞察（Why）、预判（What if）和建议（How）。受限于知识、能力、经验等方面的积累不足，学生直面这些具有一定复杂性的现实问题时，容易产生无力感和退缩情绪。教师对学生可能遇见的困难要提前准备好"脚手架"，时不时"拉一把"，推动学生逐步走通直面问题、探索问题、直至解决问题的道路。这些"脚手架"包括但不限于：文献资料获取的方法和路径（例如相关机构的行研报告、相关产业上市企业的招股说明书等）、关键数据获取的方法和路径（例如国内外重要政府机构和行业组织的网站等）、项目规划和排期的方法和工具（例如甘特图、思维导图等）、小组沟通与协作的方法和工具（例如六项思考帽、会议议程与纪要、小组合作协议、小组互动记录表等），等等。这些"脚手架"有助于更好地提升学生的自主思考和创造能力，帮助他们获得如直面真实工作、生活问题的深度体验。

（3）引导学生沟通进展和分享成果

学生学习收获来自同客观世界、同教师、同伙伴、同自身"四位一体"的对话性实践，在传统课堂中这四个维度的互动被切断，学生的学习收获难以被完整挖掘和实现。PBL教学能够为学生提供多方位的对话性实践，但如何将这种收获充分地、最大化地体现，仍然需要结合学生实际情况和课堂教学资源来用心设计。本课程PBL教学跨越8个教学周，需要24个学时，其间每周课前、课中、课后，教学团队（多名教师和助教）都会与每个项目小组沟通项目进展，通过提问、探讨、建议等方式提供即时反馈，确保各项目推动者"心中有数"。在最后一周，教学团队将为所有学生主办一次"行业峰会画廊展览"，通过多方渠道邀请全校师生到场参展，各组在现场基于One Page Poster解说本组项目成果，实时解答观众疑惑，充分获取观众反馈。这种持续的、多元的进展沟通和成果分享，一方面将帮助学生收获合作探究问题、协作解决问题的能力，另一方面也能帮助教师多元化评估学生完成复杂问题、完成多阶段任务的能力，最终帮助学生在项目实践过程中实现基于"多声对话"的充分学习与收获。

（4）鼓励学生复盘和反思成长收获

本课程PBL教学持续时间较长、实施环节多样、参与人员较多。教学团队除了关注进展和成果，也将在项目过程中和结束后，周期性引导学生思考、总结、记录和项目过程中遭遇的问题和挑战、解决问题和应对挑战的经验、走通的路和掉过的坑、主要成长与收获等经历；鼓励学生通过在闭环学习中梳理自我思考和整合外界反馈，实现对自身学习动机、行为和结果的充分复盘与反思。

三、项目式教学案例

党的二十大报告指出，我们将统筹发展与安全，以中国式现代化全面推进中华民族伟大复兴。在保障国家安全和社会稳定的基础上，以高质量发展为抓手全面建设社会主义现代化国家。

国家安全和高质量发展需要以充分物质资源和有效生产制造为支撑，其中包括粮食、能源、矿产、动植物制品等资源保障，也包括农业、交通、医疗、能源等各行各业的生产制造保障。在过去几十年中，我们通过改革开放与多个国家和地区共同协作，推动了全球的和平与发展。当下的目标需要我们：一方面实行更加积极主动的开放战略，通过基于深度全球化的商贸往来等方式，持续推动构建人类命运共同体；另一方面充分统筹发展和安全，产业政策要发展和安全并举，科技政策要聚焦自立自强。

身为一名心系国家发展和人民福祉的中国公民，我们每一位同学未来都将选择一条属于自己的职业道路，在各行各业中为中国式现代化建设贡献自己的力量。现在，假设我们有幸入职了某顶级投资银行的行业研究部，成为一名协助首席经济学家的实习分析师（角色，Role）。我们所在部门 2022 年第四季度的重要 KPI 是研读党的二十大报告，领会其精神，我们（以小组为单位）将用 7~8 周时间，通过资料搜集、文献阅读、数据采集、数据可视化、分析解读等方式，梳理相关产业的发展规律，洞察宏观变化趋势，预判未来的机遇和挑战（情景和目标，Situation & Goal），并形成一幅（One Page）的可视化海报（作品，Product），海报参数为 Size：594mm（width）× 840mm（height）；Resolution：300dpi；Color Channel（if PS）：CMYK。海报需要呈现明确的分析目标和丰富且具有创意的数据探索，其中的可视化图表使用应该得当且高效（标准，Standards & Criteria for Success）。海报最终将在今年底的行业峰会上发布，为参会同行（受众，Audience）提供具有一定水准的行业解读和趋势洞察，并现场回答来自观众的提问，与观众充分交流。

供参考选择的研究赛道（或研究方向）包括但不限于以下方面：

1. 粮食安全

粮食是人民日常生活的必需品，保障粮食安全是保障社会稳定、国家安全的重要基础。2021 年我国粮食产量创造历史新高，达到了 13 657 亿斤（1 斤 = 0.5 千克），比 2012 年增加 1 412 亿斤，人均粮食产量达到 483.5 公斤（1 公斤 = 1 千克），超过国际上公认的 400 公斤的粮食安全线。我国作为粮食生产大国的同时，也是世界上最主要的粮食进口国之一。除了人们普遍了解的我国大豆自给率较低外，通常用于工业、食用、饲用、种子等用途的重要主粮之一的玉米，也自 2020 年以来保持了很高的进口增速。

我们将从不同途径和视角探索我国玉米进口量大幅增长的原因，并从转基因种子、化肥、农药、除草剂、农机等方面对我国未来以玉米为代表的粮食市场和产业可能面对的机遇与挑战做出合理的分析和预判。

2. 碳中和

在光伏、风力、水力、核裂变、核聚变等新能源飞速发展的同时，化石能源在未来一段时间内依然关乎国计民生，随之而来的碳排放、气候变化等问题却也是我们在发展与安全中绕不开的话题。2020 年 9 月我国明确提出 2030 年"碳达峰"与 2060 年"碳中和"的"双碳"目标。我国碳排放量从新中国成立初期的 7 858 万吨到改革开放时期的 14.6 亿吨，呈缓慢增长趋势。而进入 21 世纪之后，我国碳排放量快速增长，到 2019 年我国二碳排放量已达到 102.9 亿吨。2020 年以后我国经济快速恢复，碳排放量预测增长率为 0.09%，2030 年将达 128.99 亿吨。

在"双碳"目标指引下，我们将聚焦于我国电力低碳化，从我国能源结构、不同发电类型碳排放量、相关资源进口量等角度，深入探索我国在能源结构转型进程中的变化。基于这些洞察，我们将探索可替代方案的设计与实施进程，并对我国未来的能源结构变化、碳排放/碳中和进程等进行合理的分析和预判。

3. 发电/输电

中国是全球光伏行业中占比规模最大的国家，在硅料、组件等四大环节中，中资企业占比全部超过50%，设备全部国产化，产量占全球七成，然而由于发电成本、光电资源分布、用电需求错位等原因，我国并未完全实现"自给自足"。

我们将从国内光伏新增装机、光伏装机地域分布、光伏技术成本、能源装机规模等视角，充分认识我国光伏产业现状，并结合我国特高压输电现状及规划，对我国以"光伏-特高压"为代表的发电/输电产业发展前景进行合理分析和预判。

4. 集成电路

半导体产业主要包括集成电路和分立器材两大类，且半导体应用领域覆盖了几乎所有的电子设备，是计算机、家用电器、数码电子、自动化、通信、航天等诸多产业发展的基础，是现代工业的生命线，也是改造和提升传统产业的关键所在。2021年全球半导体器材行业市场规模达5 558.93亿美元。中国半导体设备市场领跑全球，其中2021年中国大陆半导体市场增速达58.2%。虽然中国是半导体消费大国，但我国半导体产业自给率较低，对海外芯片市场存在严重依赖。从2016年至2020年，我国连续四年芯片进口额超过2 000亿美元，存在严重贸易逆差。

我们将聚焦集成电路产业，从半导体行业发展历程、进出口情况、全球产业链分工情况、产业链各环节市场占有率等不同角度深入挖掘我国在集成电路产业中被"卡脖子"的原因，分析我国集成电路产业结构由"大封测、小设计、小制造"向"大设计、中制造、中封测"的转型情况，并对我国未来集成电路产业发展可能面对的机遇与挑战进行合理的分析和预判。

5. 现代交通

截至2021年年底，我国公路总里程超过520万公里（1公里＝1千米），高速公路覆盖98%的20万以上人口城市；铁路营业总里程已突破15万公里，其中高铁超过4万公里；全国港口万吨级及以上泊位约2 660个；城市轨道交通运营里程8 708公里，全国颁证运输机场达248个。大幅提升的基础建设，为我国现代交通发展打下了坚实保障。然而，我国在现代交通工具领域长期面临自主品牌少、关键技术弱等问题。

我们将从市场需求、技术路径、政策支持等角度入手，探索近年来我国新能源汽车行业发展现状和兴起原因，并从产业链视角入手对该行业未来发展中可能遇到的机遇和风险进行合理分析和预判。

6. 医疗装备

近年来，全球手术机器人市场迅速增长，由2016年的36亿美元增加至2020年的83亿美元，预期于2025年将达到281亿美元。2020年，全球手术机器人市场增速有所下滑，但仍然保持8%的高增速，市场规模达83.21亿美元。手术机器人行业壁垒较高，我国手术机器人市场仍处于起步阶段，渗透率不足。2021年12月，我国工业和信息化部、国家卫生健康委员会、国家发展和改革委员会等十部门联合发布了《"十四五"医疗装备产业发展规划》（以下简称《规划》），《规划》提出了2025年医疗装备产业发展的总体目标和2035年的远景目标。

我们将以我国手术机器人企业分布、产业链（如上游零部件厂商以及中游手术机器人供应商）情况为切入点，了解我国手术机器人市场发展现状，并基于我国现状和美国手术机器人市场的对比，合理分析与预判我国手术机器人市场端和生产端的发展前景。

7. 现代农业、战略矿产、储能技术、生物制药等领域的其他赛道

此赛道涉及领域较广，在此不再进行具体阐述。

四、案例实施方案

1. 实施步骤

（1）在 PBL 项目正式实施前，教学团队将在 9 周的课程中借助课堂活动、课外作业、热身任务等方式向学生传授项目管理、团队合作等方面的方法和工具，帮助学生在做好小组划分、项目管理、时间规划、人员分工的基础上，充分学习、深度思考、有效实施、及时迭代。

（2）在 PBL 项目实施阶段的初期，教学团队将用 3 周左右的课时引导学生对六大视角下（比较类、占比类、分布类、序列类、相关类、关联类）的可视化图表开展课前自主探索和课上充分互动的团队化学习，帮助学生适应主动学习与团队协作，并积累解决问题的经验。

（3）在 PBL 项目实施阶段的第 1 至第 3 周（根据实际情况动态调整），教学团队将发布 PBL 学习指引，阐明 PBL 教学规则、流程、项目背景和选题，引导学生阅读不同研究赛道的参考资料，对该赛道相关的领域背景/业务知识进行调查，使学生形成对赛道的初步理解，并在一周内确定选题方向。

（4）在选题确认后，各小组查阅文献资料，全方位了解所选方向的前世今生，并通过小组讨论确定选题方向的关键问题，提出与国家安全、高质量发展相关的关键维度，例如：该领域所涉及的产业链上下游情况（如核心原料、材料、零部件、设备等）；（从供给侧/生产端看）产业链国产化程度、对不同区域国际供应商的依存度等；（从需求侧/消费端看）国内和海外市场规模、对不同区域国际市场的依存度等。

（5）各小组进一步调研和讨论，明确解读关键问题所需的数据和分析思路，确定项目环节、小组分工、时间规划。在经过两周的初步调研以及深入调研之后，各小组需提交初步调研报告。教师将根据调研报告从问题明确、内容聚焦、逻辑清晰等方面进行反馈。

（6）初步调研完成后，各小组将以覆盖面广、可信度高、颗粒度细的海关数据为切入点，结合其他补充数据，开展数据探索、整理、挖掘等工作，收集本小组在项目过程中所需要的数据。在此基础上，借助可视化工具和探索性分析方法，提炼出有助于解读关键问题、认知赛道历史与现状的信息和知识。本周需要提交本小组基于可视化图表和探索性分析、阐述赛道历史与现状的研究报告初稿。教师会对小组在进行项目或完成初稿过程中所发现的问题进行解答，同时利用在线文档实时收集各小组对特定数据的需求和疑问并及时反馈。

（7）各小组将根据教师反馈对报告进行优化和完善。同时各小组需从报告中选择能够有效呈现项目主体逻辑和关键内容的重点图表并绘制海报。教师对海报内容、形式等提供反馈，各小组优化完善海报，并准备好画廊展示所需的其他资源和材料。

（8）最后一周，教学团队将邀请全校各专业师生来参观画廊展示，各小组需为本组海报现场"吸粉"准备好讲稿等支撑资源，做好在画廊上"C位出道"的准备。

（9）各小组在画廊展示后根据观众反馈再次优化并完成报告终稿和海报终稿，形成一份阐述该赛道发展历史/现状/经验、预判未来发展趋势/机遇/挑战的研究报告（参考：https://thinktank.phbs.pku.edu.cn/2022/zhuantibaogao_0413/66.html）。

（10）各小组要对整个PBL项目过程进行复盘反思，内容包括但不限于：①回顾目标（回顾项目实施初期的目标的实现情况、实施中的重要里程碑完成情况、预先设计的路径计划偏差情况、关键事件节点完成情况等）；②过程呈现（对于项目执行过程中具体的问题进行回顾等）；③原因分析（成功的关键因素有哪些？失败或者没有做好的原因是什么？）；④总结经验（总结其他经验教训，探索规律）。

如何开展基于小组的BPL学习教学时间安排详见图1。

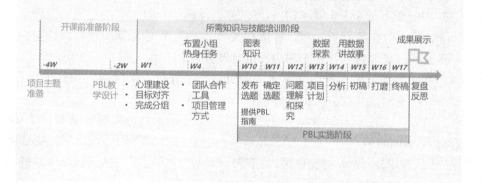

图1　如何开展基于小组的PBL学习时间表概览

2. 时间规划

PBL项目时间规划见表1。

表1　PBL项目时间规划

周次	主要工作	阶段性成果	教学团队的支持
第10~11周	初步调研2~3个赛道，完成选题	选好的赛道	作为"导游"：提供"起点"资料和数据
第12周	梳理所选赛道的关键问题；设计分析和研究方案；使用项目管理工具制定整体计划和分工	调研文档	作为"外挂大脑"：协助各组从多个思路中甄选更有可行性的研究方案

表1(续)

周次	主要工作	阶段性成果	教学团队的支持
第13~14周	完成数据整理、探索和分析,绘制可视化图表并从中解读,撰写研究报告初稿	研究报告 v1	作为"外挂大脑":按需提供(各组主动提出)对额外获取数据的反馈,以及关于报告初稿的反馈
第15周	从研究报告中梳理出重要且有亮点的信息,绘制海报初稿	研究报告 v2;海报初稿 v1	作为"外挂大脑":提供海报打磨意见
第16周	根据教师反馈和小组讨论,进一步打磨和完善海报的呈现	用于展示的海报	作为"外挂大脑":提供海报呈现意见
第17周	参与海报展览,完成小组间互问互评;完成报告撰写和项目复盘报告	最终成果:画廊展示,提交终稿报告和海报	作为画廊主办方:协助大家举办一个愉快且难忘的成果展

3. 评价方式

本课程 PBL 项目通过教师评价、组内互评、组间互评、观众投票等方式,对期末项目的最终海报质量、报告完成程度、复盘反思情况、团队沟通协作等方面进行多元评价。评价既考虑各组的项目完成过程和结果,也要考虑对学生个体的组内贡献、参与程度等方面。(组内评价包括各小组成员对项目进行过程中的各成员的分配工作量、工作完成情况、小组活动参与情况等进行投票互评;观众投票指受邀前来画廊参观的其他师生根据各组的海报呈现、内容讲解、疑问解答等维度对各组进行的现场投票。)

（1）过程性评价评分维度见表 2。

表 2　过程性评价评分维度

主题	内容	权重
分析目标	作品的分析目标是否清晰,所研究的问题是否合理	20%
数据探索	作品中对数据的探索是否合理、丰富且具有创意	30%
图表使用	作品中可视化图表的使用是否得当,图表的标题、坐标轴等要素是否齐备和准确	30%
口头应答	在海报展览和沟通交流中,作品团队是否对疑问进行很好的解答和回应,表述清晰和自信	20%

（2）成果性评价评分维度见表 3。

表 3　成果性评价评分维度

主题	内容	评估依据材料	权重
任务完成度	团队能按照要求及时完成小组项目	项目海报	10%

主题	内容	评估依据材料	权重
自主探索能力	在项目推进过程中，团队能自主地从多个渠道收集并探索项目背景，获取相关信息	小组会议纪要（每周）	20%
问题分析能力	团队能对项目推进过程中的问题进行思考、分析、做出判断，并提出解决方案或梳理出疑问清单	疑问清单（每周）	20%
创新能力	团队能灵活应对项目推进过程中出现的问题，提出多种解决方案，并具有一定的创新性	疑问清单（每周）	10%
反思能力	团队能在过程中总结团队和个人经验，认识到不足的地方，制定提升的计划	项目反思报告	10%
团队合作能力	在过程中，小组配合积极，成员参与度高，能积极推动项目进展	小组会议纪要（每周）	20%
任务分工	在过程中，小组做好团队的分工，分工内容与交付时间明确	小组任务分工表（每周）	10%

五、案例评价

在期末，本案例 PBL 项目成功举办了线上线下相结合的画廊展览活动（https://siodv.metatrees.cn/）PBL 项目画廊展览相关作品见图 2、图 3，该活动吸引了来自全校各专业的老师、同学以及各组作者们的亲友在线观展。观众们通过在线点赞、留言反馈、提问交流（腾讯会议）等方式了解、讨论和评价了各组作品，给学生提供了丰富多元的反馈和建议。

图 2　PBL 项目画廊展览作品

图 3　PBL 项目画廊展览作品

在画廊展示结束后，教学团队通过问卷等方式调研了学生的学习感受和学习收获。接近70%的学生认为PBL项目是课程中收获最大的学习环节，学生学习感受和收获调研结果见图4；超过50%的学生认为在小组协作能力、调查研究能力、合理运用和有效解读可视化图表能力、数据探索性分析能力等方面，PBL项目都给他们带来了很大的提升，PBL项目带来能力提升调研结果见图5。总的来说，PBL项目在达成课程教学目标等方面取得了较好的教学效果，其中包括但不限于：

（1）PBL项目促使了学生通过主动探索、学习、思考来认识自身所处时代现状、理解国家发展方向；

（2）通过完成具有复杂度的、多阶段期末项目，学生积累了直面真实世界挑战、创造自身解决方案/作品的经验、信心和能力；

（3）PBL项目帮助学生更深刻地认识了团队的力量，为未来更多的沟通协作积累了经验、信心与能力；

（4）PBL项目过程中来自老师、助教、同学的多元化反馈和评价，帮助了学生更好地推动项目进展、学习他人经验、梳理自身收获。

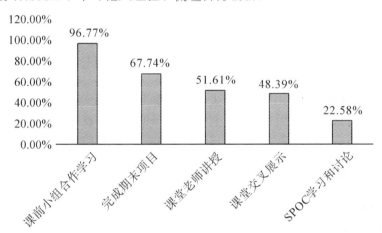

图4 学生学习感受和收获调研结果

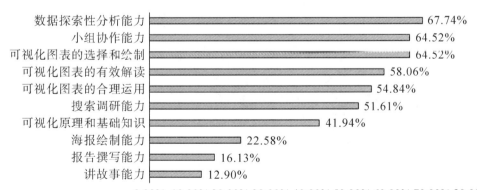

图5 PBL项目带来能力提升调研结果

六、注意事项

1. 项目规划

本案例中各赛道均具有一定的深度和广度，在帮助学生打开视野的同时，也与学生日常生活学习存在一定的距离。因此，在项目伊始，教学团队就需要提供一些高质量的行业研究/分析报告、数据等示范材料，来帮助学生更有效地了解问题背景、理解研究思路。各组学生需要撰写调研文档和项目规划方案，帮助教学团队评估学生对任务中关键问题的理解是否到位，以推动后续有深度的数据分析和可视化的开展。

2. 项目管理

在开展整个项目的过程中，教学团队需要通过"小组合作记录表"来跟踪各组在课堂外的组内分工/协作情况，及时发现困难、问题、风险等，并拿出解决方案。

3. 项目指导

在整个项目开展过程中，师生双方要打破传统课堂交互的时间和空间，教学团队对学生的支撑要延展到项目全周期（课内课外都要支撑到）。在课内，教学团队需要同步讲授项目涉及的新知识、新技能，针对共性问题进行案例分析和方案反馈，与各组现场交流解答疑惑。在课外，教学团队需要通过共享文档实时收集各组在项目过程中遇见的技术困惑、数据需求等具体问题，并及时跟进、反馈、提供资源。

4. 项目交付

在项目交付阶段，教学团队需要提供往届学生完成的、实体化的、具有一定专业性的作品（海报）供学生观摩。这样一方面帮助学生再次树立自己也能创造优秀作品的信心，另一方面帮助学生从高质量范例和标准中建立目标感。

七、附录材料

以下是部分节选的小组甘特图、会议记录、任务分工表等过程性材料。

1. 项目甘特图（见图6、图7）

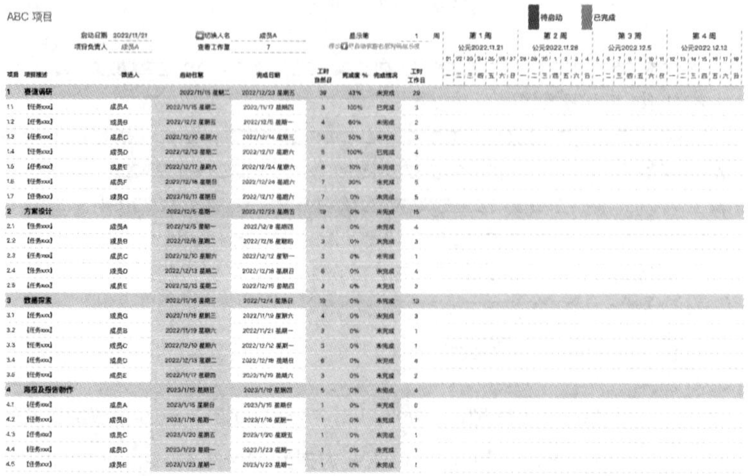

图6　项目甘特图1（节选）

图 7　项目甘特图 2（节选）

2. 会议议程表、小组活动记录表（见图 8、图 9）。

图 8　会议议程　　　　　　　　图 9　小组活动记录

3. 任务分工明细表（见图 10）。

任务明细表					
事项	负责人	交付材料	交付时间	实际交付时间	备注

图 10　任务明细

（西南财经大学统计学院　周凡吟、李可）

机会识别

——合生汇和新光天地两强对垒

一、案例基本情况介绍

1. 基本情况

创新创业教育的重难点在于如何解决纸上谈兵的问题,人民网对此问题曾作专题报道(详见图1)。高等院校的双创教育一直是培养一线创新创业者的重要手段。然而创新创业教育一直存在一个问题,就是很多院校的双创教育偏于理论,和实际情况不能结合。学生虽然在课堂上学习非常多的理论知识,但是缺乏实践时间和机会,因此很多双创教育都是纸上谈兵,没有实现专业化的实践提升。

2. 本案例使用的课程

"创业管理""创业机会识别""商业分析"。

3. 适用对象

本科二年级、三年级学生。

4. 特色和创新点

本案例使用中国本土线下商业主体,同时结合中国线上电商发展趋势,对比竞争对手商业策略,动态追踪商业环境变化。

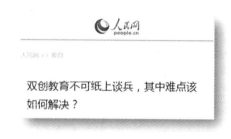

图1　双创教育难点

二、案例设计过程

1. 教学目标

合生汇和新光天地两强对垒,为何结果大相径庭?

本次案例实践让学生结合现有的商业知识和社会阅历,去分析合生汇(成都)和新光天地(成都)在成都创业和运营过程中的动态变化。合生汇(成都)从珠江广场开始运营,作为一名商业综合体运营的新手,其抓住创业机会,成功打造出了一个顶级商圈。而新光天地(成都)作为综合实力极强、拥有丰富的运营经验的商业综合体,却因为延误了创业机会,导致其没有抓住机会窗口。学生通过运营动态对比分析,可以深度认知创业机会和机会窗口的重要性。

2. 学情分析

本科二、三年级的学生,对商业竞争充满浓厚的兴趣,对创新创业充满渴望,随时都会去探索身边的创业机会。因此创新创业教育对于二、三年级的本科生具有非常强的吸引力,学生的积极性和课堂氛围都可以调动得非常好。但是这个年龄的本科生缺乏基础商业知识(business fundamentals),对商业竞争中的各个要素和环节比较陌生,缺乏快速了解和提炼的能力。如果我们使用一些和学生实际生活没有任何关联性的案例,就会使老师和学生在探讨的时候,无法产生共鸣,学生趋于用书本上的理论去描述一些他们从未涉足的领域。因此,对本科二、三年级,商业知识比较有限的学生,结合其有限的知识,对商业案例进行实践和剖析是非常有必要的。

3. 理论结合实践

(1)案例来自学生身边,学生有意无意都会涉及商业环境中的各个要素,对大商业环境有一定的掌握。

(2)在课堂时间有限的情况下,学生利用自己课余时间所参与的、所实践的内容,都将成为案例本身。我们采用学生熟悉的案例,不需要学生花大量时间去收集纸面上的信息,而是在实际生活中感受。

(3)学生不但要了解案例,还需要参与案例本身。最好是有从事、参与、实践的经历,这样学生在讨论案例的过程中,代入感更强,会主动发表自己的意见和独特想法。

(4)案例讨论的内容需要关注当下正在发生的情境,避免案例落入陈旧的环境,把十多年前的情境作为出发点来讨论,否则学生很难融入案例。

三、项目式教学案例

项目式教学案例相关背景介绍见表1。

表1 项目式教学案例相关背景介绍

合生汇(成都)	新光天地(成都)
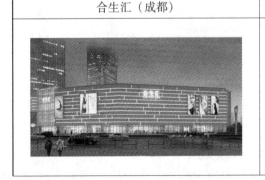	

表1(续)

合生汇（成都）	新光天地（成都）
西南地区具有代表性的商业综合体之一，成都合生汇致力于打造大体量、业态齐全的一站式购物中心，树立大城西核心商圈标杆。2021 年销售额为 18 亿元，2022 年销售额截止到 10 月为 15.5 亿元。目前已有 300+家品牌入驻成都合生汇	新光三越连锁服务在台湾地区有 15 家店面，20 个点。总面积达到 120 万平方米。吸引超过 2 600 个品牌，每年吸引超过 1.3 亿人次的造访。第一家分店诞生在 1991 年 10 月。新光三越一直以来秉持着"真心诚意"的经营理念，期望能以创新多元的服务，提升都市消费族群的生活品质，进而努力创新城市风貌，实践 Happy New Life 的企业精神
四川省成都市温江区光华大道三段 1588 号	四川省成都市温江区光华大道三段 1599 号
一级商圈 	三级商圈 
珠江广场 	

17

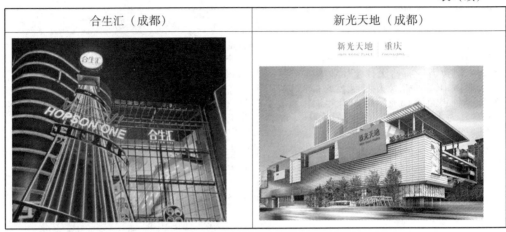

合生汇（成都）	新光天地（成都）

四、案例实施方案

1. 学生网上调研

收集资料和信息，了解合生汇（成都）和新光天地（成都）两者的商业运营主体，并且收集两家企业的关键数据，包括应收、利润、营业面积等。

2. 学生落地实践

学生去两家商业综合体进行全方位的观察，包括地理位置、商业环境、客户人流等，具体实践观察内容见图2。

地理位置	运营管理	目标客户
装修内饰	资金支持	周围环境
建筑设计	商业政策	人口密度
管理团队	交通便捷	服务水平
品牌招商	租金成本	商业配套

图2 实践观察内容

3. 有效座谈

学生可对接相关负责人进行有效座谈，包括招商经理、业主、店长、职工等，从而总结两大商业综合体的运营现状，以及进一步有效分析现状形成的原因、动态发展过程等。

4. 团队合作、任务驱动

学生分小组做PPT或者视频，总结展示两大商业综合体在创业机会的识别、摸索和实践过程中的各种策略。分析两大商业主体在发展过程中的里程碑事件、各种商业要素，以及这些事件对创业机会挖掘和机会窗口识别的影响。

5. 师生互动

教师通过有效引导，突出公司创业过程中的随机性和动态性。虽然创业资源、资金、运营能力等是创业过程中核心要素，但是如果不能抓住好创业机会，一旦机会窗口关闭，公司创业就会面临困境。创业资源的有效使用会使创业机会的发现和实践更加具有可能性。对创业机会的识别以及对机会窗口的把握都对创业过程具有决定性的影响。

6. 翻转课堂、小组互评

教师通过任务驱动，让学生团队合作，分享自己在项目实践中所获取的信息和知识，并抓取项目的关键要素进行分析和复盘；同时让学生进行小组互评，让学生积极主动参与项目，实现反转课堂，使学生成为课堂的主人。

五、案例评价

1. 案例效果

本教学案例在实施过程中，充分调动了学生的积极性。因为项目本身是基于真实线下场景，源于学生切身的需求和体会。项目从网上收集资料开始，探究商业要素、分析创业机会、总结机会窗口，循序渐进。以往的课堂学生更多是知识性学习，而本项目式案例教学是从学生的观点出发，让学生边学边做、边做边学，杜绝了学生被动式、毫无目的的学习。

项目针对性强、可行性高、时效性好、学生拥有更多的辩证思考空间，不再是老师一味地填塞知识。学生通过团队合作，相互评价，学习得更加深刻和有意义。

2. 教学成果

2020 年，"创业管理"获四川省教育厅首批线上线下混合一流本科课程。

2020 年，马江水老师获四川省导航名师大学生创新创业教学大赛三等奖。

2021 年，马江水老师获四川省高校创业指导大赛三等奖。

2020 年，"创业管理"获四川省教育厅第三批线上一流本科课程。

六、教学反思

项目式案例教学以实践为导向，鼓励学生主动学习、自主发展。这种教学方式能充分发挥学生的主观能动性，培养学生独立思考能力和辩证思维的方式，同时提升学生的团队协作能力和解决问题的能力。

在执行的过程中，教师需要关注学生的实践进展，因为学生个体的差异会使实践进度和效果差异较大。有些学生习惯于被动式学习，可能不太适应此种学习方式。这些学生更习惯于背书、记忆和摘录等学习技巧，进行项目式案例学习后，学习技巧变化的不适应导致其对项目式案例学习兴趣不高，也不能集中精力抓住重点。因此教师在教学布置和项目执行过程中，需要充分考虑学生个体差异，随时跟进，避免出现最后学生学习没动力，结项的时候无成果。

19

另外，团队在配合过程中出现的矛盾以及学生个体心理出现波动时，教师需要积极参与，通过循序渐进的引导，多多鼓励，从而增强学生的信心。对于更喜欢项目式案例教学的学生，教师可以鼓励他们多做实践，一对一找相关的人员座谈，通过多种方式方法呈现分析的结果。教师需要慢慢引导学生，使其在得到充分锻炼后，获得较高的成就感。

（西南财经大学工商管理学院　马江水）

数字人民币使用情况调研

——以成都市为例

一、案例基本情况介绍

1. 案例背景

党的二十大报告提出，我们要"加快发展数字经济，促进数字经济和实体经济深度融合，打造具有国际竞争力的数字产业集群"。当前，数字化浪潮席卷着全球产业链，数字人民币作为信用货币发展的最新形式，为数字经济的发展提供了有力支撑。作为数字经济发展的重要标志和信用货币发展的最新形式，数字货币的广泛运用是未来的必然趋势。周小川认为，随着金融的发展创新和互联网化，实体货币必然被法定数字货币取代，货币数字化是历史的必然（周小川，2015）。在这种新形势下，各国都在积极研发和推行本国的法定数字货币，以期在未来的国际竞争中占据有利地位。2014年，中国人民银行成立专门团队，开始对数字货币发行框架、关键技术、发行流通环境及相关国际经验等问题进行专项研究。截至2022年12月17日，全国共有17个省级行政区全域或部分城市开展数字人民币试点，数字人民币的推广工作开展顺利，成效显著。然而，数字人民币目前仍处于试行阶段，在许多方面都存在问题。特别是数字人民币的使用情况，关系到它的推广程度、推广难度及推广的长效性。为此，数字人民币的持续使用意愿成为值得重点关注的问题，也成为数字人民币在实施推广过程中的调节阀。

因此，我们在讲授数字货币这一章节的知识点时，希望同学们以成都市为重点研究对象，通过发放问卷和访谈等方式，亲身经历和体验数字人民币目前的真实发展状况，用自己的所见所闻所知所感，了解数字人民币的发展历程、变革、成就和挑战，并提出可行的应对方案，促进数字人民币在全国范围内的进一步推广和功能的完善。

2. 适用课程

本案例主要适用于"数字经济与贸易"专业课程的教学，也可作为其他相关专业课程，如"数字经济学""补充性货币学""国际金融学"和"数字金融学"等。

3. 适用对象

本案例主要适用对象是二年级及以上的本科学生，有一定的经济学基础，前期已学习"西方经济学""货币银行学""金融学""国际贸易"等经济学专业课，具有创新意识、独立思考能力和实践精神，能运用所学理论知识解决实际问题。

21

4. 适用范围

本案例主要适用于本科层次的教学，也可适用于研究生层次的教学和从事相关行业研究工作的工作人员。

5. 教学重难点

（1）教学重点：法定数字货币的特点、功能、优势及存在的挑战。

（2）教学难点：法定数字人民币在成都市范围内的使用情况及对策分析。

6. 可能的创新点与特色

（1）可能的创新点

第一，本案例针对在成都市范围内数字人民币使用的实际情况进行调研和考察，以实践调研结果完善和反哺专业理论，有可能形成创新性理论。

第二，本案例让学生亲自进行问卷设计、实地调研，体验调研全过程。这样才能充分调动学生的参与积极性，提高他们的团队合作能力和自主创新能力。学生根据自己对问题的理解，设计出多元化、个性化、精准化的创新性问卷。

第三，本案例的PBL方案设计贯穿数字人民币使用情况调研的全过程。按照问卷调查的流程，教师将全体学生分为问卷设计组、问卷发放与调查实施1组、问卷发放与调查实施2组、数据处理与统计组、调查结果分析1组、调查结果分析2组，总共6组。每组同学各司其职，根据自己的特长实施特定的任务。同时，各组之间既有竞争机制，又有合作机制，既可相互借鉴、相互启发，又能有机配合，密切合作。当所有小组都完成了特定的任务后，学生可以将各种成果进行整合，形成完整的调研结论。

（2）案例特色

第一，本案例既可按组别拆分不同的PBL任务，根据学生的特长和实际情况进行合理分配，也可以将各组PBL成果进行整合，形成完整的调研结论。本案例注重将对学生科研能力的培养和提升融入PBL项目设计全过程的能力。

第二，本案例在分组的过程中，引入了"因材施教"教学网阵设计理念，融合实施"个性、差异化、综合素质型和应用实践型教育"思维，从而能将学生按照更科学、更合理的标准和方法进行分组，更大限度发挥学生的优势和能力。

第三，本案例的选题非常契合当前中国在数字经济时代下建设"数字中国"的新要求，符合新时代特点，在具体的PBL案例任务和方案设计中，注重多样化、故事化、生活化和前沿化。

第四，本案例的实施过程十分关注学生的反思和自我感受，注重全方位培养和提升学生的综合素质和能力，并根据学生的反馈和教学案例效果，及时对方案进行改进和完善。

二、案例设计过程

1. 教学目标

（1）价值目标

①本案例强调中国金融创新精神。学生通过本案例的学习，能充分了解数字人民币的发展历程和创新实践全过程，深刻体会数字经济时代下中国金融乃至全球金

融发展的重大变化和金融创新的艰辛，从而加强对党领导金融改革的认识，学习金融创业者心怀家国、关注民生、为民造福、勇于创新、互助互敬的崇高品质和全心全意为人民服务的精神。

②学生通过本案例的学习，能了解数字人民币实施的一系列创新性的金融举措，深刻感受到中国特色社会主义金融实践的成就，感受到数字人民币的积极作用，感受到中国金融工作者具有的智慧和力量，从而全面树立"四个自信"，坚定社会主义信念，为实现中国式现代化努力奋斗。

③学生通过本案例的学习，能深刻感受到数字人民币所凸显的中国优秀传统文化，体会中国传统文化"仁爱""至孝""互助""共享""和谐""共赢"的永恒魅力，树立民族自豪感和文化自信心，传承中国优秀传统文化，成为一个具有高尚品格的国家栋梁。

④学生通过本案例的学习，能理解构建"数字中国"的紧迫性和必要性，也能结合自身的生活实际，体会数字人民币带来的生活的改变和益处，从而感受到数字经济的发展对民众生活满意度和幸福度的提升作用。

（2）知识目标

①了解我国在"百年未有之大变局"下，在数字经济飞速发展的时代背景下，当前国内金融的发展现状，并通过数字人民币使用和推广的成功实践，形成提速金融发展、开拓金融创新路径的新思路和中国经验。

②理解数字经济、社会治理、社会福利提升与数字人民币之间的共生关系和互动机制。思考数字人民币的特点、优势和功能有哪些，以及我国是如何进行合理的金融创新，努力实现法定货币的功能和业务拓展、构建共建共治共享的社会治理格局、"增进民生福祉，提高人民生活品质"的中国式现代化目标的。

（3）能力目标

①思维实践能力：本案例通过对学生分组布置 PBL 项目任务等方式，充分培养学生独立思考、团队合作、积极表达、科研调研、想象模仿、口头表达、数据处理等综合能力。教师在引导学生完成问卷调查全流程的任务之后，通过课堂讨论、成果展示、思考启发、辩论等方式，调动学生的科研热情和积极性，将他们的调研发现转化为科研论文或报告成果，使学生的思维能力得到充分训练和发展。

②理论联系实际，从实践中来、到实践中去的能力：本案例在融入思政教育和知识讲授的基础上，培养学生通过真实的数字人民币的相关事迹，结合课程知识内容，提炼出学术问题和相关理论；让学生"学会观察生活，学会思考人生"，并思考如何将学术问题和相关理论与当前现实情况和宏观形势有机融合，与时俱进，解决现实问题，转化为现实有价值的成果。

③创新创造能力：让学生认识到数字人民币、当代中国金融创新与经济发展、人民福祉之间的辩证关系。学生通过案例学习党的领导下的数字人民币的创新经验，并将这些经验和做法进行灵活改进，选择不同的现实场景加以灵活运用。

2. 学情分析

在这学期中，该课程的授课对象为国际商学院（经济与贸易类专业）大三的本

23

科同学，他们对这门课程的内容很感兴趣，学习积极性很高，特别是本案例将中国金融发展史和数字经济背景下金融学和贸易学的相关理论发展的新变化等相关内容引入课程体系后，他们的学习兴趣更加浓厚。但是，由于之前大部分同学没有系统地学习过数字经济学、贸易学、金融学的相关基础知识，他们对这门课的理论部分，特别是在货币的演变、数字货币的变迁、特征、运行机制、数字经济新形势下的金融创新等部分知识点的学习过程中，普遍反映比较吃力。因此，基于同学们前期基础较薄弱等问题，在本案例的实施过程中，教师会为学生提供更丰富的相关自学资料，在案例蕴含的难点重点问题上给予更详尽、更全面的讲解材料，并增加与数字人民币相关的有趣故事和贴近学生实际生活的真实故事来提升课程的吸引力，随时注意学生的反馈情况。此外，由于国际商学院的学生中包括较多的留学生，因此，在 PBL 项目任务分组的过程中，教师会综合考虑学生各方面的具体实际情况，选用恰当的教学网阵对学生进行合理分组，进一步提高他们的学习效率和效果。

3. 思维导图

成都市数字人民币使用情况调查项目思维导图见图 1。

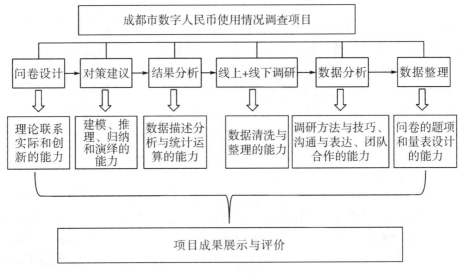

图 1　思维导图

三、项目式教学案例

数字人民币是中国人民银行发行的数字形式的法定货币，是人民币的数字化形态。数字人民币采取区块链技术，拥有无限法偿性，可有效发挥其货币功能，和纸钞硬币等具有等价效力。相较于实物人民币，数字人民币的成本更低、支付效率更高、应用场景更广、安全性更高。截至 2022 年年底数字人民币试点受邀白名单用户已超 1 000 万元，开立个人钱包 2 087 万个、对公钱包 351 万个，累计交易笔数 7 075 万笔、金额 345 亿元。数字人民币应用场景也越来越多，目前已经超过 132 万个，其中包括批发零售、餐饮文旅、教育医疗、公共交通、政务缴费、税收征缴、补贴发放等领域。由此可见，数字人民币的使用推广进展顺利，成效显著。

成都市作为全国首批数字人民币试点城市之一，近年来已在交通出行、智慧零售、民生缴费、校园生活等多个社会领域有序推进应用场景建设，数字人民币的产品和服务已涵盖线上线下的众多渠道，其认知度和认可度均得到了有效提升。但是，数字人民币在成都市范围内的使用情况还需要我们进行详细的调查。比如，老年人群体对于数字人民币，是否欢迎？数字人民币是否考虑了老年人的使用感受？数字人民币做了哪些针对老年人群体的差异化设计？又比如，高校大学生是否愿意使用数字人民币？高校大学生对数字人民币的使用感受如何？高校大学生对于数字人民币还有哪些方面的建议和需求？

现在，假设你是中国人民银行数字货币研究所的助理研究员（角色），被派遣到成都调查当地的数字人民币推广使用情况，并根据线上+线下调查所得，撰写出研究报告。该研究所一共将派出48位研究员（分为6组，每组8人），使用7~8周的时间，完成问卷设计、线上+实地调研、线上+线下问卷调查、走访面谈、问卷回收、数据收集、数据整理与分析、实证研究、对策分析等任务。6个调查组分别为问卷设计组、问卷发放与调查实施1组、问卷发放与调查实施2组、数据处理与统计组、调查结果分析1组、调查结果分析2组。

（1）问卷设计组需要提交的PBL成果包括：

问卷调查表1份；

问卷设计思维导图1份；

问卷量表参考来源清单1份。

（2）问卷发放与调查实施1组需要提交的PBL成果包括：

面向成都市高校大学生的调查实施情况总结1份；

调查过程报告1份（调查过程的汇报、遇到的问题、感悟、收获和反思）。

（3）问卷发放与调查实施2组需要提交的PBL成果包括：

面向成都市老年人（65岁以上）的调查实施情况总结1份；

调查过程报告1份（调查过程的汇报、遇到的问题、感悟、收获和反思）。

（4）数据处理与统计组：

成都市高校大学生使用数字人民币的数据描述性统计表1份；

成都市老年人使用数字人民币的数据描述性统计表1份；

数据处理过程总结报告1份。

（5）调查结果分析1组：

成都市高校大学生使用数字人民币的情况分析总结1份。

（6）调查结果分析2组：

成都市老年人使用数字人民币的情况分析总结1份。

PBL任务：细化调研方案

活动目标：

根据被调查对象自身特征和所处的区域，细化调研方案，并做好各种突发情况应对的预案，写出调研心得。

学生活动 1：

活动 1：选择被调查地区和目标人群，选择合适的调查问卷。

（1）目标人群如果是成都市的某社区的老年人，应该选择哪种调查问卷？为什么？

（2）目标人群如果是成都市的某高校在校大学生，应该选择哪种调查问卷？为什么？

活动 2：确定调查具体方案。

（1）老年人为目标人群，如何确保问卷回答的科学性、有效性和可靠性？

（2）大学生为目标人群，如何确保问卷回收率和有效性？

（3）如遇到拒绝，如何降低被调查者的防备戒心，接受你的调查？

（4）调查过程中需要注意哪些容易踩坑，影响实际结果真实性的问题？

（5）你的团队在调查中如何分工？完成任务设计单（任务设计单如表 1 所示）。

表 1　任务设计单

目标人群所在区域及所属群组	
选择理由	
调研对象特点描述	
调研发现的问题	
使用解决方案	
还需要进一步完善之处	

PBL 任务：对调查后获得的数据进行描述性统计分析

活动目标：

将回收的调查问卷进行整理，剔除无效问卷，清洗数据，并将数据进行描述性统计，分析数字货币的使用情况。

学生活动 2：

活动 1：清洗调查问卷的数据，并进行描述性统计。

（1）如何整理和清洗数据？请描述出具体步骤和过程。

（2）测量信度和效度。请描述具体步骤并得出信效度结果。

（3）对数据进行描述性统计，画出描述性统计表。

活动 2：根据描述性分析，得出数字货币使用情况的相应结论，发现问题。

结合数字货币使用情况表（见表 2），你发现了什么问题？

表 2　数字货币使用情况

使用情况测量标准	等级
使用频率	
使用满意度	
使用范围	

表2(续)

使用情况测量标准	等级
使用场景	
使用意愿	
使用建议及感受	

PBL任务：数字人民币使用情况的对策建议及调查成果展示

活动目标：

根据调查结论，提出有针对性的对策建议，形成论文、研究报告、调查报告、政策报告、教材、专著等成果。

学习活动3：

活动1：对调查的结果和发现的问题进行辩论、讨论，提出对策建议。

（1）被调查对象在使用数字人民币过程中有什么反馈和感受？

（2）你认为数字人民币在推广的过程中，面对不同的受众，会有什么不同的问题？

（3）数字人民币在使用和推广的过程中，最大的挑战是什么？如何解决？

活动2：请制作一个PPT，汇报你得出的结论和提出的建议。

（1）你的对策建议的依据和科学性？

（2）谈谈你对数字人民币的未来前景展望。

（3）展示大家的科研成果。

活动3：交流分享学习心得和收获。

（1）同学们互评自评。

（2）交流分享你通过这个项目的最大收获。

（3）你认为自己还要在哪些方面做进一步的改善？

四、案例实施方案

1. 案例实施步骤

案例实施具体步骤详见表3。学生角色分配及任务表见表4。

表 3　案例实施步骤

实施阶段	实施周数	实施目标	具体实施步骤	预定完成任务
PBL 实施前期：前期准备阶段	1~2 周	项目主题选择和设定（注意思政教育+知识教育+能力教育的目标统一）	步骤 1：确定法定数字人民币为研究对象的 PBL 项目主题（问卷调研+研究报告）	收集数字人民币的相关文献 120 篇以上，追踪数字人民币相关专著 5 部以上
		学情分析和"因材施教"教学网阵的选择确定	步骤 2：分析班级学生的具体学情和特点，根据实际情况，选择合适的教学网阵，并确定 PBL 任务组数	确定选用鱼鳞阵作为该班级的实施教学网阵，并确定网阵内各组的功能和位置
		PBL 教学案例方案设计	步骤 3：将 PBL 项目细分为六个组的子项目，并撰写教学案例方案	PBL 教学案例实施方案 1 份
PBL 实施中期：知识与技能培训阶段	1 周	对学生进行 PBL 任务的分配、具体工作的讲解、心理帮扶和建设、完成任务的方法与工具介绍、相关资料的分享（提供 PBL 工具和指南）	步骤 4：将拟分配的 PBL 子项目进行逐一讲解，并针对每一个具体项目任务，给予建议和帮扶	PBL 子项目工作内容及任务清单 1 份
	1 周	学生自行设计成都市数字人民币使用情况问卷调查表	步骤 5：要求学生根据教师的提示及引导，确定问卷调查的具体内容和题项，设计出调查问卷	成都市数字人民币使用情况问卷调查表 2 份（针对高校大学生和老年人群体各 1 份）
	1~2 周	学生通过团队合作进行线上+线下的问卷调查	步骤 6：学生针对高校大学生和老年人群体，分别进行线上+线下问卷调查，并将调查问卷进行有效性筛选，回收统计有效问卷	开展成都市数字人民币使用情况线上+线下调查，并回收、整理有效试卷
	1 周	学生根据调研数据，进行数理统计分析，并绘制可视化图表	步骤 7：进行数据的描述性统计并进行图表分析，结合图表，找出数据背后的故事	完成数字人民币使用情况统计分析表（图）2 份，并结合数据情况进行合理解释，得出可信度高的结论

实施阶段	实施周数	实施目标	具体实施步骤	预定完成任务
PBL 实施中期：知识与技能培训阶段	1 周	学生根据数理统计结果，结合所学理论和成都市宏观微观实际，提出可行的应对方案和措施	步骤8：用数据事实说话，提出可行性强的应对方案和实施建议，为成都市进一步推广数字人民币使用贡献力量	完成成都市数字人民币推广使用对策建议策划书2份，并提出依据，给出合理的解释
PBL 实施后期：PBL 项目成果展示及点评阶段	1 周	学生完成 PBL 项目多元化成果的汇报展示，并通过多种途径完成项目评价	步骤9：各组将各自的项目成果进行展示，通过自评、互评、点评等方式，对项目成果进行评价，学生在得到评价后，进一步完善和改进项目成果	项目多元化成果展示若干
PBL 成果转化期：调查研究报告撰写阶段	1 周	学生完成调查研究报告	步骤10：将学生的6个子项目 PBL 项目成果进行整合，形成完整的研究报告	成都市数字人民币使用情况调查研究报告1份
PBL 教学复盘期：经验总结和教学反思阶段	1 周	教师回顾整个 PBL 实施过程，进行复盘反思和经验总结	步骤11：教师总结 PBL 教学全过程，其中包括与预期教学目标的一致性、教学目标完成度、教学效果偏离度、阶段性考核指标的合理性、学生的任务完成情况、存在的困难和未预料到的问题、成功与失败的原因分析、经验总结、注意事项、发现的教学规律、后续可改进之处、学生的反馈意见、项目成果的转化方式等	教学反思和总结1份

表4　学生角色分配及任务

角色	任务
项目推动者	保证小组成员都在完成任务，核实每个人所做的贡献
问卷设计者	查阅相关知识，设计并改进问卷
调研者	根据问卷调查表，对成都市范围内特定人群实施"线上+线下"调研工作
分析数据者	根据收集的调查问卷，进行信效分析和描述性分析
对策建议者	针对调研结论，提出推广数字人民币的对策和建议

表4(续)

角色	任务
总结检查者	根据调查结果，梳理相关知识点，总结调查中遇到的问题和改进方法
PPT 制作者	根据问卷，数据分析，总结制作展示所用的 PPT
展示者	在老师，同学面前展示调查结果
小组表格填写者	填写以小组为单位的表格
研究报告撰写者	完成研究报告全文

2. 时间规划及相应工作

该案例时间规划及相应工作内容见表5。

表5 时间规划及相应工作

周次	主要工作	里程碑事件/阶段性成果	教师引导过程	教师提供的支持
第10周	根据学生的实际情况，依据选取的"因材施教"教学网阵标准，将全体学生分为六个组，并根据六个组的特点，布置相应的 PBL 任务	1. 根据班级学情，确定选用"鱼鳞阵"2. 完成六个组的分组工作	1. 教师通过前期对班级的学情信息分析，确定"鱼鳞阵"及每个学生在阵中的角色和作用；2. 教师要对每个组的具体工作内容和任务成果要求进行详细讲解，让学生根据自身特长和兴趣进行任务选择，配备最佳团队成员，做到资源配置最优化	作为启发者和资料源、工具源，为学生提供 PBL 项目任务实施所需的基本资料和研究工具，并介绍研究方法以及学习平台
第11周	根据教师提供的问卷调查思路，学生自行设计成都市数字人民币使用情况问卷调查表	1. 完成《成都市高校大学生数字人民币使用情况问卷调查表》1份；2. 完成《成都市老年人数字人民币使用情况问卷调查表》1份	教师引导学生就成都市的宏观经济环境、政策环境、社会环境进行资料收集，并将成都市的高校大学生和老年人群体作为问卷调查重点人群进行问卷维度构建和题项设计，形成科学的问卷调查表	作为解答者和纠正者，为学生提供 PBL 项目问卷设计的疑问解答和错误纠偏，帮助学生完成问卷设计

表5(续)

周次	主要工作	里程碑事件/阶段性成果	教师引导过程	教师提供的支持
第12~13周	根据问卷设计组设计的问卷，由问卷发放与调查实施1组和实施2组分别针对成都市的高校大学生和老年人数字人民币的使用情况进行线上+线下的问卷调查	1. 完成《成都市高校大学生数字人民币使用情况问卷调查表》的问卷调查和回收工作； 2. 完成《成都市老年人数字人民币使用情况问卷调查表》的问卷调查和回收工作	教师引导学生在进行问卷调查的过程中，注意调查的方式和方法，并在学生遇到困难和困惑时，解释给予解决方案的提示、建议和帮助	作为监管者、解答者和纠止者，为学生提供PBL项目问卷调查的疑问解答和错误纠偏，监管学生完成任调研任务的全过程，提升学生任务的完成效率和效果
第14周	数据处理与统计组根据调查实施1组和2组回收的调查问卷对数据进行清洗、整理和描述性统计，得出数理统计可视化图表	1. 完成成都市高校大学生数字人民币使用情况数据描述性统计表； 2. 完成成都市老年人数字人民币使用情况数据描述性统计表	教师引导学生进行数据处理和统计分析，并解读绘制的可视化图表	作为监管者、解答者和纠正者，为学生提供PBL项目问卷数据分析的疑问解答和错误纠偏，并根据学生对数据的描述性统计分析提供启发性的思考题
第15周	调查结果分析1组和2组结合数据统计分析的结果，提出成都市进一步推广数字人民币的建议和对策	1. 完成成都市高校大学生数字人民币使用情况对策建议报告； 2. 完成成都市老年人数字人民币使用情况对策建议报告	教师引导学生结合所学理论知识点和问卷调查数据结果，梳理和归纳出重要结论，并撰写研究报告初稿	作为监管者、解答者和纠正者，根据学生的实证结论，强化专业课程的理论知识点及在PBL项目任务中的应用
第16周	将各组的任务成果进行展示和评价（学生互评、自我点评、教师点评）	各组将PBL任务成果进行汇报和展示	教师就各组的PBL成果进行点评并提出修改意见，学生根据评价的意见进行PBL成果的最终完善	作为评价者，根据学生展示的PBL成果进行修改意见的反馈
第17周	将各组的任务成果进行整合，形成学术研究报告	完成成都市数字人民币使用情况调研报告	教师就各组的PBL成果进行整合完善，协助学生对整合成的调研报告进行润色和修改，最后形成完整的调研报告	作为评价者，将学生的PBL项目成果转化为科研成果

31

五、案例评价

1. 项目效果评价方式

本课程PBL项目通过个人自评、组内互评、组间互评、自由点评、教师评价等多元化评价方式，对各小组的PBL项目最终成果进行综合评价。评价内容包括项目成果完成质量、团队配合情况、成果汇报情况、复盘反思情况等。评价既要考虑各组项目的完成过程和完成结果，也要考虑学生个体的实际情况、项目工作量、工作挑战度、组内贡献度、参与程度等方面。过程性评价通过组内各成员填写个人总结表、项目进度表、项目进度总结表、分工情况表等进行审查评定，结果性评价通过最终成果的汇报、现场互评、教师点评、答疑辩论等方式进行审查评定。学生个人自我评价表见表6；小组合作同伴互评打分表见表7；PBL项目小组过程性评价评分维度表见表8；PBL项目小组成果性评价评分维度表见表9。

表6 学生个人自我评价

我的表现	基本情况		
	经常	一般	有待改进
1. 在和组员讨论中，我积极发言			
2. 我认真倾听他人发言			
3. 发言时，我会结合他人的观点			
4. 我在讨论中发表自己的观点			
5. 我会和小组成员积极讨论			
6. 我在讨论时会将我的资料分享给小组成员			

表7 小组合作同伴互评打分

姓名：   小组名称：

请对小组成员的合作表现进行评价。请用1~4分来表示您同意左侧陈述的程度（1=完全不同意；2=不同意；3=同意；4=完全同意）

评价标准	组员1	组员2	组员3	组员4	组员5	组员6	组员7	组员8
经常按时参加小组讨论								
对小组讨论作出有意义的贡献								
按时完成小组任务								
高质量完成合作前的准备工作								
在合作中展现出协作、支持的态度								
对项目成功作出了重要贡献								
总分								

表8　PBL 项目小组过程性评价评分维度

评分维度	具体标准	权重/%
内容知识和概念知识	项目完成过程中，能否灵活、准确运用所学知识点	30
技能表现（问题解决能力、小组合作能力、沟通表达能力、写作能力等）	项目完成过程中，是否能体现综合能力，并将这些能力充分发挥	40
学习能力和态度	项目完成过程中，能否积极学习，主动认真，主观能动性强	20
创新性、探索性思维	项目完成过程中，能否创造性地开展项目工作	10

表9　PBL 项目小组成果性评价评分维度

评分维度	具体标准	评价依据	权重/%
任务完成度	项目组能按照要求在规定时间内完成项目任务，没有拖延	能提交任务完成清单上的所有材料	20
任务分工	小组有明确的分工，在项目成果中能看出各组员的贡献度，分工内容和交付时间明确	小组任务分工表	10
自主创新能力	能创新性地完成项目任务，能灵活应对突发问题，提出创新性方案	任务完成过程报告（每周）	10
问题分析能力	能运用所学知识，对任务中的问题进行思考、分析、能自主解决问题	任务问题总结报告（每周）	10
逻辑思维能力	项目成果中能体现清晰的逻辑思维，层层递进	任务完成过程思维导图（每周）	10
团队协作能力	项目组内各成员参与度高、配合度好，能积极共同推进项目的进度	小组项目进度表（每周）	10
反思能力	项目组能从任务完成过程中不断总结成功和失败的经验和教训，不断修正和完善任务完成的计划和措施，提升任务成果质量	项目反思总结（每周）	10
写作能力	项目组能把任务成果转化为文字形式的研究报告	研究报告	10
成果呈现效果	通过组间互评、自由点评、教师评价环节，对项目组的任务成果进行呈现	自由点评、组间互评、教师点评评分表	10

2. 学生成果

学生进行成果汇报时所制作的 PPT（部分）展示见图 2 和图 3。

33

图 2 学生成果汇报材料（部分）

图 3 学生成果汇报材料（部分）

学生撰写的研究报告的封面（学生自行设计）见图 4。

图4　学生研究报告封面

数字人民币的使用情况统计表、反思表见表10、表11。

表10　数字人民币的使用情况意愿和情况及描述统计

项目名称：在社区调查使用数字人民币的使用意愿和情况		
学生姓名：Rose		
K	W	L
我已经知道什么	我想知道什么	我学到什么
①数字人民币的使用方式：学校可以使用校园卡，但是本人嫌麻烦一直未开通。 ②在其他课程有过问卷调查的经历	①数字人民币的普及度； ②问卷信效度分析软件使用； ③怎样扩大数字人民币影响力，促进国际金融发展？ ④如何提高小组效率？ ⑤项目如何分工？ ⑥最终成果的呈现重点是什么	①解决问题的能力：调整心态，遇到困难冷静面对（如面对拒访等突发情况）。 ②综合实践的能力：学会利用各种资源去寻找解决问题的答案和方法。 ③不断上进的态度：根据老师上课讲到的一些注意点，反复调整项目内容，并在交流和讨论中，产生新的问题或灵感，不断学习进步。 ④新知识的学习：增加对数字人民币相关知识的理解，让学习变成一段有趣的旅程。 ⑤人际交往和团队协作的能力：体现在对陌生人的采访中和在小组的合作中

学生姓名：Ada		
K（Know）	W（What）	L（Learn）
我已经知道什么	我想知道什么	我学到什么
数字人民币是以国家信用为担保的法定货币，政府等相关部门都大力推广宣传这种货币。成都政府发放了大量数字人民币消费券，但目前数字人民币的使用频率远没有微信支付和支付宝的使用频率高	通过这次调查我想知道不同性别、不同学历的人群对数字人民币的看法及使用意愿，以及探究影响数字人民币普及的因素，为以后数字人民币的推广提供一些参考	本次问卷调查是采取了线上线下相结合的方式，在线下问卷填写的过程中遇到了一点麻烦，有些同学不愿意配合问卷调查，于是我们换了一种询问方式，使得问卷调查得以顺利进行。我们通过对调查结果的分析得出女性对数字人民币的了解相对欠缺、移动支付频率高的受访者使用数字人民币的可能性越大的结论
项目名称：在社区调查使用数字人民币的使用意愿和情况的描述统计		
K	W	L
我已经知道什么	我想知道什么	我学到什么
数字人民币作为数字化的法定货币，以国家信用作为价值背书，是数字化的法定货币。但在微信、支付宝等移动支付工具对市场的长期影响作用之下，移动支付手段已经深入人心，腾讯、阿里等科技巨头也借此获取了大量交易佣金（转账费用）、社会闲散资金、个人交易记录等，这些都存在一定的金融系统风险与隐私权侵犯风险	民众尤其是大学生群体对数字人民币的初步印象和使用意愿情况；民众尤其是大学生群体对于数字货币的可能需求、期望所具备的功能，以及比较其对微信、支付宝等移动支付手段的偏好程度，从而对数字人民币的功能改善给出建议	第一，认知缺乏成为数字人民币推广的一大阻力；第二，数字人民币在特殊应用场景下的使用有很大发展潜力；第三，数字人民币还有很多属性可以开发，提升群众使用体验感；第四，数字人民币与其他移动支付方式的关系还应持续协调

表 11　反思表

学生姓名	Lisa
项目名称	在社区调查数字人民币的使用意愿和情况并描述统计
驱动性问题	人们对数字人民币的了解情况、使用情况、影响其使用意愿的因素及未来期望
列出项目的主要步骤	前期分工—问卷设计—数据收集（线上与线下相结合）—描述性统计分析与结论—展示 PPT 制作—成果展示—总结撰写—材料提交
关于你自己	
你在这个项目中学到的最重要的东西是	面对拒访不要害羞
如果给你更多时间，你希望在哪些方面多花时间，或者做到与之前不同	问卷的统计分析不是很全面，如果有更多时间希望能在这方面多加完善

表11(续)

你在这个项目哪一部分做得最好	PPT 制作
关于你的项目	
这个项目最让你感到高兴的部分是什么	最终还是顺利地完成了
这个项目最让你感到不高兴的是什么	数据收集很难；退课的同学很晚才通知，不利于本人准备
为了下一次 PBL 变得更好，你认为教师要在哪些方面改进	希望形式更加多样，问卷调查感觉和其他课堂做的课堂展示好像差别不大（当然这个建议仅限于我们这个项目）
学生姓名	Candy
项目名称	在社区调查数字人民币的使用意愿和情况并描述统计
驱动性问题	如何最大程度的让问卷受访者的年龄、职业多样化，可以实现随机抽样
列出项目的主要步骤	1. 问卷设计、数字人民币资料搜集 2. 发放问卷、获取样本（街头随机调查+线上发放渠道） 3. 样本数据回收、清洗、分析 4. 结果汇总、进行展示
关于你自己	
你在这个项目中学到的最重要的东西是	学到了如何进行样本数据搜集，从原来书桌前的数据分析者研究者变成了实践者，研究手段更为成熟
如果给你更多时间，你希望在哪些方面多花时间，或者做到与之前不同	我希望在样本数据搜集方面进行加强，更大数目的样本与更多样化的数据可以增强研究结果的有效性
你在这个项目哪一部分做得最好	我在汇总研究、成果汇报部分做得最好
关于你的项目	
这个项目最让你感到高兴的部分是什么	样本数据搜集部分
这个项目最让你感到不高兴的是什么	样本数据清洗部分
为了下一次 PBL 变得更好，你认为教师要在哪些方面改进	无
学生姓名	Lucy
项目名称	在社区调查数字人民币的使用意愿和情况并描述统计
驱动性问题	如何通过问卷调查的方式了解并分析
列出项目的主要步骤	前期讨论—问卷设计—问卷投放和收集—统计分析—总结—展示准备

关于你自己	
你在这个项目中学到的最重要的东西是	问卷设计的方法
如果给你更多时间，你希望在哪些方面多花时间，或者做到与之前不同	应该投入更多的时间做问卷的设计，问题的逻辑和形式应该打磨得更为科学有效
你在这个项目哪一部分做得最好	问卷设计的思路（虽然问卷的设计差强人意，但思路明确使得项目能够顺利推进）
关于你的项目	
这个项目最让你感到高兴的部分是什么	设计的问卷发放，被调查者填写问卷以及通过此问卷了解到大学生对数字人民币的见解
这个项目最让你感到不高兴的是什么	小组实践过程中人员协调存在问题
为了下一次 PBL 变得更好，你认为教师要在哪些方面改进	一是任务的人数和小组人员分配 二是任务的内容与主题

六、教学反思

1. 教师的教学总结

本案例选取的主题"数字人民币"是"数字经济与贸易"专业课程的重点内容。在教学过程中，教师秉持了竭力培养"中国特色社会主义新财经人才"的教学理念，坚持问题导向、理论推导、启发思考的一贯教学风格，积极发挥学生自主学习的积极性，通过完成 PBL 任务学生团队协作的教学方式，辅以教师协助与解惑，取得了良好的教学效果。为了培养学生的科研素养和技能，教师还特别注意到课前、课中、课后知识面的拓展，把最前沿的知识融入讨论和思考题中，并在解答这些问题的时候适当地介绍学者们的最新研究成果，特别是介绍了学者们解决新问题的技巧和思维方式，课后同学们都表示在看待问题和解决问题的方面，有了更宽的视野。

此外，教师认为教学、科研、素质、思想政治教育应该融入一体，该课程的教学内容能让学生在学习知识的过程中汲取思想政治的营养，提高站位，提升思考问题、解决问题的能力。故而，教师在讨论和思考题中联系党的二十大精神、习近平总书记在金融安全工作会议上的讲话等内容并将该内容作为探讨问题的背景，又把前沿知识和科研课题融入讨论和思考题中，从而达到教学、科研、素质、思想政治教育"四位一体"的育人目标。

2. 经验分享

我们应该在高等教育中引入因材施教的教学理念，根据学生的不同特点和优势制定不同的教学模式，从而提高教学效率和效果。因此，我们在本科的教学实践中，构建了"因材施教网阵"教学模式，并根据这一教学模式的实际运行效果和学生的反馈意见，不断总结经验和不足，以期将这一教学模式在未来进一步推广运用。

在中国古代，阵法是冷兵器时代的一种战斗队形的配置，具有重要的实战意义。在古代战争短兵接战，阵法是为了让士兵在战场上接受统一的指挥和协同动作而产生的。我们根据古代阵法的布局和适用特点，将其运用于高等教育的课程教学过程中，创新性地设计出了系统性的"因材施教网阵"教学模式。所谓"因材施教网阵"，是以我国古代阵法的形式为基础，结合"因材施教"教育理念，整合所有现存的教学资源构建的网状教学组织结构模型。其具体的类型有：雁行网阵、鸳鸯网阵、鱼鳞网阵和鹤翼网阵。"因材施教网阵"教学模式的组成要素包括教学主体（教师）、教学客体（学生）、教学硬件资源（如多媒体教学设备、网络管理平台、教具等）、教学软件资源（以视频、音频、电子文档、纸质文档等各种载体形式出现的教学内容）以及信息驿站。这五个要素组成部分互相融合交织，呈现出不同的网状结构，共同构成了网阵教学模式的完整体系。

（1）雁行网阵

雁行网阵是以中国古代的雁行阵为基础进行参考设计的教学模式。在自然界，大雁依靠长期进化所形成的本能自动结成合理的队形，一些强壮的大雁会交替领飞，带领着相对较弱的大雁完成整个飞行过程，共同达到目的地。所谓雁形阵，顾名思义则是古人根据雁群飞行的特性，设计的一种横向展开，左右两翼向前或者向后梯次排列的战斗队形。向前的是"V"字形，就像猿猴的两臂向前伸出一样，是 种用来包抄迂回的阵型。而向后的排列的就是倒"V"字形，是保护两翼和后方的安全，防止敌人迂回。如果两翼是机动性比较强的骑兵，则该阵在静止时，可获得处于中央步兵的保护与支援，而又可发挥骑兵进攻的威力，增加突然性。亚历山大在印度进行的会战用的就是近似于这样的一种队形，《孙膑兵法》中也出现过这种阵法。

雁行网阵的特点在于合作与互助，这一网阵教学模式适用于学生成绩梯度分布比较平均的班级。教师在进行课堂教学设计前，可以先对学生进行摸底测验或者抽查，依据学生的学业成绩（测试成绩和平时成绩）进行初步排列，形成"雁行网阵"的雏形。再根据学生的品德、性格、特长、学习特点等方面进行适当调整。例如班级有 30 名学生，要组建某一课程的"雁行网阵"，教师可以首先依据学生这门课程成绩的排名，之后按照优秀生、中等生、薄弱生搭配的原则形成"基础雁行网阵"（3 人一组），再将"基础雁行网阵"进行一定的组合，形成"组合雁行网阵"（4 至 6 人一组），以便更灵活地组织"雁行网阵"合作学习。具体搭配见表 12。

表 12　雁行网阵搭配

名次	1	2	3	4	5	6	7	8	9	10
组号	1	2	3	4	5	6	7	8	9	10
名次	11	12	13	14	15	16	17	18	19	20
组号	10	9	8	7	6	5	4	3	2	1
名次	21	22	23	24	25	26	27	28	29	30
组号	1	2	3	4	5	6	7	8	9	10

第 1 组包括排名第 1、20、21 的学生，第 2 组包括排名第 2、19、22 的学生，其余以此类推。然后，将第 1 组和第 10 组合并成为第一"雁阵"（第一大组），将第 2 组和第 9 组合并成为第二"雁阵"（第二大组），其余以此类推。各大组学生的

名次将会形成以下分布（见表13）：

表13　各大组学生名次分布

第一雁阵	20	1	21	第二雁阵	19	2	22
	30	10	11		29	9	12
第三雁阵	18	3	23	第四雁阵	17	4	24
	28	8	13		27	7	14
第五雁阵	16	5	25				
	26	6	15				

从上述5个雁阵的名次排位分布来看，每个雁阵的学生平均成绩都差不多。这样的分布，最利于组织各种具体形式的"雁行网阵"合作学习，充分发挥"头雁"的带动作用。同时，各"雁阵"的平均水平基本相同，也有利于开展"雁阵"间的学习竞赛。人们常说"人无头不走，鸟无头不飞"，也反映出一个群体要完成一项任务，带头人是极为重要的。在传统的教学模式中，带头人通常只有教师一个；而在"雁阵"合作学习教学模式中，除了教师外，还有各个"雁阵"的"头雁"，也就是组长。如此一来，整个班级的前进动力就提高了，教师可以更多地通过指导和调控"头雁"的行为来调控整个班级学生的学习氛围。那么由谁来充当"头雁"呢？充当"头雁"的学生除了学习成绩优秀外，还应具备以下条件：第一，责任心强、有奉献精神；第二，性格比较外向，具有一定的领导和组织能力。教师在确定"头雁"时，要权衡好这几方面的条件，这对以后"雁阵"合作学习的进行有至关重要的作用。

此外，根据学习内容的性质和难度，"雁阵"合作学习具体可以有以下形式：

第一，对于难度较大、开放性强的问题，可以由大组长组织本组6名同学共同研讨、交流，形成意见；第二，对于难度中等的问题，可以由小组长组织本小组3名同学研讨、交流，形成意见，之后，两个小组长再在大组中代表自己的小组发表意见；第三，对于简单的问题，或一些单纯记忆性的学习内容，学生可以2人结对，互问互答，互相检查，完成学习。在一节课的某个阶段具体采用何种形式，一般都是由教师来调控的。

如前所述，雁行网阵的最大特点就是由教师这个大"头雁"，把握整个"雁群"的飞行方向和进度，并将学习任务分派给各个小"雁群"，由小"雁群"的小"头雁"促进小"雁群"内部的互助合作，激发小"雁群"间的正面竞争动力，从而实现整个"雁群"的协同共进。而学生在小"雁群"内部、小"雁群"之间都会形成网状关系。这种网状关系，本身是以学生之间存在的同学关系为纽带的，但在雁行网阵教学模式中，这种网状关系将会发挥出更大的优势。学生之间的联系更紧密，沟通更频繁，团队凝聚力和合作意识更强，因为竞争的存在也更能促进信息在整体"雁群"中的流转速度和频率，也更能发挥出团队成员的自身优势互补效应。

（2）鸳鸯网阵

鸳鸯网阵是以中国古代的鸳鸯阵为基础组织设计的教学模式。在中国明朝，军队抗击倭寇时，大将戚继光首次运用了鸳鸯阵，取得了胜利，该阵因形似鸳鸯结伴而得名。该阵的传统阵型布局以12人为最基本的战斗单位，最前面为两个牌手，分别是长牌手、藤牌手（其中一个为队长），然后是跟着的两名狼筅手，再次是四个长枪手，最后是两个短兵手。作战时牌手以藤牌防护远程射击兵器（这时候牌手面向敌人，其余人排成纵队躲在牌手后面），以狼筅手为进攻主力，以长枪取人性命，短兵是防止敌人进身，或者长兵疲惫时进攻的。鸳鸯阵是最基本的阵形，还有许多变化，比如成两伍纵队的鸳鸯阵，这是基本阵；由鸳鸯阵变化的两仪阵（两伍分开）；大三才阵横队，就是把两伍并列的队形变成横队，队长持牌居中，左右各一狼筅，狼筅左右为两长枪拥一牌（实际上这还有其他伍交错排列），短兵在后……这是为了在比较宽的横路上战斗运用的；小三才阵横队，"狼筅居中，左右各一长枪，长枪左右短兵和牌，一伍平列"，这是在窄路上采用的阵形；一头两翼一尾阵，把参战部队分成四部分，最前者为头，是正兵，主要的进攻部队，两翼为奇兵，保护头的侧后方向，在适当时机进攻敌人的侧翼，尾是策应部队（相当于预备队），随时准备增援任意方向。

鸳鸯网阵的特点在于其根据男女性别而存在的性格和特点上的差异性优势，同时充分发挥男女生学习中的配合和互助优势，这一网阵教学模式适用于班级男女生比例比较平均，且男女生内部平均成绩的分布比较平均的班级。教师在进行课堂教学设计前，首先根据性别将学生分为男生组和女生组两组，并通过摸底测验等方式，对男生组和女生组中的学生，按照排名进行整合。在整合时教师应注意保持每组学生的平均成绩在较统一的水平上。

当然，教师可以根据班级男女生人数的实际情况，对鸳鸯网阵的排列进行适当变化和调整。但是，鸳鸯网阵的主要精髓在于，让男女生间隔相邻地排列在队列中。比如，班级有30名学生，男女生各15名。教师可以采用表14的分组方式，将学生先分为6个小组，再将1、2小组分为第一大组，3、4小组分为第二大组，5、6小组分为第三大组。教师也可以按照表15的分组方式（见表15），将1、3、5组分为第一大组，2、4、6组分为第二大组。这样分组能保证组内男女比例平均，且学生平均成绩水平一致。由于男女生的学习习惯、性格特点存在差异，且他们各有优势，所以这样形成的鸳鸯网阵能使性别带来的差异化优势实现互补，也能弥补由于性别差异带来的信息认知差异化和知识吸收差异化等问题。

41

表 14　鸳鸯网阵男女生排列方式一

1组（排名）	2组	3组	4组	5组	6组
男 1	女 1	男 2	女 2	男 3	女 3
男 4	女 4	男 5	女 5	男 6	女 6
男 7	女 7	男 8	女 8	男 9	女 9
男 10	女 10	男 11	女 11	男 12	女 12
男 15	女 15	男 14	女 14	男 13	女 13

表 15　鸳鸯网阵男女生排列方式二

1组（排名）	2组	3组	4组	5组	6组
男 1	女 1	男 2	女 2	男 3	女 3
女 6	男 6	女 5	男 5	女 4	男 4
男 7	女 7	男 8	女 8	男 9	女 9
女 12	男 12	女 11	男 11	女 10	男 10
男 13	女 13	男 14	女 14	男 15	女 15

（3）鱼鳞网阵

鱼鳞网阵是以中国古代的鱼鳞组织设计的教学模式。我国古代著作《左传》记载，鲁桓公五年（公元前 707 年），就曾使用该阵作战，是谓"原繁、高梁弥以中军奉（郑庄）公，为鱼丽之阵，先偏后伍，伍承弥缝"。鱼鳞阵布局为大将位于阵形中后，主要兵力在中央集结，分作若干鱼鳞状的小方阵，按梯次配置，前端微凸，属于进攻阵形。战术思想为中央突破，即集中兵力对敌阵中央发起猛攻。该阵在己方处于优势地位时使用，阵形的弱点在于尾侧。

鱼鳞网阵的特点在于将班级中成绩好的学生集中起来发挥规模优势，并通过知识溢出效应和集群效应原理，让成绩好的同学带动成绩稍弱的学生，层层辐射，最终实现共同进步。

综合来看，这一网阵教学模式适用于班级平均成绩分布差异化较大的班级。教师在进行课堂教学设计前，根据摸底测验等方式，对学生的成绩进行排名，按照排名顺序，将学生分为四个层级，并按照特定位置进行座位划定。具体如图 5 所示。

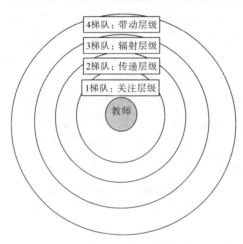

第 1 梯队：关注层级

第 2 梯队：传递层级

第 3 梯队：辐射层级

第 4 梯队：带动层级

教师

图 5　鱼鳞网阵中学生分布

在图 5 中，教师位于鱼鳞网阵的中央位置，主要起知识教授和把控整个班级的作用。鱼鳞网阵分为 4 个梯队，第 1 梯队为关注层级，主要集中了班级中成绩较薄弱，学习较吃力的学生（班级排名后 15%）。这些学生需要教师付出更多的时间、精力，并让他们集中在教师更能及时关注的核心位置，使他们集中注意力，提高学习效率。第 2 梯队为传递层级，这一层级学生的平均成绩应处于整个班级的中上水平（班级排名15%~30%）。这一层级起着承上启下的作用，既能帮助第1梯队解决部分学习上的问题和困难，也能有效传递来自教师、第3、第4梯队的信息，实现信息的快速流动和传播。第3梯队为辐射层级，这一层级学生的平均成绩应处于整个班级的中下水平（班级排名30%~85%）。这一梯队的学生人数较多，他们能接受第4梯队和第2梯队的学生的共同帮助，从而快速提高学习成绩并迅速将信息传递到更广的范围。第4梯队为带动层级，这一层级主要集中了班级中成绩优秀的学生（班级排名前15%）。这部分学生集中在一起，能有效发挥规模效应，并促进优等学生在层级内的竞争和合作。同时，这部分学生自控能力普遍较强，将他们分布在鱼鳞网阵的最外层将整个班级的学生包裹起来，形成班级内部的网阵闭环，有效地杜绝了成绩较弱的学生受到外界环境的不良干扰。

（4）鹤翼网阵

鹤翼网阵是以中国古代的鹤翼阵为基础组织设计的教学模式。鹤翼阵是我国古代战争常用阵形，专供包围使用。古代兵法中曾提到，鹤翼阵是唯一可以积极攻击的阵形。鹤翼阵的阵形布局为大将位于阵形中后，以重兵围护，左右张开如鹤的双翅，是一种攻守兼备的阵形。战术思想：左右包抄。鹤翼阵要求大将应有较高的战术指挥能力，两翼张合自如，既可用于抄袭敌军两侧，又可合力夹击突入阵型中部之敌，大将本阵防卫应严，防止被敌突破；两翼应当机动灵活，密切协同，攻击猛烈，否则就不能达到目的。

鹤翼网阵的特点在于灵活运用班级内部的少数优秀学生，带动班级内部其他成绩较薄弱的学生，提升学生的学习效率。综合来看，这一网阵教学模式适用于成绩中等及中偏下的学生分布较多的班级。教师在进行课堂教学设计前，根据摸底测验等方式，对学生的成绩进行排名，按照排名顺序，将学生按照特定位置进行座位划定。具体如图6所示。

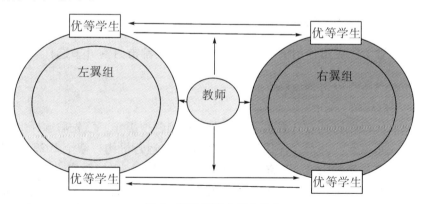

图6 鹤翼网阵中学生分布

在图6中，教师位于鹤翼网阵的中央位置，主要起知识教授和把控整个班级的作用。第1梯队为班级优等学生（班级排名前15%），教师将这部分优等学生按照平均分配的原则分为左右两组，形成闭环。剩下班级排名后85%的学生根据成绩排名平均分为左翼组和右翼组，将优等生包围在中央。教师在授课过程中，可以让优等生在左翼组和右翼组进行流动，随时解答左翼组和右翼组学生的问题，这样也能

43

促进优等学生之间的竞争和交流，并刺激其他学生的学习积极性。教师在授课中还可以引入激励机制，左翼组和右翼组的同学如有进步很大、成绩突出者，也能加入优等学生的队列中。

3. 教学案例的注意事项

（1）在本次 PBL 案例实施的过程中，我们选用了"因材施教"教学网阵中的鱼鳞阵，这是根据班级学生的实际情况进行的选择。但是，因学生的实际学情不同，教师需要采用不同的网阵类型施教，以实现更好的 PBL 教学效果。

（2）在 PBL 实施过程中，教师要随时关注学生的动态和反馈意见，对学生进行精准帮扶和灵活调整。对于学习能力较弱的学生，教师应该给予更多的支持和关怀，挖掘学生的优势和潜力，提高学生的学习积极性，树立学生的自信心，让其尽快适应 PBL 教学方式，取得更好的教学效果。

（3）教师在 PBL 教学过程中，要充分发挥脚手架和监督者的作用，随时跟进学生完成项目的进度，关注学生在学习中的困难和问题，及时解惑；同时，积极发挥鱼鳞阵的组间帮扶优势，实施资源共享、能力整合、效率优化的教学策略。

（4）教师应积极鼓励学生在完成 PBL 任务的同时挖掘自身的科研潜力，为学生后期的科研能力提升奠定基础。

（5）在 PBL 案例实施过程中，教师要注重将思政教育融入 PBL 的全过程（包括 PBL 案例选取、点评）；要注重将科研教育融入 PBL 的全过程（包括 PBL 案例选取、执行、点评、成果）；要注重将知识教育融入 PBL 的全过程（包括学科理论知识点+其他知识实践）；要注重将素质教育融入 PBL 的全过程（包括各项综合能力的培养和提升）。

七、附录材料

附录一：学生撰写的研究报告

数字人民币使用情况调研报告——以成都市为例（节选）

调研情况及数据分析部分略。

（一）项目总结

近年来，人民银行扎实开展数字人民币试点的各项工作，已先后选择 15 个省份开展数字人民币试点，并综合评估确定了 10 家指定运营机构。截至 2022 年 8 月底，试点地区累计交易笔数为 3.6 亿笔、金额 1 000.4 亿元，支持数字人民币的商户和门店数量超过 560 万个。数字人民币在批发零售、餐饮文旅、教育医疗、公共服务等领域已形成一大批涵盖线上线下、可复制可推广的应用模式。因此，数字人民币业务持续健康发展对我国经济发展和社会稳定具有重要意义。

（二）该项目 PBL 实施计划

1. 活动简介

（1）调查时间：2022 年 10 月中下旬

（2）调查地点：西南财经大学柳林校区

（3）调查对象：西南财经大学柳林校区学生

（4）调查方法：网上填写并收集问卷

（5）项目分工：问卷设计：徐×玉，王×龙

分析及结论：欧阳×俊，张×，高×苒

总结：樊×昕

PPT制作：潘×滢，李×芮

展示：王×翔

（6）调查意义：对数字人民币使用意愿进行调查，比较准确地了解与统计相关数据。根据这些数据，学习有关数字人民币的知识，并对未来数字人民币的发展产生思考。

2. 相关知识

首先，数字人民币全称中国人民银行数字货币，是由中国人民银行发行的数字形式的法定货币，由指定运营机构参与运营，并向公众兑换以广益账户体系为基础，与纸钞、硬币等价物具有相同的价值特征。

数字人民币与移动支付的对比是我们这次问卷调查的侧重点之一。数字人民币和支付宝、微信的区别有以下三点：第一，数字人民币是实实在在的具有法定地位的人民币，而支付宝和微信只是一个现行人民币的工具。第二，我们平时使用支付宝、微信的时候，都是需要从银行账户里面转钱才能用，而数字人民币是可以直接用的。第三，微信和支付宝都是实名支付的，而数字人民币能满足我们一定程度的匿名支付的需求。

通过问卷设计和调查，我们了解到数字货币具有许多优点：①数字货币推出后，会逐渐取代纸币，这样就减少了印钞、押送、发送、储存等问题，因此可以节省很多成本。②纸币经过流通后，可能会有大量的细菌滋生，但如果使用数字人民币，就不会出现这种状况。③数字货币更容易监管和防范，此前很多钱庄洗钱都是通过现金的形式，而数字货币流通后就能追踪每一笔交易明细，从而有效杜绝这种情况的发生。数字人民币也有一些缺点，如我们国家现在不会使用智能手机的人还有很多，而数字人民币必须要智能手机开通电子钱包；同时，电子钱包开通后，人们的隐私空间会相对减弱。

我国数字人民币的未来发展根据其特点可划分为以下三个阶段：

第一阶段为测试阶段，用于代替现金。我们通过调查分析，可以得知现在人们对于数字人民币大多持观望态势，多数人处于"不了解"和"了解但不关注"的状态。这充分证明了数字人民币现仍处于测试阶段。已公开资料显示：数字人民币将沿用"中央银行—商业银行—用户"的双层运营体系，即：由人民银行承担数字货币的发行和监管任务，商业银行承担数字货币的申请任务及搭建"一币、二库、三中心"的运行框架。整个运行机制是：数字人民币由发行库到储存库，在"中央银行—商业银行"环节完成发行回笼过程，而在"商业银行—用户"环节，由商业银行从储存库向居民和企业部门投放，同时也吸收数字人民币。

第二阶段为应用阶段，主要为数字人民币智能技术的运用。这一阶段实际是将

45

数字人民币从金融基础设施逐步向货币政策调节工具进行功能扩展，表现为数字人民币利率的引入。人民银行通过法定数字货币利率影响商业银行存贷利率，从而通过引导数字人民币的流向提高货币政策支持实体经济的定向精确度。当经济出现危机时，人民银行可以利用法定数字货币实施负利率政策及其他非传统货币政策改善信贷传导，防止金融系统陷入流动性陷阱。

第三阶段为扩展阶段，主要是发挥数字人民币国际支付和结算功能，促进人民币在境外使用。人民币实现国际化的主要路径是实现人民币在价值尺度、支付手段和贮藏手段方面的世界货币职能。在逆全球化思潮不断涌现、美元霸权制裁的国际背景下，我国需要在防范国内系统性金融风险、确保金融系统稳定的前提下，加快人民币国际化步伐，尽快实现资本账户开放及人民币自由可兑换。从更长远角度看，数字人民币可以在极短的时间内不限次数地转移，这一特性将极大地降低交易成本，一旦形成全球支付网络，将对各国双边贸易产生积极影响，并最终实现全球范围内资本效率的提高。因此，这一阶段的数字人民币将以其独特性和便利性扩大人民币境外使用的范围，实现"自下而上"由居民部门渗透入海外，并配合资本市场互通等"自上而下"推动人民币国际化进程。

3. 遇到的困难和克服方法

由于此次调查专业性较强，调查过程中缺乏对被调查人员的必要解释工作，忽略对调查问卷的说明，从而导致被调查人对调查不感兴趣。调查问卷设计完成后，一般情况下附有填写问卷的说明（或注意事项）。但在实际的调查实施过程中，调查人员没有向被调查人说明此次问卷调查的目的和意义，导致被调查人对调查不感兴趣，使其产生排斥心理，或在回答问卷时产生顾虑，从而导致被调查人对问题的错答或漏答。

我们应根据调查任务，遴选并培训调查人员，熟悉理解问卷设计的原委，积极地鼓励调动被调查人的参与热情，详细说明解释调查过程中所遇到的问题，使其明了调查的真实目的及意义，排除犹豫心理，认真作答。我们要让被调查人员了解这是什么样的调查，有何目的和意义，如何进行保密及怎样填写调查问卷，提示调查人员在调查时应严格遵循的规则等。

4. 过程性评价表（见表16至表21）

表16　项目工作进展汇报进度表1

项目名称：在社区调查使用数字人民币的使用意愿和情况并描述统计			
小组成员	樊×昕	日期	2022. 10. 29
时间段	进行 PBL 的总结		
我们的学习目标	1. 根据调查结果，梳理学到的专业知识		
	2. 分析在调查过程中出现的问题，并找到解决办法		
我们完成的任务	根据问卷和数据分析，完成 PBL 任务的总结		
我们的下一步计划	根据完成材料制作 PPT		
我们最关心的问题	1. 专业知识如何从调查结果中提取		
	2. 如何解决受访者对于填写问卷不积极这一问题		

表 17 项目工作进展汇报进度表 2

项目名称：在社区调查使用数字人民币的使用意愿和情况并描述统计			
小组成员	李×芮	日期	2022. 11. 1
时间段	10 月 26 日—11 月 1 日		
我们的学习目标	1. 将问卷设计思路、设计方法、样本搜集方法等信息进行整合与制作成 PPT 形式，将统计结果方法以可视化方式呈现		
	2. 根据这次的数字人民币统计报告，对目前的数字人民币推行状况进行测度，并且给出具体的对本次报告的政策建议		
我们完成的任务	1. 成功向全班展示此次的关于数字人民币的使用意愿调查统计报告		
	2. 听取了老师关于我们对于样本选取应注意多样化、政策建议深度可以提高的评价，修正了我们的统计报告		
我们的下一步计划	1. 扩大样本容量，从大学生群体扩展到中老年人群体，更为全面地调查数字人民币的使用意愿		
	2. 使用更多的统计方法进行对新的数字人民币意愿调查数据进行分析		
我们最关心的问题	1. 如何使得样本抽选实现随机性且多样化		
	2. 如何保证数字人民币使用意愿的调查数据具备真实性		

表 18 项目工作进展汇报进度表 3

项目名称：在社区调查使用数字人民币的使用意愿和情况并描述统计			
小组成员	潘×滢	日期	2022. 11. 5
时间段	课堂展示完毕，听取老师评价后对材料进行完善阶段		
我们的学习目标	1. 了解如何扩大数字人民币影响力，促进国际金融发展		
	2. 结合时事完善项目		
我们完成的任务	1. 完善统计分析结论部分，将数字人民币的使用与国际金融结合		
	2. 结合党的二十大对项目过程进行总结		
我们的下一步计划	1. 小组内成员完成各自材料的撰写并按时提交		
	2. 持续关注数字人民币后续发展进程		
我们最关心的问题	1. 我们提出的建议是否具有可行性		
	2. 数字人民币未来发展前景		

47

表 19 项目工作进展汇报进度表 4

项目名称：在社区调查使用数字人民币的使用意愿和情况并描述统计			
小组成员	欧阳×骏	日期	2022. 11. 25
时间段	10 月 4 日至 10 月 29 日		

我们的学习目标	1. 了解数字人民币使用意愿，使用状况，使用体验
	2. 对未来数字人民币的发展提出思考和建议
我们完成的任务	1. 调查了西南财经大学柳林校区学生对数字人民币的看法
	2. 对调查结果进行了信度分析和效度分析，了解了人们对数字人民币的了解程度，比较了数字人民币与移动支付的异同
我们的下一步计划	1. 继续阅读有关数字人民币的论文和专著，了解数字人民币的发展状况
	2. 继续关注国家对数字人民币的政策
我们最关心的问题	1. 数字人民币能否尽快批量推广使用
	2. 数字人民币相比纸币的优点

表20　项目工作进展汇报进度表5

项目名称：在社区调查使用数字人民币的使用意愿和情况并描述统计			
小组成员	张×	日期	2022. 11. 25
时间段	10月4日至10月29日		
我们的学习目标	1. 了解数字人民币使用意愿，使用状况，使用体验		
	2. 对未来数字人民币的发展提出思考和建议		
我们完成的任务	1. 调查了西南财经大学柳林校区学生对数字人民币的看法		
	2. 对调查结果进行了信度分析和效度分析，了解了人们对数字人民币的了解程度，比较了数字人民币与移动支付的异同		
我们的下一步计划	1. 继续阅读有关数字人民币的论文和专著，了解数字人民币的发展状况		
	2. 继续关注国家对数字人民币的政策		
我们最关心的问题	1. 数字人民币能否尽快批量推广使用		
	2. 数字人民币相比纸币的优点		

表21　项目工作进展汇报进度表6

项目名称：在社区调查使用数字人民币的使用意愿和情况并描述统计			
小组成员	高×茜	日期	2022. 11. 26
时间段	10月4日至11月9日		
我们的学习目标	1. 民众尤其是大学生群体对于数字人民币的使用意愿情况		
	2. 民众尤其是大学生群体对于数字人民币功能的建议情况		
我们完成的任务	1. 问卷设计调查了民众对于数字人民币的使用意愿		
	2. 对于问卷数据进行了信效分析和描述性统计		

表21（续）

我们的下一步计划	1. 对于数据和统计分析结果进行总结
	2. 根据结论对数字货币发展提出合理建议
我们最关心的问题	1. 民众对于数字人民币的使用意愿情况
	2. 民众对于数字人民币及其功能的前景期待

（西南财经大学国际商学院　蒋海曦）

新能源产业链债券融投资的方案设计

一、案例基本情况介绍

1. 案例背景

"货币金融学"课程为大学基础课程，其特点为：①基础性："货币金融学"课程强调课程的基础性，主要是为后续的金融学专业课程构建金融的基本理论和理念。②广泛性："货币金融学"课程涉及的金融学基础知识比较多，课程目标决定了这一门课程不可能在某一个知识点上有太深入的学习，而更多的是基本知识框架的构建。

对于这样一门涉猎广泛而不深入的课程，我们在场景化教学设计中显然不可能针对全课程设计 PBL 案例，因此，在 PBL 案例设计中我们首要考虑的是如何进行分课时的场景化教学案例设计。

2. 适用课程、适用对象和适用范围

本案例适用于"货币金融学"课程的场景化教学，也可以适用于"投资学""公司理财""固定收益证券"等课程的场景化教学。本案例的教学对象为相关专业本科生和硕士研究生，可根据教学对象的差异调整案例要求的难度。

3. 教学重难点

"货币金融学"课程不是一门纯理论的课程，其涉及的有关金融学的基础知识和基本理论在金融实践中都有普遍的应用。因此，在"货币金融学"课程的教学实践中，我们一直在探索如何将理论与实践进行有机的结合，从而增强教学的应用性和趣味性。

长期以来，我们的探索主要集中在：①在每次课程教师讲授时，紧密结合当时的金融发展实际，将金融时事性问题与课程基本理论结合起来，在课堂上应用课程基础知识分析实际问题。②通过向学生推荐一些金融时事性的文章，引导学生有意识地培养自身应用基础知识分析和解决问题的能力。

这样的探索在相当程度上达到了教学目标的要求，但是也存在着一些不足，主要体现在：

（1）学生的代入感不强：在传统的教学方式中，学生虽然也能够通过与实践相结合的教学强化对基础知识的学习，但是学生往往以局外人的身份自居，缺少代入感。

（2）学生的主动性不够：学生仍然习惯于在课堂上被动地接受老师传授的知

识，虽然我们在教学中一直在有意识地引导学生思考，但学生主动学习、自觉思考的积极性并不高。

（3）不能充分发挥学生的创造性：在传统的教学模式中，强调的是知识的获取和应用，而不是能力的培养。也正是因为如此，学生在有些知识的掌握中缺乏灵活性，对知识的应用缺少相应的思考。究其原因，在于课程没有能够充分调动学生的创造性，在对学生能力的培养上缺少相应的探索和努力。

4. 创新点与特色

（1）本场景化教学案例设计的创新点。

本案例选取了在最近投融资市场上比较热门的新能源产业为目标，将班级学生分为融资组和投资组两个大类。要求融资组同学根据相应的宏观经济数据、自身公司行业现状和财务状况，设计出适合本公司的债券发行方案；要求投资组同学根据新能源产业链上各企业状况和融资组企业的债券发行方案，在充分考虑产业链风险和企业债券发行方案的基础上形成自身的投资方案。与传统的教学方式比较而言，本案例的创新点在于：

①充分考虑"货币金融学"课程的课程特点，选取"利率"这样一个教学中的难点和重点为目标，围绕其进行 PBL 课时案例的设计，既满足了基本知识的教学要求，也实现了在教学方式和内容上的创新迭代，并为后续的课时 PBL 案例设计提供有益的探索。

②通过构建债券投融资的虚拟场景，尝试让学生置身于金融实际工作的环境中，提高学生的参与性和代入感。

③通过让学生自行设计债券发行方案和债券投资方案，引导学生自觉、主动地学习相关知识。

④注重学生能力的培养。

（2）本案例的特色。

①应用性强：本案例可根据不同时期金融发展的实际情况，对案例目标进行调整，比如"5G 产业链""芯片产业链""传统医药产业链"等，从而提高案例与金融实践的吻合度。

②适用性广：本案例不仅适用于"货币金融学"的课程教学，也可以适用于与债券相关的其他课程（如"投资学""固定收益证券""衍生金融工具"等课程）的 PBL 教学。本案例不仅适用于本科生的 PBL 教学，也适用于研究生的 PBL 教学。教师只需要在案例设计中针对课程特点和教学对象的差异对案例要求进行相应的调整即可。

二、PBL 案例教学目标

本案例有如下几点教学目标。

1. 强化学生对相关基础知识的掌握和应用

在"货币金融学"的教学实践中，我们发现"利率"这个教学的重点也是教学的难点所在，学生对于"利率形成""利率与价格""预期利率变动与预期收益率变动"等概念一直存在着认知上的障碍。因此，选择债券融投资构建场景化教学案例，在相当程度上是基于这样一种考虑，即通过这样的场景化设计，强化学生对利率基础知识的掌握。

"货币金融学"的教学对象一般是大二的本科学生，他们在大一阶段已经学习了相关的经济学、会计学知识，但缺乏对这些知识的应用。将学生投入到融投资的实践场景中，有助于学生把这些基础知识应用于实践的分析，比如宏观经济数据、企业财务数据的分析等。

2. 注重对学生相关能力的培养

PBL教学案例的设计，不仅仅在于对相关知识点的强化，更在于对学生能力的培养。本案例的教学应用，还在于对学生相关能力的培养上，具体而言：

（1）对学生收集数据、分析数据能力的培养。

产业链债券投融资，不管是融资方还是投资方，都需要对宏观经济数据、中观产业信息、企业的财务数据有深入的了解和分析。教师通过有意识地引导和设计，可以培养学生在这方面的能力。

（2）在融投资方案形成中对学生创新能力的培养。

在融投资方案的设计中，教师应给予学生充分的自由度。对融资方而言，债券类型的选择、债券价格的确定、与产业链中上下游企业竞争合作关系等等，都有很大的自由创新的空间。而对于投资组而言，如何选择适当的企业、如何根据产业链关系构建合适的投资组合、如何完成投资目标等也是展示他们创造力的地方。

（3）对学生团队协作能力和组织能力的培养。

完成投融资方案，对各组的同学而言都是一项比较繁重的任务。从资料的收集、数据分析到方案确立、成果展示，均需要各组同学协调配合，需要各组组长在组内同学间、组与组之间、学生和老师之间建立有效的沟通渠道。因此这也是对学生团队协作能力和组织能力的一种培养。

3. 提高学生对课程学习的参与度和主动性

教师通过场景案例设计，提高学生在学习过程中的主动性和参与度，变"要我学"为"我要学"，变"被动学"为"主动学"，让学生在设计过程中主动、积极学习相关知识和技能。

三、PBL案例正文

案例的场景设计：

（1）新能源行业的企业由于业务发展，需要发行债券融入资金，而相关投资机构看好新能源行业，想针对新能源行业债券进行投资。

（2）教师依据这样的背景，将学生根据班级人数划分为5~6个融资组和4~5个投资组。

（3）在新能源产业链中选择了六家上市公司

锂矿龙头：赣锋锂业、天齐锂业

锂电池龙头：宁德时代、国轩高科

新能源汽车：比亚迪、吉利汽车

融资组同学通过抽签决定所属企业。

（4）融资组同学在充分收集分析相关数据的基础上，确定债券发行相关事项，如面值、票面利率、发行价格（到期收益率）、债券种类等，形成债券融资方案，并在项目开始第四周后进行公开展示。

（5）投资组同学独立收集相关资料并在融资组同学完成融资方案展示后一周内形成各组的投资报告，并进行展示。

（6）完成案例并评价成果。

四、PBL 案例设计思路

（1）通过债券的设计和定价，推动学生自主学习利率相关知识，强化学生对"利率"这一"货币金融学"课程重要知识点的掌握和应用。

（2）通过债券融投资过程中对宏观经济数据、行业产业链依存关系、企业财务数据等相关数据的收集和分析，培养学生收集资料、分析数据的能力，提高其经济学基础、会计学基础等知识的应用能力。

（3）通过在分析评估宏观经济数据和企业状况基础上完成的债券的设计以及后续的成果展示，训练融资组同学的创新能力；通过评估产业链依存关系和竞争企业状况而构建投资组合，训练投资组同学的风险意识和创新能力。

（4）提高学生对"货币金融学"课程的参与度，培养其主动、自觉学习的习惯。

（5）培养学生的团队协作能力和组织领导能力。

五、PBL 案例实施方案

（1）在行课第四周（完成有关利率基础知识的课堂教学后）开启 PBL 场景化教学实践。

（2）在随后的四周内，按周下达每周各组需完成的任务。

第一周：收集相关数据资料。

融资组重点收集：宏观经济数据、新能源产业链相关数据、相关上市公司最新财务报表数据、国债发行数据等。

投资组重点收集：宏观经济数据、新能源行业发展数据、相关上市公司最新财务报表数据、产业链依存度以及竞争企业相关数据等。

第二周：数据分析。

融资组：要求各组对收集到的数据进行深入分析，对债券发行过程中可能产生影响的相关因素进行研究；从无风险收益率、企业历史风险溢价、企业产业链地位、企业竞争优势及劣势等多维度考虑，确定债券发行种类、发行价格并给出合理的说明。

投资组：要求各组对收集到的数据进行分析，主要集中于：对新能源行业发展前景分析、对新能源产业链各环节优劣势进行分析、对企业风险、市场占有率及企业财务状况分析。初步形成投资配置方案。

第三周：融资组形成债券发行方案。

要求融资组完成债券发行方案撰写，准备债券发行展示。举行融资组债券发行发布会。

第四周：投资组形成债券投资方案。

在融资组发布债券融资方案后，要求投资组在前期准备的基础上，结合融资组方案完成投资方案的撰写和展示。

（3）融投资各组完成最后的融资投资报告为最终成果（见图1、图2）。

图 1　成果展示 1　　　　　　　　　　　　图 2　成果展示 2

评价分三部分：

①过程评价

要求各组详细记录每一次会议内容（见图3、图4），据此对 PBL 项目运作过程中各环节阶段性成果以及过程本身进展情况进行评价。

②学生互评

学生互评包括组间互评和组内互评。

组间互评：在各组完成成果展示后，各组对其他组的成果及工作进行评分。

组内互评：各组对组内成员在整个 PBL 进行过程中的表现进行评分。

③教师评价

任课老师及专家对各组最终成果以及过程表现进行评价。

货币金融学 PBL 教学模式
宁德时代投资 3 组第 2 次会议记录

会议时间	2022.11.11	会议地点	经世楼讨论区
参会人员	王璐瑶、宋小轩、刘念、卢旭林、刘欣遥、虞芯彤		
记录员	刘欣遥	缺席人员	无
会议主题	财务报表分析		

工作总结：
本组结合老师要求，2022/11/11 日下午通过线下会议的形式将先前收集资料进行整理，结合货币金融学的学习内容，分工进行宁德时代近五年的财务报表分析，约定期限为 11/17 截止，各同学按照计划进行资料收集，组长徐最后整合。

讨论合影：（地点：经世楼）

图 3 会议记录 1

货币金融学 PBL 教学模式
投资 A 组第 3 次会议记录

会议时间	2022.12.5	会议地点	经世楼讨论区
参会人员	周昕颖、赵任、肖美璐、董一鸣、谢明慧、周亚玮		
记录员	周昕颖	缺席人员	无
会议主题	PBL 资料讨论及任务分工		

会议纪要：
一、共享资料
小组成员共享所查阅到的相关资料，包括各类六家新能源企业的发行债券的种类、数量、价格、票面利率、期限、行情等基本情况；宋瑶同学分享了近六家企业历史发行的债券数据信息以及付息情况；李昕鑫分享了六家企业目前的融资需求和可能的企业信息以及企业的融资意愿情况；赵任分享了新能源发行作业上市新债券的基本情况；董一鸣同学分享了投资机构投资企业的具体流程和注意事项；谢明慧分享了六家企业目前的项目以及其状况。

二、讨论资料，确定标准
1.将所有的资料进行讨论，确立了后续报告的主要方向。
2.综合国债收益率和各公司历史债券发行因素，对各企业有了较为

图 4 会议记录 2

六、PBL 教学成果及实施效果

2012 年是"货币金融学"课程第一次尝试采用 PBL 模式进行新教学模式的探索。在新型冠状病毒感染疫情严重影响正常教学进度的情况下，虽说还存在一些不尽如人意的地方，但从整个 PBL 项目实施过程以及学生最终的成果展示来看，还是取得了一定的项目效果（见图 5）。

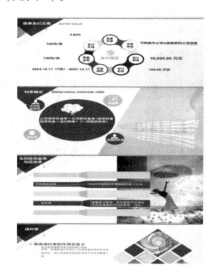

图 5 项目成果

1. 实现了强化"利率"知识点学习的教学目标
从融资组各组发布的债券融资方案可以看出，各组在确定自身债券发行利率时，充分考虑了作为无风险利率的国债收益率的影响以及各企业历史风险溢价等因素。

55

这表明各组同学对利率的形成和确定有了更为直观和现实的理解；投资组各组的投资报告也显示出了在投资环节中他们对利率形成中无风险利率、风险溢价以及企业本身财务状况的评估。这无疑对学生深入理解利率起到了很好的促进作用。

2. 提高了学生的知识应用能力

通过融资各组和投资各组完成的最终成果可以看出，在整个 PBL 教学过程中，同学们习得了如何在教师和校外专家的指导下收集相关数据并进行分析的能力。特别是通过分析上市公司财务报表，对企业资产负债率、毛利率增长率、主营业务收入、净利率、经营成本等数据的分析，学生们提高了自己应用既有知识分析实际问题的能力。

3. 充分展示了学生的潜力和创造力

在 PBL 教学实践中，教师秉承着"我给你一份信任，你还我一个惊喜"的理念，充分放手让学生展示他们的创新和潜力，从结果而言，学生也确实带给我们很多惊喜。

在融资组的债券设计中，各组同学基本中规中矩地完成了债券发行面值、期限、收益率及价格等常规设计方案。除此之外，也有几个组的同学根据经济状况和企业状况，创新性地提出了"可转换债券""可赎回债券""可回售债券"等含权债券的设计方案。投资组同学在产业链各环节分散投资、企业间风险对冲等投资理念上也有可圈可点之处。

在成果展示中，融资各组同学的海报制作、融资展示以及 PPT 制作等方面也有诸多创新的尝试。[附：融资组部分宣传图片（见图 6、图 7）。由于新型冠状病毒感染疫情影响，投资组本次未进行成果展示。]

图 6　宣传图片 1　　　　图 7　宣传图片 2

七、PBL 案例的注意事项

（1）该案例注重与实践的结合以及场景的构建，故在案例应用中可根据经济发展实际情况选择有典型代表意义的行业进行 PBL 案例设计，并尽可能聘请校外专家协助，提高案例的实用性。

（2）对不同的课程、不同的教学对象，在案例设计中应进行案例重点和难点的调整以适应不同的教学需求。

八、教学反思

《新能源产业链债券融投资 PBL 教学案例》是"货币金融学"课程在场景式教学模式改革中进行的一次初步的探索，对于这一尝试，有如下经验总结可与大家分享：

（1）场景式（项目式）教学作为一种新的教学模式，确实在相当程度上可以起到优化教学理念、提高教学质量的作用。教师通过精心地设计 PBL 模式并不断迭代优化，可以有机地将教学知识点与 PBL 场景式教学结合起来；通过场景式设计的启发和诱导，可以有效地将"被动学"转化为"主动学"、将"书本学"转化为"实践学"、将"学知识"转变为"学能力"。

（2）作为基础性课程，在 PBL 教学设计上应更多考虑课时 PBL 案例设计。当然，由于课时限制，在后续 PBL 设计中，是就现有案例进一步优化迭代，还是针对教学需要设计更多的 PBL 案例，抑或是二者并举，需进一步探索。

（3）在本次案例设计中，聘请校外专家提供指导起到了很好的作用，可作为实践性 PBL 案例设计的借鉴。

（4）为提高学生对 PBL 案例教学的积极性，应适当提高 PBL 评价结果在课程总评中的占比，优化评分结构。

（西南财经大学金融学院、中国金融研究院　欧阳勇）

57

基于虚拟仿真交易的设计与实践

一、案例基本情况介绍

(一)案例背景

如今，以数据和技术为核心驱动力的金融科技正在全面影响和改变着财经领域，对高等财经教育和人才培养提出了前所未有的挑战。现在的财经人才，不但需要经管、数理统计、计算机科学、机器学习等多维知识的融会贯通，还要做到理论与实践兼顾，以适应新财经深度科技化、高度智能化、交叉融合化、集群复合化的发展趋势。本项目立足新时代，回应新需求，通过虚拟仿真的方式，带学生进入真实的资本市场，加深学生对国内外金融形势的认识，并会应用投资组合理论、资本资产定价模型，做出投资决策，管理风险。

(二)适用范围

本案例为项目式教学案例。案例中涉及的虚拟仿真交易实验室不仅可以进行股票交易，而且可以开展期权交易、期货交易、外汇交易，此外还提供专有应用程序界面（application programming interface，API）让学生搭建自定义、自动化的算法交易程序，因而可用于"股票价值分析""计算金融""衍生品定价""金融科技"等一系列课程。因项目极具高阶性、创新性和挑战度，所以本案例适用于本科高年级学生和硕士研究生。

(三)教学重难点

经过五个教学周期的摸索，教学团队发现本案例的实施存在三个重难点：一是学生畏难、嫌麻烦的心理；二是学生对资本市场的的确确不了解；三是要引领学生认识风险管理的重要性。

首先，对于大多数学生来说，虚拟仿真交易既可怕又麻烦。如果不加以约束，恐怕许多学生不会参与。家庭金融的研究也表明，学习成本是股票市场参与度低迷的一大原因。所以，本项目的执行需要设置约束机制，比如，规定学生必须完成一定次数的交易，鼓励学生走出舒适区去交易。

其次，旧的培养方案重理论而轻实践，导致学生普遍缺乏对现实金融问题的研判能力，缺乏实操的技能与经验。为保证项目的顺利展开，教学团队要提供更多、更具针对性的辅导，帮助学生一步步地上手。需要注意的是，这将对教师的时间、精力提出很高的要求。

除以上两个难点，本案例的教学还有一个重点，那便是通过虚拟仿真的交易回报，让学生体验现实世界投资决策的后果，从而引导学生采取适当的风险管理措施，理性投资。鉴于高等财经教育培养的人才是未来商业领域的主导力量，因此其价值取向不仅影响到个人职业生涯，还关系到系统性金融风险的防范。

（四）创新与特色

1. 项目平台拥有全球领先的金融科技

本项目引进盈透证券（Interactive Brokers，IB）的教育实验室。作为业界有口皆碑的券商，IB 为 60 多个国家的 600 多所教育机构提供虚拟仿真交易实验室，其中包括哈佛大学和康奈尔大学等世界名校。①该实验室是一个多语言平台，适合我校有多国留学生以及部分本国学生英语水平不高的情况。②与同花顺等平台仅提供手机终端的模拟交易不同，IB 支持 Windows、Mac、安卓、苹果等所有主流设备。③IB 提供免费的实时数据和所有的金融工具，模拟账户资产随价格的波动，仿佛交易发生在真实市场中一样，是名副其实的虚拟仿真交易。④IB 还提供先进的教育管理功能，教学团队可以监管学生的所有操作，分析学生的交易行为，防止学生作弊或违规操作，及时发现学生遇到的问题，并根据学生的实际交易情况定制学习任务。⑤IB 允许不同复杂度的交易，能很好地适应学生背景不同、水平参差不齐的情况。对于量化金融感到吃力的学生，其可以选择其基础功能，按部就班地学习、提高。对于学有余力的学生，其可以开展编程教学，让学生基于大数据钻研投资策略，并用 Python、Java、C++ 等语言工具开发自己的交易算法。

2. 学生完成 95% 的工作

在本项目中，学生占据学习的绝对主导地位，需要自主完成账户创建、选股、交易、投资组合管理、风控的全过程，实现知识的自我构建。项目结束后，学生还要总结得失，提交 Recap 报告，并根据自己的交易经历，推荐一只股票，在翻转课堂上汇报分享。在整个过程中，教学团队所起的作用是组织和辅助。教学团队利用线上线下相结合的形式，及时反馈学生的问题。

3. 与课程知识、思政育人有机融合

本项目看似独立，实则与市场微观结构、技术分析、宏观分析、公司分析等课程知识紧密相联，是理论学习用于指导实践的典范。同时，本项目坚持显性教育与隐性教育相统一，在显性教育之下，通过润物细无声、滴水穿石的方式，引导学生客观全面地看待收益和风险，杜绝拜金主义的腐蚀。

二、案例设计过程

（一）教学目标

在世界一流和新财经建设理念的指导下，本案例致力于达到三个目标。

知识目标：通过虚拟仿真交易，让学生获得股票市场的第一手资料，形成对股票市场的感性认识，并把感性认识上升为理性认识，掌握投资学的前沿分析范式，运用所学的理论和方法来分析资本市场中的各种问题和现象。

能力目标：通过财经知识、数据科学、计算机编程的深度融合，培养知识复合、能力聚合、思维整合的拔尖创新人才；通过全球领先的交易平台，对比中美资本市场，与多国留学生交流，培养学生的国际视野。

价值目标：以习近平新时代中国特色社会主义思想为指导，统一知识传授、能力培养与价值引领，引导学生树立科学的世界观、价值观和道德品质，防止学生受到市场功利主义的侵蚀。

（二）学情分析

（1）学生来自金融、经济、会计、工商管理四个不同的专业，且有相当一部分留学生，背景各异，知识储备也不同。

（2）学生仅学过"财务管理"一门前序课程，金融市场相关的专业知识有限。学情调研显示，50.4%的学生没有跟踪财经资讯的习惯。

（3）理论知识与交易实践之间存在缺口，教师团队与学生交流得知，他们的实践经验差异更大，相当一部分学生反应本项目充满挑战。

（4）学生普遍表现出了极其浓厚的学习兴趣，频繁向教师提问寻求指导，超星学习通上相关章节的学习次数达10 491次，甚至有学生的交易次数高达9 507次。

（三）理论及实践

与传统的以课堂、教师、教材为中心的教育不同，项目式教学主张以学生为中心，以项目为载体，让学生参与到真实情境中去思考、处理、解决问题，从现实中构建自己的知识，而不是简单地从教师那里获取知识。

在项目式教学理论的指导下，教师应扮演好组织者、协助者的角色，由讲台转向后台，做好项目设计、过程管理以及事后的总结评价。项目设计应保证一定的挑战难度，但通过挑战又能完成。在项目实施过程中，教学团队针对学生个案，具体问题具体分析，提供个性化的教育。为了优化教学效果，激励相容的评价体系也必不可少。更多项目细节，请参见以下两个部分。

三、项目式教学案例

（一）项目简介

与文字案例不同，在项目式教学案例中，学生占据绝对主导的地位，在干中学，学中干，因此案例正文也相对简洁。

本项目依托IB强大的交易平台，建立本课程专属的实验室，让学生独立或自由组队，在长达10周的时间里，通过二级市场买卖股票。为了与课程内容相适应，本项目要求学生只交易股票。但作为国际上最优秀的互联网券商，IB当然也提供期权、期货、外汇等多种证券的交易服务，其他课程可按需设计自己的虚拟仿真交易或量化金融建模竞赛。本项目基于真实的投资实践，可以说除了资金以外，一切都是真的。学生可以接触到真实世界中所有的金融工具。真实市场中资产价格的波动，会立刻影响学生的投资组合价值。融资融券也完全遵循现实世界的规则。

学生从注册账户开始，自己分析经济形势、选股、制定投资计划、执行交易、管控风险、解决可能出现的各种问题。这个过程会用到多学科的知识、技能，也需要学生发挥创造力。教师在其中主要起设计、组织、协助的作用。为充分利用计算机和互联网的前沿科技，挖掘学生的编程能力，本项目安排3个课时教授API解决方案入门，力争教学生写出能在真实世界中运行的交易程序（交易系统界面及我院学生数据见图 1 至图 4）。

图 1　交易系统界面（电脑版）

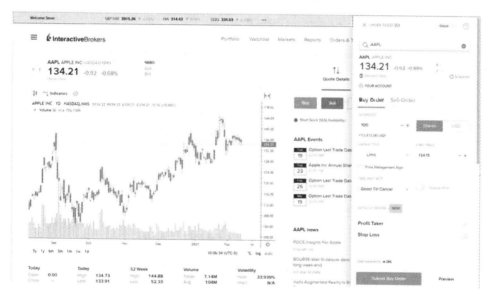

图 2　交易系统界面（网页版和手机版）

图 3　学院学生数据（PDF 版）

Statement	Header	域名称	域值			
Statement	Data	BrokerName	Interactive Brokers LLC			
Statement	Data	BrokerAddre	Two Pickwick Plaza, Greenwich, CT 06830			
Statement	Data	Title	活动账单			
Statement	Data	Period	十月 4, 2021 – 十二月 3, 2021			
Statement	Data	WhenGenera	2021-12-04, 02:03:06 EST			
账户总结	Header	货币	账户	名称	之前净资产 当前净资产	时间加权收益率(TWR)
账户总结	Data	USD	DU4439984	Jiahao B Dong	1000000 1123482	12.34%
账户总结	Data	USD	DU4462311	orange chen	1000000 1123011	12.30%
账户总结	Data	USD	DU4461585	Dong Xiao	1000000 1106187	10.62%
账户总结	Data	USD	DU4461568	yang y yang	1000000 1039937	3.99%
账户总结	Data	USD	DU4461597	Jiang Juruo	1000000 1037059	3.71%
账户总结	Data	USD	DU4440038	JIAYUE LIU	1003219 1033598	3.46%
账户总结	Data	USD	DU4462308	Carlos Rogers	1000000 1030428	3.04%
账户总结	Data	USD	DU4478265	HUANG DAI	999097 1023945	2.59%
账户总结	Data	USD	DU4461576	gao ya	1000000 1020141	2.01%
账户总结	Data	USD	DU4462273	Jia Cao	1000000 1013376	1.37%
账户总结	Data	USD	DU4461598	zhiwei Zhu	1000000 1011379	1.14%
账户总结	Data	USD	DU4439979	MengQiao Yua	1000000 1007267	0.73%
账户总结	Data	USD	DU4440041	Tianshu Lu	1000000 1003998	0.40%
账户总结	Data	USD	DU4440071	Shiyi Lin Ms	1000000 996354	-0.36%
账户总结	Data	USD	DU4452014	Yanling Chen	973666 1000000	-0.36%
账户总结	Data	USD	DU4461617	taemin lee	1000000 992044	-0.80%
账户总结	Data	USD	DU4461626	Joe Hardy	1000000 989578	-1.04%
账户总结	Data	USD	DU4461577	ZIHE ZHAI	1000000 987693	-1.23%
账户总结	Data	USD	DU4440077	Jingwen Yi	1000000 986679	-1.33%
账户总结	Data	USD	DU4440062	Sijia Ye	1000000 982709	-1.73%
账户总结	Data	USD	DU4461574	Can Zhu	998412 971570	-2.85%
账户总结	Data	USD	DU4461615	Kaiyang Wang	1000000 968414	-3.17%
账户总结	Data	USD	DU4440059	Yanling Chen N	994365 967900	-3.42%
账户总结	Data	USD	DU4440044	Bruce Lee	1003029 887489	-11.37%
账户总结	Data	USD	DU4462271	John Wick	1000000 885595	-11.41%
账户总结	Data	USD	DU4439978	Boyuan Chen N	995630 786183	-21.38%
账户总结	Data	USD	DU4440050	cheng k ye Mr	1000083 764705	-23.54%
账户总结	Data	USD	DU4462312	Luo Na	1000000 590288	-40.97%
账户总结	Data	USD	DU4461618	Beiyu Tang	1000019 801773	-46.13%

图 4　学院学生数据（Excel 版）

（二）教学资料

　　尽管项目式教学倡导以学习者为中心，教学团队仍然准备了丰富的教学资料，其中包括 7 个文档、12 个视频以及多项网络资源（见图 5 至图 9）。

图5 教学团队编写的操作指南

图6 部分教学视频

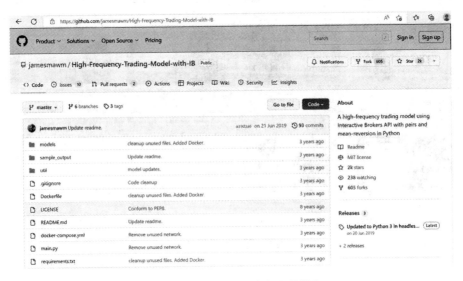

Python量化与IB API的简单应用教程

Author: 谭苏航

Email: tansuhang@smail.swufe.edu.cn

1 环境配置

IB官方提供了相当丰富的API接口，可以让投资者使用Python与IB的PC客户端进行交互，以便于投资者通过Python程序完成量化交易。

使用Python在IB中进行量化交易需要进行三个方面的环境配置：`python`，`IB workstation` 和 `ib_insync`。

1.1 Python的安装

Python官网

进入官网下载最新版本的Python（如已安装则可忽略）

1.2 IB Workstation的安装

通过以下地址下载

https://www.interactivebrokers.com.hk/en/index.php?f=45309

如果因为网络问题这个链接无法访问，也可以通过以下的百度云链接下载

链接：https://pan.baidu.com/s/1ajdttrCEtZaGCHVTb-PBg
提取码：sdgn

安装并登录账号后，需要完成一系列设置才能使用API接口完成交易操作

• 首先点击左上角 `File > Global Configuration`

```
#码
from ib_insync import *
import pandas as pd
import numpy as np
import datetime

def connection():
    util.startLoop()
    ib = IB()
    ib.connect('127.0.0.1', 7497, clientId=11)
    return ib

def get_data(contract, ib):
    day_bars = ib.reqHistoricalData(
        contract,
        endDateTime='',
        durationStr='180 D',
        barSizeSetting='1 day',
        whatToShow='MIDPOINT',
        useRTH=True,
        formatDate=1,
        keepUpToDate=True)
    second_bars = ib.reqHistoricalData(
        contract,
        endDateTime='',
        durationStr='60 S',
        barSizeSetting='1 secs',
        whatToShow='TRADES',
        useRTH=True,
        formatDate=1,
        keepUpToDate=True)
    day_bars.append(second_bars[-1])
    panel_data = pd.DataFrame(day_bars)
    return panel_data

def strategy(panel_data, contract, ib):
    panel_data['10d'] = panel_data['close'].rolling(10).mean()
    panel_data['30d'] = panel_data['close'].rolling(30).mean()
    panel_data['10-30'] = panel_data['10d'] - panel_data['30d']
    panel_data['lag_10-30'] = panel_data['10-30'].shift(periods=1)
    panel_data['dum_buy'] = np.where(np.logical_and(panel_data['lag_10-30'] < 0, panel_data['10-30'] > 0), 1, 0)
    panel_data['dum_sell'] = np.where(np.logical_and(panel_data['lag_10-30'] > 0, panel_data['10-30'] < 0), -1, 0)

    n_shares = 100000 / panel_data.iloc[-1, 4]
    order = None
    if panel_data.iloc[-1, -2] == 0 and panel_data.iloc[-1, -1] == 0:
        pass
    elif panel_data.iloc[-1, -2] == 1:
```

图 7　教学团队编写的 API 入门资料

项/目/式/教/学/案/例/集/萃

图 8　Git Hub IB API 高频交易教程

图9　其他网络教学资源

（三）考核方式

好的教学内容的传递和教学方法的实践需要激励相容的评价体系配合。本项目虽然以交易为主体，但考核不仅限于交易本身，还包括一系列与交易相辅相成的任务。第一，将交易回报与课程成绩挂钩（10%），调动学生的积极性，创造更好的沉浸感，使学生不得不面对、承担自己投资决策的后果。更具体地说，是将每个账户最终的净资产价值（Net Asset Value，NAV）与学生中最高的 NAV 对比计算出的百分比作为成绩。这种做法能在学生中形成合理的排名。受大数定律的驱动，所有学生的成绩分布与正态分布高度近似。第二，为了保证公平，明令禁止一些不合规操作，比如"搭便车"不交易或者是交易非股票证券。违规者受到给予最低成绩的惩罚。第三，由于反思和总结对有效学习至关重要，交易结束后，学生要就自己交易的收益和风险情况进行分析，形成文字版的 Recap 报告（10%）。第四，学生根据自己的实际交易经验，运用课内外所学，推荐一只股票。鉴于良好的表达能力对财经专业的学生来说不可或缺，期末开展翻转课堂，让学生进行展示汇报（15%）。

（四）启发思考

本项目除培养学生的认知能力以外，还培养学生的极其重要的非认知能力。首先，这段投资经历也是一段自我发现的旅程。每个人的风险偏好都不一样。给定风险，每个投资者需要多少收益作为补偿，也是不一样的。这些问题没有标准答案，而是要靠自己去找到风险、收益的权衡取舍。其次，面对如此复杂的任务，学生难免需要寻求教学团队和同学的帮助，这就在无形中锻炼了他们的沟通、协作能力。最后，当今社会金融形势瞬息万变，市场动荡，股价暴跌时有发生，给交易者造成巨大的压力。做好压力管理，及时调整自己的投资，也是学生的人生必修课。

四、案例实施方案

（一）时间规划

经过 5 个教学周期的建设，教学团队发现与我校校历相适应的最佳时间安排，是为期 2 周的项目试验阶段和为期 8 周的正式运行阶段。

（二）里程碑事件

（1）联络 IB，开设专属实验室。

（2）指导学生创建自己的账户。

（3）项目试验阶段。

（4）正式交易阶段。

（5）总结汇报。

（三）实施步骤与教师引导

开课前：教师联络 IB，开设专属实验室，并准备文档、视频等教学资料。

第 1 周：教师做好充分的解释说明，让学生对交易平台、交易时间、交易规则、考核方式都形成清晰的认知。助教准备实操手册。

第 2 周：助教协助教师，指导学生开立模拟账户并加入专属的实验组。

第 3~4 周：学生开展试验，熟悉交易，鼓励试错，期间损益不计入成绩。

第 5~12 周：正式交易阶段。教师通过母账户监控学生的表现，与学生讨论投资策略，按学生需求提供指导，并在课堂上就一些共性的问题组织讨论，做出讲解。中期开展 Python 编程教学，利用 IB 提供的应用程序接口，开发自定义、自动化的交易算法。学生在真实的市场中交易，学习编程、交易、风险分析和投资组合管理的技巧。

第 13~15 周：回顾、讨论、总结、反思。

第 16 周：学生提交 Recap 报告。

第 17 周：翻转课堂，学生汇报。

（四）支撑要素

本项目依赖三个关键要素的支撑：

（1）极大的真实性。情境的真实性能够孕育复杂性。在几近真实的环境中，学生才会遇到纸上谈兵时想象不到的问题。IB 依赖其先进的技术，提供了真实性方面的最大保障。

（2）教学团队的辅助。虽然本项目由学生主导，但教师的作用仍然不可或缺。项目如何计划、启动、执行、评价，均需教师的指导、干预和监督。在面对无限复杂的现实时，师生之间也会形成学习的共同体，一起去面对项目的困难和挑战。

（3）激励相容的评价体系。考核的重要性以及具体的考核方式请参见本申请书的第三部分，此处不再赘述。

五、案例评价

（一）教学效果评价

本项目教学效果令人满意。创造性地融合了财经、数理、计算机编程等多学科的知识，对学生进行课程理论的学习大有裨益；锻炼了学生的高阶思辨和行动能力，在学生心中埋下了一颗自主创新的种子，培养了学生的终身学习能力；渗透了正确的世界观和价值观。

本项目也受到了学生的广泛好评。学生普遍表示获益匪浅，收获了金融实战技能，甚至有学生说培养了自己"每天勤勤恳恳看股票"的习惯。本学期中期学生评价见图 10。

图 10　2022—2023 学年秋季学期中期学生评价

（二）学生成果

学院已有 5 届 457 位学生参与过本项目，效果理想。由表 1 和表 2 可见，学生的交易数量累计达到 96 713 笔，收益率介于-55% 到 35% 之间。此外，学生还完成了众多优秀的 Recap 报告和课堂展示（见图 11、图 12）。

表 1　交易次数统计　　　　　　　　　　单位：笔数

学期	均值	标准差	最小值	最大值	交易总数	账户总数
2019 秋季	870.977 8	1 693.948 0	0	9 507	78 388	90
2020 秋季	132.926 8	148.797 2	30	576	5 450	41
2021 春季	45.831 2	65.900 9	0	428	3 529	77
2021 秋季	180.892 9	321.451 7	9	1 510	5 065	28
2022 秋季	139.137 9	168.322 1	7	684	4 035	29
全样本	282.786 5	943.373 3	0	9 507	96 713	342

表 2　交易时间加权收益率　　　　　　　　单位:%

学期	均值	标准差	最小值	最大值	账户总数
2019 秋季	−1.5	10.41	−54.72	35.38	90
2020 秋季	−2.25	12.8	−35.7	15.2	41
2021 春季	0.02	6.46	−26.04	17.79	77
2021 秋季	−3.18	11.48	−40.97	12.35	28

表2(续)

学期	均值	标准差	最小值	最大值	账户总数
2022秋季	0.28	4.64	−10.47	8.1	29
全样本	−0.87	8.8	−54.72	35.38	342

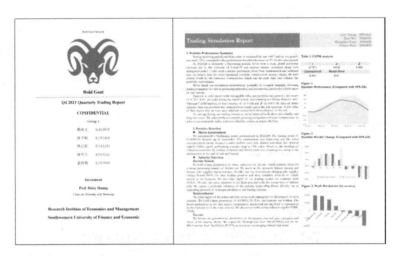

图11　学生的 Recap 报告

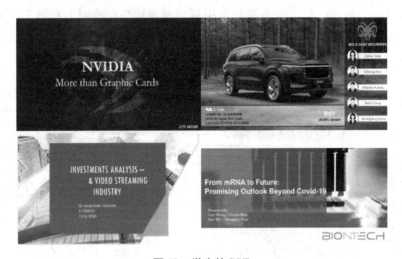

图12　学生的 PPT

六、教学反思

(一)教学总结与经验分享

本案例经过5个周期的建设，在项目平台、组织方式、项目周期、项目规则、考核方式等方面都得到了完善，已发展为成熟的项目式教学案例。考虑到本文的第三部分已经对项目规则和考核方式进行了阐述，此处着重总结平台选择、组织方式和项目周期。

案例开发之初，教学团队曾对比过同花顺、老虎证券、雪球、IB、MarketWatch等一众交易平台，对其模拟交易功能都进行了测试，发现在技术、数据、多语言支持、多终端支持、教学管理方面 IB 都占据绝对的优势，最后选定 IB 的教育实验室作为开展本项目的平台。

由于本课程经历了从选修到必修的转变，因此前 4 个教学周期的学生人数波动也较大。相应地，教学团队尝试了个人和团队的不同组织方式，最终发现本项目的最佳组织方式高度依赖学生人数。在小班化教学中，教师可以让学生独立执行项目。因为师资较为充沛，教师和助教可以为每个学生提供指导。在 40 人左右的中等规模班级中，教师可以让学生两两组队。这既可以减轻教学负担，也可以让学生结对互助，学习沟通协作，培养共同完成任务的责任感。而在大班教学模式之下，教师则可以让 3~5 名学生组建团队，并选出一位组长，由组长承担组内的领导、分工、监督工作；亦可允许学生独立参与，鉴于绝大部分学生都会选择团队合作，教学负担仍然是可控的。

经比较发现，最适应我校春季、秋季学期长度的安排是 8 周的正式交易期。此前，可以安排 2~3 周的试验期。此后，安排 4 周左右的时间让学生进行回顾、总结、报告。

（二）注意事项

首先，开展虚拟仿真交易，必须请平台为师生提供实时数据，否则存在作弊的空间。一般模拟交易平台提供的价格数据都是延迟 15 分钟的。从某种意义上说，这个时间差相当于"预知未来"的能力。知悉的学生可以从其他渠道获取实时数据，进而在模拟交易中实现"无风险套利"。然而在现实中，这样的套利机会是不存在的，这样的行为无异于作弊。IB 不存在该问题，教师通过提出特别申请，签订数据协议（见图 13），可以在虚拟仿真交易中使用免费实时数据。

其次，尽管 IB 有强大的教学管理功能，但教学团队仍然要做好学生账户用户名和账号的记录。图 14 为本项目采用腾讯在线文档，学生多点同时录入的信息。用户名为登录交易系统的必备信息，遗忘之后无法通过账号和邮箱等信息寻回，且教师的母账户中也看不见学生的用户名。同时，这么做也可以防止学生钻空子，创立多个账号进行反向操作，取收益最好的一组成绩进行提交。

最后，交易过程中，教学团队在后台的监管是必要的。这不仅有助于教师和助教对学生的问题做出及时正确的反馈，而且有助于保证课程目标的实现。考虑到一学期时间有限，本课程专注于股票投资方面的理论与实践。而 IB 作为专业的券商，当然允许外汇和衍生品交易。如若学生买卖外币、期权、期货，则与本课程的教学目标不符，且因这些投资标的与股票的风险水平迥异而破坏学生之间公平竞争的环境。

未尽事宜，期待其他课程组试用之后，进行更多的交流。

69

DocuSign Envelope ID: AA48CA3A-E7E8-4E54-AE4C-0889634B8BCD

CME Group

Education Waiver Form

All fields below must be filled out or your application will not be processed.
Schools outside the USA may leave the "State" and "Zip" fields empty if they are not applicable.

To obtain a waiver of fees for CME Group, DME, S&P Indices and Dow Jones Indices information, please fill out the information below. Please note the following requirements:

- Data must only be used for instructional/educational purposes
- Data must not be redistributed
- Subscriber agreements must be signed in the educational institution's name

Educational Institution Name: **Southwestern University of Finance and Economics**
Contact Name: **Daisy Huang**
Address: **55 Guanghuacun St**
City: **Chengdu**   State: ___   Zip: **610074**
Phone: **+86 185 1252 9673**   Email: **daisy@swufe.edu.cn**
Vendor/Data Source: **Interactive Brokers**
Source Contact Name: **Violeta Petrova**
Phone: **203-618-7716**   Email: **vpetrova@ibkr.com**
Link to School Website: **https://www.swufe.edu.cn/**

Purpose for using data:

The data will be used for the undergraduate course FIN904 Investments at Southwestern University of Finance and Economics. Investments students should have some investment experience. I plan to give them real-world trading experience by joining the Student Trading Lab of Interactive Brokers. Students will carry out mock trading by placing limit orders, market orders, and stop loss orders, as well as performing short selling and purchase on margin. Simulated trading itself is a hands-on project. In the end, students will also write an essay about investments, which includes a report on their simulated trading.

Who/Where within the educational institution will use data:

Two teaching assistants and students who enrolled in FIN904 Investments at Southwestern University of Finance and Economics will use the data. The Student Trading Lab of Interactive Brokers provides different trade platforms include a WebTrader, a Trader Workstation, and a mobile solution called IBKR Mobile. So students will be able to access data on their personal electronic devices.

Approximate number of users: **100**   Used for instructional/educational purposes only? ☑Yes ☐No

EDUCATION WAIVER FORM   1

图 13　数据协议

Group Number	Name	Student ID	Group Leader	Account Number	IB User Name	Don't forget to mark down your acct number and user name.
1	赵辰	42011019	赵辰	DU6046853	clark3395	
1	唐娟	42033074	赵辰	DU6046853	clark3395	
1	张圣杰	42003039	赵辰	DU6046853	clark3395	
1	武宛霖	42023042	赵辰	DU6046853	clark3395	
1	王鑫威	42037085	赵辰	DU6046853	clark3395	
2	谢宇琴	42037039	谢宇琴	DU6168030	rrrou5745	
2	王雪艳	42019076	谢宇琴	DU6168030	rrrou5745	
2	朱思宇	42029012	谢宇琴	DU6168030	rrrou5745	
2	葛雨	42023045	谢宇琴	DU6168030	rrrou5745	
2	张睿	42003143	谢宇琴	DU6168030	rrrou5745	
3	赵晋	42008130	赵晋	DU6167992	hzzhx6515	
3	谢文昊	42008049	赵晋	DU6167992	hzzhx6515	
3	胡鹏勃	42012016	赵晋	DU6167992	hzzhx6515	
3	钟琳	42037016	赵晋	DU6167992	hzzhx6515	
3	婴斯梦	42008142	赵晋	DU6167992	hzzhx6515	

图 14　学生账户信息记录

（西南财经大学经济与管理研究院 黄菊）

贯通一二课堂·重构多元场景

——"营销策划"课程场景化项目式教学案例

一、案例基本情况介绍

（一）案例背景

木案例是工商管理学院市场营销系面向全校本科生开设的"营销策划"课程，以及西南财经大学营销策划大赛所采用的真实项目。"营销策划"课程于 2013 年设置为大三下专业必修课，纳入西南财经大学国家级一流专业建设点——市场营销（大数据营销）专业本科人才培养方案。作为核心专业课程，面对先期人才培养中存在的课程知识孤立、能力应用不足、成效评价片面等系列问题，实施了涵盖知识能力贯通、竞赛平台孵化、实践基地签约、师资队伍培育、成效评价创新等系列课程要素的全方位建设。课程始终坚持以理论讲授为基础、以实践创新为核心、以竞赛参与为导向，组建了涵盖专业教师、企业导师和竞赛教辅的强大师资队伍，并与成都兴隆生态观光开发有限公司、四川蓝剑饮品集团有限公司等50余家各行业头部企业形成产教融合，最终建设成为实践性强、体系完善、特色鲜明的社会实践型场景化课程。本案例秉承以学生为中心的理念，从成都兴隆生态观光开发有限公司和四川蓝剑饮品集团有限公司的现实营销困境出发，由企业提供真实管理命题，通过专业课程、学科竞赛的共同推进，最终实现以项目为主线、以教师为引导、学生自主探索的实践性学习目标。

（二）适用课程

"营销策划"以及其他以学科竞赛为依托的实践类课程。

（三）适用对象与范围

本科生（大二及以上年级）。

（四）教学重难点

（1）教学重点

①创新教学模式，重构教学场景。

②丰富实践内容，优化实践挑战。

③搭建竞赛平台，实现成效检验。

（2）教学难点

①解决学生专业知识体系缺乏融合创新的问题。

②解决学生动手实践能力缺乏应用挑战的问题。

71

③解决学生学习综合成效缺乏实用检验的问题。

（五）案例创新点

（1）构建了多元整合的教学场景

针对"理论+实践+竞赛"的教学闭环构建多元化教学场景，有助于培养学生的专业高阶思维及综合实践能力，帮助学生成长为管理型、复合型、创新型高级企业管理专业人才。

（2）实现了教学要素的融合创新

针对不同教学场景需求，创新融合教学主题、教学内容、教学方法等要素，"理论+实践+竞赛"的教学设计、"专业教师+企业导师+竞赛教辅"的师资配比，为学生接受多元化、个性化教育创造可能。

（3）体现了三全育人的教育格局

基于教学场景重构及教学要素融合，体现了"全员育人、全程育人、全方位育人"的三全育人理念，实现了"校、企、生"之间良性互动，保障了多方资源的有效协同。

（六）案例特色

（1）场景多元性

针对知识掌握、实践锻炼及成效展示的全过程需求，重构出集"理论课堂场景""社会实践场景""竞赛平台场景"为一体的三阶段、多场景教学模式（见图1）。

（2）实践应用性

以企业真实项目为载体，设计"教、学、做"三位一体的综合实践，强调做中学、学中做的探讨式、项目式与参与式教学范式。

（3）师资协同性

围绕三大教学场景，搭建涵盖专业教师、企业导师、竞赛教辅等多方协同的师资体系，体现出教学智力的多源汇聚及产教融合。

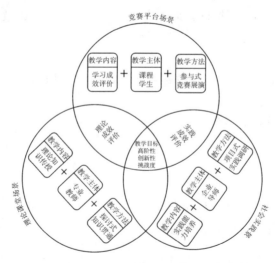

图1 "营销策划"课程多元化场景教学模式

二、案例设计过程

（一）教学目标

（1）知识目标

①学习反思与知识整合。使学生融会贯通市场营销专业整体知识体系，加深对专业理论的理解与认同。通过本课程的学习，学生在实践过程中反思自己的学习状态与能力，让学生将大学几年所学基础课程和专业课程的主要知识有机地整合起来，克服课程"孤岛"现象，打通课程之间的界限，让各种知识成为一个"活"的系统和有机整体；在这个过程中，进一步加深学生对专业知识和本专业的理解，促使学生将对专业的感性认识上升到理性认识。

②理论完善。通过本课程的学习，包括验证性操作和项目设计性操作，强化学生对管理类及非管理类如人际沟通、财务预算、产品设计、商业应用类写作等专业知识的储备，使学生的知识结构更为完备，思维更为全面，从而更加有利于学生成为管理型、复合型、创新型高级企业管理专门人才。

（2）能力目标

①强化提升学生的实践应用等综合能力，切实感知企业营销活动面临的实际问题，使学生有效运用所学知识指导实践。

②强调理论联系实践，注重学生大学几年所学基础理论和专业理论的整合与运用。通过本课程的学习，学生应能熟练掌握市场营销方面的基础知识，借鉴项目可行性研究方法，使用评价软件分析问题、处理问题，进而能有效率地完成各类市场营销项目的设计与策划工作。

（3）价值目标

使学生养成严谨的工作态度。结合案例分析与项目设计，要求学生必须通过实地调查获取数据的基础上开展相关作业，结合"目的-手段链"的思想运用，强调问题导向的方案设计，从而引导学生摆脱书本到书本的虚拟推理，培养学生脚踏实地、精益求精的工作态度。

（4）思政目标

①引导学生扎根中国大地，关注本土企业管理实践问题，树立投身中国企业管理实践的人生目标和梦想。

②扎实培养学生科学分析、严谨论证、创新解构的学科思维和团队协作、实事求是、与时俱进的专业素养。

（二）学情分析

面对传统专业课程，学生普遍存在着"课堂所学不能为现实所用，现实所需无法被课堂所答"的困惑，课程实用度感知相对较低，难以贯通理论知识与实践应用间的分离鸿沟。在传统人才培养模式中，学生学习理论知识与培养实践能力的教学场景往往是独立分离的，学生难以将不同场景下的教学内容融会贯通，学习积极性欠缺、学习成效难以保障。理论教学与实践环节的脱离，让学生面临知识运用不够、实践无所适从的双向难题，而学生既需要在知识获取中借助实践锻炼来加以巩固，也需要在实践演练中寻求理论知识加以指导。

（三）理论及实践

本项目以场景化教学为手段，强调理论学习与实践锻炼的并重。围绕每个项目焦点企业提供的实践命题，课程三大教学场景相辅相成、循环促进、彼此衔接。具体而言："理论教学场景"为"社会实践场景"提供理论回顾、知识梳理和方法贯通的讲授与学习；"社会实践场景"则对"理论教学场景"展开知识应用、能力实操和现实演练，并反哺理论学习思考；"竞赛平台场景"旨在检验理论场景和实践场景的学习成效，最终促进"三元合一"，共同形成项目式、实践型教学闭环。

在项目场景中，学生将参与极具临场感、沉浸感和交互性的实践动手训练内容，具体如下：

（1）洞察实践问题：针对焦点企业给定的营销命题，在校企导师的联合引导下，学生亲临市场环境开展数据收集与挖掘、需求识别与洞察等实践调研活动，以期提出待解决的现实问题。

（2）分析实践问题：针对所提出的营销问题，依托前期调研数据，利用理论模型、技术软件、决策工具等深度分析问题缘由，在手脑并用中剖析问题本真、解构问题实质、探寻问题本源。

（3）解决实践问题：基于问题洞察与分析，撰写营销策划实践方案；设计分岗位角色扮演，依托市场竞争仿真环境开展数字营销沙盘演练；开设基地企业实战工坊，通过企业线上平台和线下门店双向联动，实施落实方案的实战营销活动。

三、项目式教学案例

项目案例任务一

茗猎户林盘景区，由成都兴隆生态观光开发有限公司投资建设并运营，于2010年1月正式对外开放，是成都市天府新区首个川西林盘AAA景区，是公园城市核心区位的绿水青山。作为大美中国乡村美学生活综合体验景区，茗猎户是成都市天府新区乡建代表品牌、成都市著名商标、四川省精品创意文苑、首批成都市"新旅游、潮成都"文化创意主题旅游目的地。项目入选2018年"YOU成都美学生活地图"，2019成都市川西林盘AAA景区，2020天府新区"最美林盘"，2021成都市"十大川西林盘年度消费新场景"。该景区餐厅荣膺"四川省十佳营养餐厅"。茗猎户景区占地220.2亩（1亩≈666.67平方米），森林覆盖面积达85%，建筑以聚落式分布，呈现典型川西民居风格，划定为七个主题部落。通过雅食、雅游、雅学、雅艺、雅栖等业态和体验活动，茗猎户将生活、艺术、文化与川西林盘、美丽乡村有机结合，打造农商文旅融合发展成功范式。在"雅食"艺术方面，茗猎户作为中华原烹雅食艺术发祥地，以猎户三珍宴、天府八珍宴、茶骨仙火锅宴等原创产品，每年接待的美食游客数万人，让世界品味"古法烹之道、华夏味之源"。

火塘部落（餐厅）是茗猎户景区的主打餐饮品牌（见图2），于2015年对外开放，2021年5月完成场景和产品升级，具备"白天+黑夜"全时段场景，主要产品为茗猎户原创的"茶骨仙火锅宴"。

图2 火塘部落（餐厅）宣传概念图

据此：

任务目标：请为茗猎户景区的火塘部落（餐厅）策划营销推广方案。

实施要求：请同学们对课题进行深入分析和研究，运用现代营销策划理念，借鉴国内外特色主题餐厅销售及营销案例，利用新媒体、新技术等现代营销手段，在现有基础上做产品、模式等创新，制作茗猎户火塘部落（餐厅）营销推广策划书。

项目案例任务二

四川唯怡饮料食品有限公司，创建于1992年，是蓝剑饮品集团旗下的植物蛋白饮品公司，距今已有20多年的历史。唯怡始终致力于为消费者提供"以时尚诠释天然，用健康创造美丽"的天然饮品，图3为唯悦E多多产品。甄选优质坚果，以时尚、大然、健康的饮品形象，凭借高品质产品在中国西部掀起第三次"白色浪潮"，成为西部地区尤其是川渝人民的生活标签。作为30年坚果饮品倡导者，唯怡在"美"的品牌核心理念下，始终坚持"喝唯怡，E多更美丽"的品牌主张、天然健康的生活理念、美丽时尚的生活态度。从2008年起，唯怡与世界超模组织紧密合作，冠名世界超模大赛，传递世界之美。唯怡已连续四届冠名"七夕东方情人节真爱之夜"，传承东方文化与东方之美。未来，唯怡也将进一步用"美丽、时尚、天然、健康"生活方式引领女性消费时代的新风尚，向大众展现当代女性的"时尚之美、维E之美、东方之美、唯怡之美！"2022年，唯怡E多多作为成都大运会官方赞助商，推出了大运会版新品。

据此：

任务目标：针对唯怡E多多产品，就如何借成都大运会契机在大学校园推广本产品进行营销策划，并完成方案策划与执行。

实施要求：借助大运会契机，结合产品卖点策划一份针对大学校园市场的整合营销推广方案。策划方案内容包括市场调研（消费者洞察）、产品分析、针对大学市场情况与产品卖点如何有效推广唯怡E多多的营销策略、执行方案等。

图3　唯怡E多多产品

项目案例任务三

正大集团成立于1921年，是泰籍华人谢易初先生创办的知名跨国企业，在泰国亦称卜蜂集团，英文为Charoen Pokphand Group（CP Group）。正大集团秉承"利国、利民、利企业"的经营宗旨，历经近百年的蓬勃发展，已从经营单一业务的"正大庄种子行"，发展成以农牧食品、商业零售、电信电视三大事业为核心，同时涉足金融、地产、制药、机械加工等10多个行业和领域的多元化跨国集团公司。集团业务遍及全球100多个国家和地区，员工约35万人，2019年全球销售额约680亿美元。2016年10月，马云在阿里云栖大会上的演讲首次提出了新零售，"未来的十年、二十年，没有电子商务这一说，只有新零售。"2016年11月11日，国务院办公厅印发《关于推动实体零售创新转型的意见》，明确了推动我国实体零售创新转型的指导思想和基本原则，提出了调整商业结构、创新发展方式、促进跨界融合、优化发展环境、强化政策支持等五项推动实体零售业创新转型的具体措施。正大集团于2015年开始在中国发展新零售事业，中国第一家正大优鲜门店于2015年4月15日在上海开业（见图4），同时正大集团在泰国运营一万余家7-11便利店。正大集团致力于打造一个值得信赖、可以提供便捷的生活必需品及服务的知名跨国企业。

图4　正大零售实体店

据此：

任务目标：通过研究和借鉴国内及国外零售店铺的自有品牌商品销售及营销案例，同时结合正大全产业链特点，利用新媒体、新技术，对正大零售事业提供更好的销售方案建议。

实施要求：策划书应至少包括提升正大集团商品销售的措施；打造爆品的新模式；如何通过社交新零售获取精准用户？新媒体、新技术的品牌（或单品）推广应该怎么做？为传统零售业提供数字化的智慧门店解决方案。

四、案例实施方案

1. 实施步骤（见图 5）

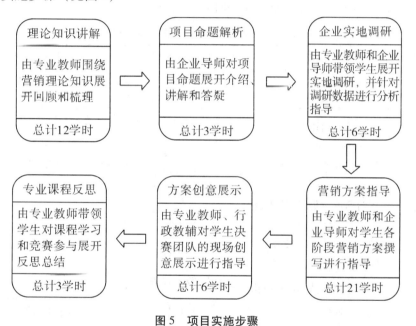

图 5　项目实施步骤

2. 时间规划

根据项目执行所依托的竞赛与课程，具体时间规划如下：

（1）营销策划大赛时间安排（见表 1）

表 1　营销策划大赛时间安排

项目	时间	内容	备注
报名	3 月 9 日—3 月 29 日	学生自主组队报名参赛，每队人数 4~6 人	3 月 29 日 24：00 报名截止
培训会	3 月 29 日	邀请企业高管做案例项目介绍及现场答疑	线上宣讲会
初赛	3 月 30 日—4 月 26 日	撰写策划稿	4 月 26 日 23：00 初稿截止

项目	时间	内容	备注
初赛评审 （约30%）	4月27日—5月5日	专业教师和企业导师评审初赛方案	5月6日—5月8日整理及公布初赛结果
复赛	5月9日—5月22日	完善策划书	5月22日23：00复赛稿截止
审复赛稿 （约50%）	5月23日—5月27日	专业教师和企业导师评审决赛方案	5月27日整理并公布复赛结果
决赛	5月30日—6月7日	现场创意展示、答辩	当场公布结果

（2）"营销策划"课程教学周及课时安排（见表2）

表2 "营销策划"课程周次及课时安排

教学周	课程内容	授课场景	作业（教材）/测验
1	营销策划课程教学设计 基本概念介绍	讲授 课堂讨论	回顾市场营销环境分析、消费者行为和竞争者分析
2	市场营销基础知识回顾1	讲授 课堂讨论	回顾营销STP战略与定价、产品战略
3	市场营销基础知识回顾2	讲授 课堂讨论	回顾渠道和促销战略
4	市场营销策划基本理论框架	讲授 课堂讨论	
5	营销调研设计及方案规划	讲授 课堂讨论	
6	企业进课堂 营销策划比赛基本信息宣讲	线上宣讲	
7	企业实地调研	现场教学	走出课堂、问卷修改
8	调研数据处理分析	课堂讨论	
9	策划方案初稿 企业交流讨论	现场教学	走出课堂、方案修改
10	策划方案初赛 方案展示1	展示、答辩	方案修改
11	策划方案初赛 方案展示2	展示、答辩	方案修改
12	外部专家点评	展示、答辩	方案修改
13	完善策划方案 企业再次调研	现场教学	
14	复赛，方案展示	展示、答辩	方案修改
15	决赛指导 完善策划方案	现场教学	
16	决赛，方案展示比赛	展示、答辩	方案修改

表2(续)

教学周	课程内容	授课场景	作业（教材）/测验
17	课程总结	课堂讨论	
总课时	51 学时		

3. 里程碑事件

（1）企业进课堂。邀请企业高管公布案例项目命题，并做解析及现场答疑。

（2）企业实地调研。由专业教师、行政教辅带领学生团队走进企业，展开实地调研。

（3）营销策划大赛初赛、复赛。由各团队提交营销策划方案书，由专业教师和企业导师共同评选出可进入下一阶段竞赛的优质作品。

（4）营销策划大赛决赛展示。由学生团队现场创意展示、答辩，最终评选出大赛一、二、三等奖，以及最佳创意奖、最佳展示奖等单项奖。

4. 教师引导过程

基于课程和竞赛项目需求，项目中专业教师、企业导师和行政教辅等不同角色师资将参与涵盖"理论知识讲解、项目命题解析、企业实地调研、营销方案指导、方案创意展示及专业课程反思"等在内的整个项目进程。结合三大教学场景，具体如下：

理论课堂场景由专业教师主导，以传授理论知识为核心教学内容，通过师生间互动，依托探讨式知识贯通的教学方法，帮助学生打通专业课程之间的界限，克服课程"孤岛"现象，形成清晰的专业知识体系，为进一步的实践应用建立系统的知识框架。同时，在理论课堂场景下，专业教师还将引导学生合理理解竞赛项目命题、切实开展实地调研、科学撰写营销策划方案，以及完成课程最终的学习反思。

社会实践场景由企业导师主导，以培养学生实践能力为核心教学内容，围绕企业真实的管理实践问题，依托项目式实践调研的教学方法，帮助学生将理论运用于实践，面对市场竞争环境，真真切切地为企业管理困境制定解决方案，从而完成实践能力的有效提升。同时，在社会实践场景下，企业导师还将引导学生深入理解竞赛项目命题、有效开展实地调研、创新策划营销方案。

竞赛平台场景由行政教辅和课程学生共同主导，以完成学习成效评价为核心内容，针对前两阶段的理论学习与实践锻炼，依托参与式竞赛展演的方式，全方位检验学生对理论知识的掌握及实践问题的解决，并在成果展演筹备过程中，全面考核学生在方案撰写、沟通表达、团队协作等多方面的综合能力。同时，在竞赛平台场景，行政教辅还将引导学生做好团队沟通合作、方案创意展示等。

学生在专业教师、企业导师、行政教辅等多方教学参与主体的共同指导下完成现实实践挑战，将对营销工作有更直观的认知和更深入的了解，从而增加其对课程实用度的强烈感知。

5. 支撑要素

（1）师资要素。涵盖专业教师、企业导师、行政教辅的三大角色，为项目执行提供了强大的师资团队资源。

（2）校友要素。充分利用学校校友在各行各业中的资源，引进企业项目、企业导师，有效实现校企融合。

（3）平台要素。持续依托学校团委、学院、系所等管理资源，精心打造高质量、高水平的学科竞赛平台。

五、案例评价

1. 项目内容评价

（1）课程采用非标准化考评方式，基于实践参与态度、策划方案质量、竞赛路演效果、课程反思深度等维度进行综合评定。具体如下：

①实践参与态度包括课堂讨论积极性、实践调研主动性、团队协作贡献度等指标。

②策划方案质量包括目标定位、调研分析、策略创意、可执行性、格式结构等指标。

③竞赛路演效果包括创意展示、讲演逻辑、风采自信等指标。

④课程反思深度包括理论总结、问题凝练、改进措施、个人感悟等指标。

（2）竞赛采用专业教师和企业导师共同打分的方式，具体细则指标见表3。

表3　营销策划大赛评分细则

类别		评价标准	权重/%	得分
格式与结构	概要	是否简明扼要地反映公司的产品	10	3
	语言格式	格式规范、表达逻辑性强、语言准确生动		3
	产品	准确介绍与描述产品和服务的情况		2
	封面标题	封面信息完整、设计得当、目录表示清楚 正文结构合理、图文并茂		2
内容部分	A 营销概要、任务以及市场分析	1. 企业的目标和任务 明确确定企业市场营销策划方案的重要目标和任务，并分析目标和任务的可行性	30	6
		2. 市场现状 提供足够信息和数据，真实反应实际情况，进行市场调研和市场预测		6
		3. 主要竞争对手及其优劣势 明确界定竞争对手，并利用理论工具进行优劣势分析		6
		4. 市场需求与预测 确定现阶段的市场需求和预测下一阶段的市场需求情况		6
		5. 内、外部环境分析 内部展示具体数据，以确定目前和预计将来的市场份额		6

表3（续）

类别		评价标准	权重/%	得分
内容部分	B 营销策略	1. 营销目标/预期收益标准 在销售额、利润、客户的满意程度中列出目标	40	10
		2. 营销策略并分析原因和成效 向目标市场描述了客户决策过程的每个阶段，并分析原因和对应的成效		10
		3. 市场定位 针对目标市场，市场定位准确、合理，并能够体现差异性、排他性的原则		10
		4. 营销组合描述 描述了适当的生命周期阶段，并确定其职能		10
	C 营销策划方案的创意性、执行情况和财务分析	1. 营销策划方案的创意是否有独特性	20	5
		2. 方案执行中、后，顾客的满意度和爱好偏向性进行统计分析，为下一阶段的目标和任务的界定提供合理的数据支持		10
		3. 方案执行的财务分析：包含营业收入和费用、现金流量、盈利能力和持久性、固定和变动成本。数据应基于对经营状况和未来发展的正确估计，并能有效反映出公司的财务绩效。执行方案所需费用明细表，收益表等		5

注：总分为百分制，以上细则仅供老师参考。

2. 教学效果评价

（1）课程受到教学督导组和学生高度评价，综合评教位居同类课程前列；在赋能中小企业、服务地方经济中提高了学生的行业认同、责任担当及家国情怀。

（2）企业实践基地高度认可并切实采纳学生成果方案，对校企合作表现出高度热情，促进了产教融合服务中小企业成长的有效落地。

（3）参与过该项目（课程或竞赛）的学生近几年在各类省级以上竞赛中获奖20余项，课程实践活动受到人民网、新华社、川观新闻等中央地方多方媒体关注，课程荣获多项省级以上教学成果，形成了广泛的推广应用价值和社会影响力。

媒体报道链接如下：

①川观新闻：《谁才是"营销鬼才"？结果出来了!》

https://cbgc.scol.com.cn/news/441097？from＝iosapp&app_id＝cbgc

②人民网—四川频道：《高校学子专业大比拼四川省第四届大学生营销策划大赛落幕》

http://sc.people.com.cn/n2/2020/1109/c379469-34403535.html

③川教观察：《四川省第四届大学生营销策划大赛落幕》

http://cj.sctv-8.com.cn/_back/news/news_wx.aspx#iid637406208504426211

（4）基于多年来课程实施的成效，依托本案例项目的模式，"营销策划"课程已获评四川省一流本科社会实践课程。"'第一、二课堂贯通、多元教学场景重构'——"营销策划"课程的三全育人模式"荣获中国高等院校市场学研究会教学成果三等奖。

六、教学反思

针对课程实施及竞赛开展的实际情况,项目总结出以下个性化经验:

(1)打造专业教师主导的理论课堂场景,旨在传授理论知识,帮助学生打通专业课程间的界限;打造企业导师主导的社会实践场景,旨在培养实践能力,围绕企业真实问题,设计多类别实践项目,为企业管理困境制定解决方案;打造课程学生主导的竞赛平台场景,旨在完成成效评价,依托参与式竞赛展演全方位检验学生学习成效。

(2)依托校友平台,引进企业项目及导师,实施校企融合,将营销实践问题引入课程教学过程,在真实的企业营销实践中训练学生创新创业思维、商业分析逻辑和营销实战技能,充分激发学生的主动性和创造性。

(3)搭建专业学科竞赛平台,以赛促教、以赛促学、以赛收效。结合前期对学生专业思维的训练、综合能力的指导,通过最终营销策划大赛的方案路演展示,由多方主体加以共同验收成效,突出对学生知识、能力、素养的全方位考察与评价。

(西南财经大学工商管理学院 陈鑫、付晓蓉、白璇、周晓明、朱文婷、李先春、艾进、唐小飞)

小微企业扶持政策绩效评价设计

一、案例基本情况介绍

（一）案例背景

2020 年新型冠状病毒感染疫情暴发后小微企业受到巨大的冲击。在这样的现实情况下，我国出台了大量的政策去扶持小微企业的生产发展。这些政策包括税收优惠、财政补贴、金融支持和费用减免等。

（二）适用课程与对象

案例名称为《小微企业财税扶持政策绩效评价设计》。为了促进小微企业的发展，政府出台了一揽子财税扶持政策来缓解小微企业经营困境。学生通过对案例企业的绩效分析有助于其了解国家出台政策的逻辑，同时也通过实践了解市场环境的多样性和复杂性，提升其了解国情。本案例适用于西南财经大学财政学、公共管理等专业大学三年级学生。

（三）教学重点与难点

本案例教学重点理解政府出台这些政策的逻辑，设计评价框架、指标和问卷设计等。

本案例教学难点包括梳理一揽子财税政策和构建政策运行逻辑。

（四）创新点与特色

（1）实践性：本案例紧扣当前的社会热点问题，项目的主题与真实世界密切联系，学生的学习更加具有针对性和实用性。

（2）自主性：本案例让学生根据自己的理解收集并梳理相关政策，构建政策运行逻辑，给学生提供学生自主、主动学习机会，从而有效地促进学生创造能力的发展。

（3）综合性：本案例既包括了财政学的知识，也涵盖了管理学、社会学的知识，具有学科交叉性和综合能力运用的特点。

（4）开放性：本案例答案是开放性的，学生可以围绕主题自主探索使方法、展示和评价具有多样性和选择性。

二、案例设计过程

（一）教学目标

具体目标包括如下三个方面：

（1）掌握一套项目和政策绩效评价、绩效测量的技能和工具以及在实践中的运用。

（2）掌握一套分析和评价项目，提高政策的科学方法，提高在实践中解决问题的能力。

（3）理解政府制定政策和项目的逻辑，提高逻辑思维和论证能力，以及解决复杂问题的能力。

（二）学情分析

财政是国家治理的基础和重要支柱，提高财政资金的效率和效益，更好地发挥财政的作用，是新时代财政治理的重要任务。党的十九大报告提出"建立全面规范透明、标准科学、约束有力的预算制度，全面实施绩效管理"，财政绩效评价为实施全面绩效管理提供了基础性支撑。这门课程涉及了经济学、管理学、逻辑学、社会学等多个领域，有利于拓宽学生的视野。通过场景化教学，学生能了解党和国家设计项目和政策的初心和逻辑。

传统授课模式以绩效理论和评价方法为主，这种讲述方式让学生在课堂上很少有主动思考的机会，课堂气氛也不活跃，对所学知识的掌握主要是靠死记硬背。这不利于激发学生的学习积极性，更无法做到开发学生的创新能力和提高学生解决实际问题的能力。授课内容缺乏实践应用性，学生在传统授课方式下形成的思维方式不利于他们在实践中做出正确的判断。

（三）思维导图

思维导图见图1。

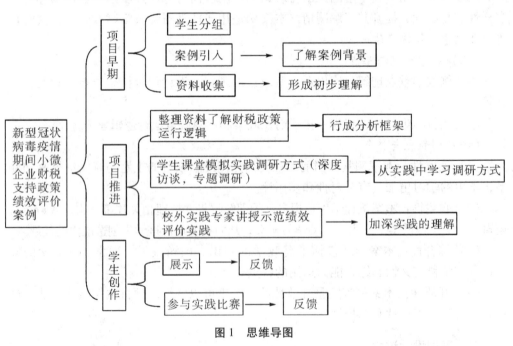

图1　思维导图

三、项目式教学案例

2020年新型冠状病毒疫情暴发后小微企业受到巨大的冲击。2020年2月初，中国邮政储蓄银行（以下简称"邮储银行"）采取随机抽样方式，对2 240家存量小微企业客户开展新型冠状病毒感染疫情影响专题调研，结果显示，小微企业在生产经营、业绩、资金等方面均受到巨大冲击。90.42%的小微企业因受新型冠状病毒感染疫情影响延迟复工复产；77.28%的小微企业受新型冠状病毒感染疫情影响业绩变差；64.56%小微企业的下游客户订单减少；54.16%小微企业认为，若新型冠状病毒感染疫情持续，自有资金难以坚持超过3个月，全面恢复正常生产运营需要更多时间。一方面，所有行业及区域企业普遍面临下游客户需求减少及上游原料供应不足等问题。如受新型冠状病毒感染疫情冲击最大的住宿餐饮业和交通运输业，业务量（运输量）骤减，下游订单明显萎缩，设备利用率显著降低，原材料采购量及原材料库存均大幅减少。另一方面，企业风险普遍骤增。2020年2月小微企业流动资金周转速度放缓、回款周期延长，小微风险指标全面走低。在这样的现实情况下，我国出台了大量的政策去扶持小微企业的生产发展。这些政策包括税收优惠、财政补贴、金融支持和费用减免等一揽子政策。

（1）梳理这一揽子财税金融减费政策，理解这些政策的运行逻辑，具体解决哪些问题，是否能解决这些问题。

（2）构建政策运行逻辑模型，设计评价框架，设计评价问题，开发评价指标。

（3）运用调研方式找出问题答案，提出更有价值的建议。

四、案例实施方案

案例实施方案见表1。

表1　案例实施方案

序号	项目	具体活动	引导过程
1	项目政策运行逻辑	了解政府在新型冠状病毒感染疫情期间出台的财税扶持政策，了解这些政策要具体解决什么问题	提供政府出台政策的背景，指定资料收集，要求学生自行梳理
2	绩效指标设计	根据问题设计指标	讲解设计指标常出现问题
3	模拟调研方法	深度访谈和专题调研是门艺术，设计访谈内容	课堂模拟访谈
4	设计评价方案	学生自主设计评价方案	邀请校外实践专家讲授评价实践

五、案例评价

（一）学生学习兴趣更加浓厚

通过组织学生进行课堂模拟调研等方式，学生的参与意识、团队意识增强，课堂表现更加活跃，这些方式不仅培养了学生的创新能力和学习能力，还有利于教学质量的提高。同时学生为了对案例进行分析，必须查阅相关文献、资料，这也激发了学生的学习积极性，强化了他们的创新意识。

（二）学生实践能力提高

财政绩效评价是一门实践性、应用性、操作性很强的课程。在教学中，学生只有参与大量实践学习，才能在实践中发现各种各样的实际问题，并运用自己学习的知识去解释各种现象，解决各种问题。案例式教学恰恰将问题作为案例提供给学生，使学生形成解决问题的思路。学生在参加四川省财政厅组织的"喜迎二十大 奋进新征程"四川省预算绩效管理知识竞赛中获得非常优异成绩。该比赛是由四川省财政厅主办，主要有四川省各地市州财政部门业务骨干参加的知识竞赛，实践性要求很高。该比赛成绩显示学生们通过项目式学习，能够很快融入工作岗位中去，并取得很好成绩。

（三）学生自主学习能力提升

根据查阅资料，学生自主设计方案，实现了由注入式、填鸭式的授课方式向引导学生自主学习的转变，学生不再是被动地学习、听课、做笔记、复习、考试，而是主动去探索未知的事物，有目的地去学习，这种转变在很大程度上提高了学生的自主学习兴趣和能力，有效地拓宽了学生的知识面，培养学生主动学习的能力，让学生能掌握学习的规律和有效的学习方法。学生设计评价方案的质量很高，学习效果好。

（四）教学评价较高

本门课程一直以来坚持理论和实践相结合的教学方式，邀请财政厅绩效处专家讲授绩效实践。本课程教学评价较高，近三次综合评分均为83.6%。

六、教学反思

（一）选择合理的案例

案例的选择必须具有实践性，要贴近生活。这就需要教师对所授课领域有充分的把握，时常关注社会热点问题，从而总结出典型案例。因此教师可以以当前学生关注的问题，设置案例，这种方式更能引起学生的兴趣，也更为直观，避免学生死记硬背地学习专业知识。案例的选择也必须具有实用性。教师让学生在分析案例的同时，也要扩大其知识面、提高其综合能力。

（二）引导学生自主学习，进行案例分析

教师将案例和问题提供给学生，让学生结合已学到的专业知识，通过查阅相关专业资料对案例进行分析。教师可以给学生指定一些资料，以免学生盲目查阅，并要求学生利用课余时间，针对问题，通过资料查询得出结论。教师也可以将学生分组，每组设置不同的案例，并选出组长负责分配任务和组织组内讨论，这样不仅能让学生通过讨论相互补充，使学生在考虑问题时更全面、更细致，而且更能提高学生积极性，活跃学生思维。

教师除了让学生查阅文字资料，还应该让学生走进实践课堂，训练学生的交流能力和对知识的掌握能力。

（三）实践专家指导，强化学生对实践问题的理解

本课程专门邀请财政厅绩效处专家讲解绩效管理与评价实践，加强了学生对实践问题的理解，增强了学生对现实世界多样性与复杂性的理解。

（四）加强培养教师专业素养，转变学生学习方式

本案例强调提高教师驾驭专业知识的能力，增强课堂教学趣味性，使教师把握

课堂教学规律；着力转变学生的学习方式，让学生自主学、主动学、提高学生的学习兴趣；以学生为主体，老师为主导的原则，创造不同形式的教学方法，并加以灵活运用，从而更好地培养学生学习的积极性，提高教学质量。

（五）持之以恒

项目式教学还处于探索阶段，只有不断坚持、不断优化，才能不断提高教学质量，最大限度地激发学生主动学习的热情，培养学生的创新精神，不断提高人才自主培养质量。

七、附录材料

附录 1：学生评价方案设计

小微企业扶持政策绩效评价设计

肖蓝韵/杨霞/姚姝姝/袁茵/朱凯帆

一、背景

2020 年新型冠状病毒感染疫情暴发后小微企业受到巨大的冲击。2020 年 2 月初，邮储银行采取随机抽样方式，对 2 240 家存量小微企业客户开展新型冠状病毒感染疫情影响专题调研，结果显示，小微企业在生产经营、业绩、资金等方面均受到巨大冲击。90.42% 的小微企业因受新型冠状病毒感染疫情影响延迟复工复产；77.28% 的小微企业受新型冠状病毒感染疫情影响业绩变差；64.56% 小微企业下游客户订单减少；54.16% 小微企业认为，若新型冠状病毒感染疫情持续，自有资金难以坚持超过 3 个月，全面恢复正常生产运营需更多时间。一方面，所有行业及区域企业普遍面临下游客户需求减少及上游原料供应不足等问题。如受新型冠状病毒感染疫情冲击最大的住宿餐饮业和交通运输业，业务量（运输量）骤减，下游订单明显萎缩，设备利用率显著降低，原材料采购量及原材料库存均大幅减少。另一方面，企业风险普遍骤增。2020 年 2 月小微企业流动资金周转速度放缓、回款周期延长，小微风险指标全面走低。在这样的现实情况下，我国出台了大量的政策去扶持小微企业的生产发展。

二、政策梳理

（一）税收政策

1. 税收优惠

新型冠状病毒感染疫情发生以来，国家先后出台了 5 批 23 项税费优惠政策：第一批 12 项政策主要聚焦新型冠状病毒感染疫情防控和支持医疗救治工作，目的是直接支持一线防控工作；第二批 2 项政策主要聚焦减轻企业社保费负担，目的是降低企业用工成本、增强其复工复产信心；第三批 3 项政策主要聚焦小微企业和个体工商户，目的是增强其抗风险能力，助其渡过难关；第四批 4 项政策主要聚焦稳外贸稳外资，目的是降低新型冠状病毒感染疫情对外贸外资的负面影响；第五批 2 项政策主要聚焦农村金融和小微企业贷款，目的是缓解企业的资金压力。

这些税费优惠政策中，按作用和功能分为四个方面：支持防护救治、支持物资供应、鼓励公益捐赠、支持复工复产四个方面。在支持复工复产方面，有9项优惠政策，涉及企业所得税、增值税、城镇土地使用税、出口退税等，以及基本养老等三项社保费单位缴费部分、基本医保单位缴费部分。

2020年1~2月份，全国减税降费共计4 027亿元，其中2020年新出台支持新型冠状病毒感染疫情防控和经济社会发展的税费优惠政策新增减税降费1 589亿元。同时，2019年更大规模减税降费政策在2020年继续实施形成的减税降费2 438亿元，主要包括深化增值税改革翘尾新增减税1 365亿元，降低社保费率翘尾新增降费848亿元，小微企业普惠性减税和个人所得税专项附加扣除等其他继续实施政策，减税降费197亿元。

2. 税收征管

（1）延长纳税申报时间

很多纳税人是按季来申报的，国家出台的支持新型冠状病毒感染疫情防控和企业复工复产的系列税费优惠政策，大量纳税人在2020年4月份纳税申报期集中体现享受。为此，税务总局决定延长2020年4月份纳税申报期限，将截止日期统一由2020年4月20日延长至4月24日，并以税收宣传月为契机，进一步加大精准辅导力度、精准落实力度、精准服务力度，确保政策红利充分释放。

对按月申报的纳税人、扣缴义务人，在全国范围内将2020年2月份的法定申报纳税期限延长至2月24日；湖北等新型冠状病毒感染疫情严重地区可以视情况再适当延长，具体时间由省税务局确定并报税务总局备案；纳税人、扣缴义务人受新型冠状病毒感染疫情影响，在2020年2月份申报纳税期限延长后，办理仍有困难的，还可依法申请进一步延期。

（2）纳税缴纳服务

"减税费优服务"助复产促发展：税务部门分3批推出54项办税缴费服务措施，并在随后推出一批更具针对性的服务措施，大力推行非接触式办税缴费。

税务部门为小微企业开通咨询专线、设置政策专栏，方便其知政策、懂操作、易享受；建立小微企业诉求快速响应机制，第一时间收集、分析、处理小微企业反映的问题。

（二）财政政策

1. 财政补贴及转移支付等定向帮扶政策

财政补贴、财政专项资金、转移支付等财政定向帮扶政策可以帮助受新型冠状病毒感染疫情影响较大的企业尽快恢复现金流，以避免企业因为现金流断裂而陷入经营困难，防止企业集中倒闭、产生失业潮及可能引发的社会稳定问题的出现；同时加大援企稳岗力度，联合人社部等多个部门出台政策，通过失业保险稳岗返还、职业培训补贴等多种渠道，支持企业稳定，对于现有的就业岗位，不裁员、少裁员。

2. 适度扩大财政赤字

受新型冠状病毒感染疫情影响，财政支出不断增加，但是收入却大幅度削减，政府可以通过提高财政赤字率来缓解财政收支的矛盾。此外，我国政府部门整体的杠杆率并不算高，且政府债务结构较合理，绝大部分为内债，外债占比很低，短期债务占比也较低，这为我国提高财政赤字率提供了有利条件。横向比较来看，日本赤字率为7%，美国为4%左右，中国财政赤字率为2.8%，位于较低水平。从以上均可看出，我国的财政赤字率有提高的空间，可适当提高财政赤字率至3%左右。这样就可以有效解决资金紧张、财政收支矛盾等问题。

3. 扩大地方政府专项债券发行规模

按照"资金跟着项目走"的原则，指导地方做好项目储备和前期准备工作，尽快形成有效的投资。

2020年4月30日，财政部副部长许宏才在国务院联防联控机制新闻发布会上表示，截至2020年3月31日，全国各地发行新增专项债券1.08亿万元，发行规模同比增长63%。在资金投向方面，徐宏才表示，将在重点用于交通基础建设、能源项目、农林水利、生态环保项目、民生服务、冷链物流设施、市政和产业园区基础设施等领域的基础上，适当扩大专项债券使用范围，将国家重大战略项目单独列出、重点支持；同时增加城镇老旧小区改造领域，允许地方投向应急医疗救治、公共卫生、职业教育、城市供热供气等市政设施项目，特别是加快5G网络、数据中心、人工智能、物联网等新型基础设施建设。

4. 加大政府采购支持与清欠工作力度

一是政府采购可向重点防疫物资生产企业倾斜，及时支付采购款项；二是对于受新型冠状病毒感染疫情影响损失的中小企业，鼓励采购人在同等条件下，优先采购其产品和服务；三是国家机关、事业单位和国有企业不得以任何理由新增、拖欠中小企业、民营企业账款。

（三）金融政策

1. 相关政策

（1）关于支持金融强化服务做好新型冠状病毒感染疫情防控工作的通知（财金〔2020〕3号）：

①对受新型冠状病毒感染疫情影响暂时失去收入来源的个人和小微企业，地方各级财政部门要会同有关方面在其申请创业担保贷款时优先给予支持。②鼓励金融机构对疫情防控重点保障企业和受新型冠状病毒感染疫情影响较大的小微企业提供信用贷款支持，各级政府性融资担保、再担保机构应当提高业务办理效率，取消反担保要求，降低担保和再担保费率，帮助企业与金融机构对接，争取尽快放贷、不抽贷、不压贷、不断贷。国家融资担保基金对于受新型冠状病毒感染疫情影响严重地区的政府性融资担保、再担保机构，减半收取再担保费。对于确无还款能力的小微企业，为其提供融资担保服务的各级政府性融资担保机构应及时履行代偿义务，视新型冠状病毒感染疫情影响情况适当延长追偿时限，符合核销条件的，按规定核销代偿损失。

（2）中国人民银行、财政部、银保监会、证监会、国家外汇管理局关于进一步强化金融支持防控新型冠状病毒感染疫情的通知（银发〔2020〕29号）：

①金融机构要通过高速区域融资政策、内部资金转移定价、实施差异化的绩效考核办法等措施，提升受新型冠状病毒感染疫情影响严重地区的金融供给能力。对受新型冠状病毒感染疫情影响较大的批发零售、住宿餐饮、物流运输、文化旅游等行业，以及有发展前景但受新型冠状病毒感染疫情影响暂遇困难的企业，特别是小微企业，不得盲目抽贷、断贷、压贷。对受疫情影响严重的企业到期还款困难的，可予以展期或续贷。②加强制造业、小微企业、民营企业等重点领域信贷支持。金融机构要围绕内部资源配置、激励考核安排等加强服务能力建设，继续加大对小微企业、民营企业支持力度，要保持贷款增速，切实落实综合融资成本压降要求。增加制造业中长期贷款投放。③减免新型冠状病毒感染疫情严重地区公司上市等部分费用。免收湖北省上市公司、挂牌公司应向证券交易所、全国中小企业股份转让系统缴纳的 2020 年度上市年费和挂牌年费。免除湖北省期货公司应向期货交易所缴纳的 2020 年度会费和席位费。

（3）财政部、发展改革委、工业和信息化部、人民银行、审计署关于打赢疫情防控阻击战强化新型冠状病毒感染疫情防控重点保障企业资金支持的紧急通知（财金〔2020〕5 号）：

在人民银行专项再贷款支持金融机构提供优惠利率信贷支持的基础上，中央财政按企业实际获得贷款利率的 50% 进行贴息。贴息期限不超过 1 年。

（4）中国银保监会办公厅关于进一步做好新型冠状病毒感染疫情防控金融服务的通知（银保监办发〔2020〕15 号）：

积极帮扶遇困小微企业、个体工商户。做好辖内小微企业和个体工商户的服务对接和需求调查，对受新型冠状病毒感染疫情影响暂时遇到困难、仍有良好发展前景的小微客户，积极通过调整还款付息安排、适度降低贷款利率、完善展期续贷衔接等措施进行纾困帮扶。加大对普惠金融领域的内部资源倾斜，提高小微企业"首贷率"和信用贷款占比，进一步降低小微企业综合融资成本。加大企业财产保险、安全生产责任保险、出口信用保险等业务拓展力度，为小微企业生产经营提供更多保障。

2. 实施方法

（1）加大信贷支持

①实施普惠金融定向降准，对达到考核标准的银行定向降准，支持发放普惠金融领域贷款，扩大对小微企业的低息优惠贷。②增加再贷款、再贴现额度 1.5 万亿元，重点用于加大对小微企业信贷支持。同时，下调支农、支小再贷款利率 0.25 个百分点至 2.5%。③政策性银行增加 3 500 亿元专项信贷额度，以优惠利率向民营、中小微企业发放。④鼓励金融机构对符合条件、流动性遇到暂时困难的中小微企业给予临时性延期偿还安排，并免收罚息。⑤支持金融机构发行 3 000 亿元小微金融债券，全部用于发放小微贷款。引导增加公司信用类债券净融资额，为民营和小微企业低成本融资拓宽渠道。⑥通过贴息等方式推动金融机构在原有贷款利率水平基础上下浮，发挥应急转贷资金作用，降低应急转贷费率。

前中国人民银行行长易纲表示，前期一系列支持民营企业和小微企业发展的政策取得了积极成效。截至今年 4 月，普惠型小微企业贷款余额约为 10 万亿元，同比增长 20%，支持小微企业 2 300 多万户。

（2）强化直接融资支持

①免收湖北省上市公司、挂牌公司应向证券交易所、全国中小企业股份转让系统缴纳的 2020 年度上市年费和挂牌年费。②引导社会资本扩大对中小企业的股权融资规模，尤其是加大对受新型冠状病毒感染疫情影响暂时出现困难的创新型、成长型中小企业投资力度，加大对受疫情影响较大的被投企业投后服务力度。

银行机构对产业链核心企业提供日常资金周转支持 22.4 万亿元，对产业链上下游企业提供融资支持 17.4 万亿元。

（3）优化融资服务

①各级政府性融资担保、再担保机构应推进取消反担保要求，降低担保和再担保费率。②对于确无还款能力的小微企业，为其提供融资担保服务的各级政府性融资担保机构应及时履行代偿义务，视新型冠状病毒感染疫情影响情况适当延长追偿时限，符合核销条件的，可按规定核销代偿损失。③有条件的地方可建立贷款风险补偿资金，对金融机构向小微企业发放的贷款不良部分给予适当补偿。

截至 2020 年 4 月末，银行机构已对超过 1.2 万亿元中小微企业贷款本息实行延期。

（四）其他政策

1. 减轻企业用工负担

《人力资源社会保障部 财政部 税务总局关于阶段性减免企业社会保险费的通知》人社部发〔2020〕11 号：

①自 2020 年 2 月起，各省、自治区、直辖市（除湖北省外）及新疆生产建设兵团（以下统称省）可根据受疫情影响情况和基金承受能力，免征中小微企业三项社会保险单位缴费部分，免征期限不超过 5 个月；对大型企业等其他参保单位（不含机关事业单位）三项社会保险单位缴费部分可减半征收，减征期限不超过 3 个月。

②自 2020 年 2 月起，湖北省可免征各类参保单位（不含机关事业单位）三项社会保险单位缴费部分，免征期限不超过 5 个月。

③受疫情影响生产经营出现严重困难的企业，可申请缓缴社会保险费，缓缴期限原则上不超过 6 个月，缓缴期间免收滞纳金。

一方面，减免企业养老、失业、工伤保险单位缴费，对中小微企业实施不超 5 个月的免征，对大型企业等其他参保单位实施不超 3 个月的减半征收，对湖北省各类参保单位实施不超 5 个月的免征。另一方面，减征基本医疗保险费，由各省指导统筹地区对职工基本医疗保险单位缴费部分减半征收，期限不超 5 个月。

2. 减免企业房租①

《关于应对新冠肺炎疫情进一步帮扶服务业小微企业和个体工商户缓解房屋租金压力的指导意见》发改投资规〔2020〕734 号：

---

① 鼓励各地通过减免城镇土地使用税等方式支持出租方为个体工商户减免物业租金。

①推动对承租国有房屋（包括国有企业和政府部门、高校、研究院所等行政事业单位房屋，下同）用于经营、出现困难的服务业小微企业和个体工商户，免除上半年 3 个月房屋租金。转租、分租国有房屋的，要确保免租惠及最终承租人。

②中央所属国有房屋（包括有关部门、中央企业、中央高校和研究院所等所属国有房屋）出租的，执行房屋所在地对出现经营困难的服务业小微企业和个体工商户的房屋租金支持政策。因减免租金影响国有企事业单位业绩的，在考核中根据实际情况予以认可。

③对承租非国有房屋用于经营、出现困难的服务业小微企业和个体工商户，鼓励出租人考虑承租人实际困难，在双方平等协商的基础上，减免或延期收取房屋租金。

3. 减轻企业用水用电用气负担

国家发展改革委办公厅关于新型冠状病毒感染疫情防控期间采取支持性两部制电价政策 降低企业用电成本的通知（发改办价格〔2020〕110 号）：

对新型冠状病毒感染疫情防控期间暂不能正常开工、复工的企业，放宽容（需）量电价计费方式变更周期和减容（暂停）期限，电力用户即日可申请减容、暂停、减容恢复、暂停恢复。申请变更的用户不受"暂停用电不得小于 15 天"等条件限制，减免收取容（需）量电费。对于新型冠状病毒感染疫情发生以来停工、停产的企业，可适当追溯减免时间。

2020 年 2 月至 6 月，对一般工商业及其他电价、大工业电价的电力用户（高耗能行业用户除外）按原到户电价水平的 95% 结算。提前执行淡季价格政策，尽可能降低天然气价格水平。对新型冠状病毒感染疫情期间中小企业生产经营所需的用电、用水、用气，可实施阶段性缓缴费用，国有供电供水企业对疫情期间欠电费、水费的中小微企业不断供、不收取滞纳金。

4. 减免行政事业性收费和政府性基金

2020 年 2 月 6 日，财政部、国家发展改革委发布《关于新型冠状病毒感染的肺炎疫情防控期间免征部分行政事业性收费和政府性基金的公告》，就免征部分行政事业性收费和政府性基金有关政策做出规定。

①对进入医疗器械应急审批程序并与新型冠状病毒（2019-nCoV）相关的防控产品，免征医疗器械产品注册费；对进入药品特别审批程序、治疗和预防新型冠状病毒（2019-nCoV）感染肺炎的药品，免征药品注册费。②免征航空公司应缴纳的民航发展基金。

5. 帮助中小企业恢复出口订单

①支持贸促会、商会等为外贸企业和境外项目实施主体无偿出具因疫情导致未能按时履约的不可抗力事实性证明。②对确因疫情影响无法正常履行相关义务的企业，协调不记入信用记录。③协调国内外组展机构，帮助因疫情无法出国参展的企业妥善处理已付费用等问题。可对中小企业参加境外展会的费用给予适当补贴。④进一步扩大出口信用保险覆盖面，合理降低短期险费率；开辟理赔服务绿色通道，在贸易真实的情况下适当放宽理赔条件。⑤引导金融机构增加外贸信贷投放，落实好贷款延期还本付息等政策，对受疫情影响大、前景好的中小微外贸企业可协商再延期。

2020 年 3 月 1 日至 6 月 30 日，政府定价的货物港务费和港口设施保安费收费标准分别降低 20%，取消非油轮货船强制应急响应服务及收费。阶段性减免滞报金和滞纳金，对关税保证保险及加工贸易核销、结转、内销业务允许企业申请延期办理。

三、逻辑模型

在逻辑模型中（见图 2），我们投入资金，人员，设备，政府、金融、税务等部门力量，相关研究、政策组合以及其他资源，开展优化税收征管服务，实施税收优惠政策，扩大发债规模，实施财政帮扶政策，进行风险管控，加大对小微企业融资支持，并联合社保局、水电局等部门，实施非税减免政策等活动。在各类主体信息传达顺畅、相关政策措施顺利实施、小微企业了解政策的假设下，我们可以得到相应的产出：小微企业享受到税收优惠政策，进行网上申报纳税、延期纳税，获得政府补贴，获得信贷资金，享受到减免"三费"服务。若新型冠状病毒感染疫情得到有效控制，该项目将会进行得更加顺利。

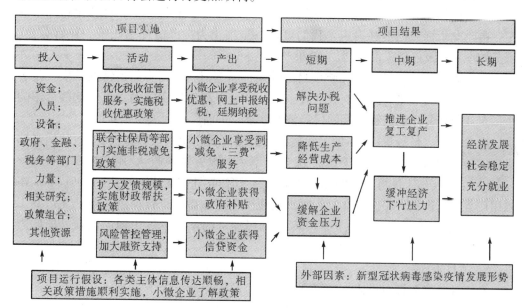

图 2　逻辑模型

产生的结果逻辑关系是：在短期，小微企业办税难问题得到解决，并且获得额外流动资金，缓解了企业资金压力。同时租赁费、水电费、社保费的减免，以及融资成本的下降，使小微企业的生产经营成本得到降低，进一步缓解了企业资金压力。中期来看，推进了企业复工复产，缓解了新型冠状病毒感染疫情冲击给经济造成了下行压力。最终稳定住了就业形势，使社会稳定，人员实现充分就业，经济健康持续发展。

四、评价问题与评价指标

在这个案例中，假设我们要评价项目实施情况、效率性、效果性和有效性四个部分。具体的评价问题如下：

93

（一）实施情况

我们需要对这个逻辑模型的实施部分，包括项目实施整体情况、投入、活动和产出四个方面进行评价。

1. 项目整体实施情况

（1）项目实施在多大程度上按计划实施？是否存在其他因素影响项目的投入？比如部门之间合作的协调问题以及相应政策的评估问题等？是否影响项目的实施时间？我们可以通过定性信息来进行判断项目完成预期目标的百分比，即实际实施情况/计划实施情况×100%，如：小微企业复工率（以政策发行前复工数量为基础）、小微企业盈利情况等。上述指标为可直观观测数据，且与政策实施效果直接相关，故可用上述定性信息进行判断。其他因素影响可用定性信息判断，如部门之间合作的协调问题通过预估协调时间进行判断。

（2）每个小微企业是否都能充分了解优惠的政策信息，如果信息传导机制不畅，补救的措施是什么？如果同一时间申报优惠的小微企业过多，如何提高服务效率？是否能够充分了解优惠政策信息？我们可以通过了解信息企业百分比指标来确定，由于此指标数据不好确定，我们可进一步细化为：申请优惠政策企业百分比。服务效率=（服务资源投入/服务效果产出）×100%。

（3）是否存在外部因素影响项目的结果？新型冠状病毒感染疫情的暴发，是否会减少在职人员数量进而影响服务效率？是否会提高项目实施的难度？这些会影响小微企业复产复工的进程以及国民经济的恢复，进而影响到项目绩效的评价。

减少在职人员数量：（新型冠状病毒感染疫情后在职人员数量/新型冠状病毒感染疫情前在职人员数量）×100%。服务效率=（服务资源投入/服务效果产出）×100%；项目实施难度可用时间比 [（实际实施时间/计划实施时间）×100%]、成本效用比等进行衡量；小微企业复产复工进程可用定量指标进行衡量，即（复产复工微小企业数量/微小企业总数）×100%。国民经济的恢复可运用横向比较，即同季度/月份不同年度国民经济总值变化百分比。

2. 项目投入

本资评价主要针对投入中的资金、人员、政策和合作伙伴。

（1）项目资金的投入，资金优惠的力度是否充足、及时？

我们可以用资金到位率，预算执行率等指标来进行评价。资金到位率=（实际到位资金/预算资金）×100%。预算执行率=（实际支出资金/实际到位资金）×100%。两个指标反映政策实施后，国家对于小微企业资金支持的具体情况，便于反映资金投入充分性等问题。

（2）各部门工作人员是否足够？专业能力是否足以应对在新型冠状病毒感染疫情期间的意外情况？

我们可用（工作人员完成工作时间/同行业人均工作时间）×100%，专业人员占比 [（专业人员数量/部分人员总数）×100%] 来进行评价。

（3）扶持政策是否合适？是否明确？

我们可用企业满意度指标进行判断。企业满意度可以直观反映出小微企业对于扶持政策的感受，从而定性判断此政策是否合适。

（4）各机构、各部门之间的协作和配合是否畅通、高效？

部门之间合作的协调问题通过预估协调时间进行判断。

3. 项目活动

本项评价主要针对为小微企业"止血""输血"和"造血"等活动。

（1）针对"止血"的活动，评价问题有对小微企业生产经营成本的降低是否有针对性，是否顾及多方主体利益？哪项政策优惠的程度较高？

我们可以用经营成本降低率反应 ［（政策实施后经营成本/实施前经营成本）×100%］或成本节约率指标 ｛成本节约率=［（计划成本-实际成本）/计划成本］×100%｝进行评价。优惠程度可以用平均企业经营成本降低率、企业申请数量进行比较，利用平均企业经营成本降低率可以比较政策的直接优惠程度。而用企业申请数量比较，是考虑到政策对于企业的适用度等情况。

（2）针对"输血"的活动，评价问题有小微企业融资成本降低后，融资资金的使用效果如何？哪些融资渠道，效率更高？项目活动使用了哪些策略吸引和激励社会资本的进入？

融资资金使用效果可以用融资资金使用率反映：［融资资金使用率=（使用的融资资金/融资资金总数）×100%］；融资渠道效率问题可以用融资和支付的及时性反映，即比价各融资渠道的所需时间。

（3）针对"造血"的活动，小微企业复产复工后，经营的效果如何？项目的哪些活动激励了小微企业复工复产？激励的程度有多高？

判断经营效果，可以用成本效果指标；激励程度可以用小微企业经济增长速度等来反映，此指标可以直接反映项目活动对于企业的激励程度。

4. 项目产出

本项评价主要针对小微企业，包括享受到扶持政策的小微企业的数量以及政策优惠的程度等，比如：减税降费的额度、融资得到的金额和生产成本降低的幅度等产出。

（1）多少小微企业申请了优惠政策？多少小微企业享受到了优惠？

采用指标 ［（申请数量/小微企业总数）×100%］，

（受益小微企业数量/小微企业总数）×100%。

（2）是否完成了扶持政策优惠的力度？比如：减税降费的程度等。

采用实际完成率 ［（实际减税数/计划减税数）×100%］。

（3）小微企业对该扶持政策的满意度怎样？

采用小微企业满意度指标进行评价。

（二）效率性

本项评价主要针对投入和产出组件。

1. 对于给定资源的投入，扶持政策倾斜的主要方向是哪些？

扶持政策倾斜方向判断可以用不同种类企业申请数量进行判断，直观说明该政策有利于何种企业。

2. 工作人员的效率如何？各机构、各部分的配合度如何？

可以用框架人均产量指标，每个工作人员平均负责微小企业数量（人均产量＝小微企业数量/工作人员数量）。配合度可以用部门产量指标进行评价（部门产量＝小微企业数量/部门人员数量）。

3. 政策扶持的投入成本是否合理？是否在国民经济的负担范围内？

我们可以用政策成本指标进行评价，计算每投入一个企业的成本，然后与行业指标对比。

4. 是否可以通过一些方法，进一步提高工作的效率，降低扶持政策的成本？

（三）效果性

本项评价主要针对逻辑模型中的投入和结果组件，主要结果包括小微企业复产复工、国民经济恢复和社会稳定情况等。

1. 哪些小微企业享受扶持政策后，经营状况得到明显好转？谁从该项目受益以及如何受益？

经营状况可以用投资收益率

投资收益率＝（投资收益/投资成本）×100%进行评价

2. 申请扶持政策后，多少小微企业改善了经营状况，比例是多少，扶持政策耗费的成本是多少？

改善经营状况可以用盈余企业百分比〔（盈余企业数量/小微企业参与总数）×100%〕进行评价。

3. 该扶持政策项目改善了哪些情况？相应耗费的成本又是多少？

4. 是否产生预期外的结果，或负面的后果？

（四）有效性

本项评价主要针对逻辑模型中的项目与结果组件。

1. 小微企业的复产复工多大程度是由项目引起的？（归因分析）

2. 扶持政策项目是否达到项目预期目标？达到的程度如何？（项目达成度指标，比如通过定性信息判断，项目完成了预期目标的百分比等。）

3. 扶持政策项目给了我们什么启示或经验教训，特别是在应对突发情况时，有什么经验值得以后借鉴？

五、调查问卷

关于小微企业扶持政策效果的调查问卷

尊敬的企业家：

您好！感谢您在百忙之中抽出时间完成这份调查问卷。本次调查由西南财经大学财政税务学院发起和设计，目的是对新型冠状病毒感染疫情期间我国出台的扶持小微企业发展的政策效果进行评估。您的准确填写将有助于我们对小微企业扶持政策情况进行全面分析，以更好地探索、研究和完善相关政策，我们将对此次问卷调查信息严格保密。再次真诚感谢您对本次调查的支持与配合！

【企业基本信息】

1. 贵企业名称：

2. 贵企业联系电话：＿＿＿＿＿＿＿＿＿＿＿＿

3. 贵企业注册地：＿＿＿＿＿＿＿＿＿＿＿＿

4. 贵企业经营地：＿＿＿＿＿＿＿＿＿＿＿＿

5. 贵企业登记类型：＿＿＿＿＿＿＿＿＿＿＿＿

    A. 国有企业　　　　　　　　B. 集体企业

    C. 私营企业　　　　　　　　D. 混合所有制企业

    E. 中外合资企业　　　　　　F. 外资企业

6. 贵企业成立年限：

A. 0~5 年　　　　　　　　　B. 6~10 年

C. 11~15 年　　　　　　　　D 20 年以上

7. 贵企业目前发展阶段：

    A. 创业期　　　　　　　　　B. 成长期

    C. 成熟期

8. 贵企业是否被政府部门认定为高新技术企业：

    A. 是　　　　　　　　　　　B. 否

9. 贵企业员工人数：

    A. 50 以下　　　　　　　　　B. 50~99 人

    C. 100~199 人　　　　　　　D. 200 人以上

10. 贵企业参加社保人数：

    A. 50% 以下　　　　　　　　B. 50%~75%（含）

    C. 75%~90%（含）　　　　　D. 90% 以上

11. 贵企业 2019 年度销售额：

    A. 50 万元以内　　　　　　　B. 50~99 万元

    C. 100~299 万元　　　　　　D. 300~499 万元

    E. 500~999 万元　　　　　　F. 1 000~1 999 万元

    G. 2 000 万元以上

12. 贵企业 2019 年度纳税额：

    A. 5 万元以内　　　　　　　B. 5~9.9 万元

    C. 10~29.9 万元　　　　　　D. 30~59.9 万元

    E. 60~99.9 万元　　　　　　F. 100~199.9 万元

    G. 200 万元以上

【小微企业扶持政策】

13. 新型冠状病毒感染疫情对贵企业生产经营的影响如何？

    A. 影响严重，企业可能倒闭

    B. 影响很大，企业暂时停顿

    C. 影响较大，企业出现困难且勉强维持

D. 影响较小，企业出现困难但总体稳定

E. 没有明显影响

14. 新型冠状病毒感染疫情对贵企业造成何种具体影响？【可多选】（第13题选E则跳过）

A. 市场订单减少　　　　　　　　　B. 缺乏防疫物资

C. 员工无法正常返岗　　　　　　　D. 供应商无法供货

E. 产品受制于运输管制　　　　　　F. 企业成本上涨

G. 税费压力大　　　　　　　　　　H. 财务费用高

I. 融资难度加大

J. 企业因无法按时履行交易合同需支付违约金

K. 其他（请注明）_____

15. 预计新型冠状病毒感染疫情对贵企业上半年营业收入的影响如何？

A. 比上年同期下降　　　　　　　　B. 与上年同期持平

C. 比上年同期增加

16. 预计新型冠状病毒感染疫情对贵企业上半年利润的影响如何？

A. 比上年同期下降　　　　　　　　B. 与上年同期持平

C. 比上年同期增加

17. 预计新型冠状病毒感染疫情对贵企业上半年用工的影响如何？

A. 比上年同期下降　　　　　　　　B. 与上年同期持平

C. 比上年同期增加

18. 近期贵企业有无裁员或招聘计划？

A. 裁员　　　　　　　　　　　　　B. 不变

C. 招聘

19. 新型冠状病毒感染疫情期间，各级政府出台了一系列扶持小微企业发展的政策措施。您是否了解《关于应对新型冠状病毒感染疫情帮助中小企业复工复产共渡难关有关工作的通知》《关于支持金融强化服务 做好新型冠状病毒感染疫情防控工作的通知》等通知？

A. 非常了解　　　　　　　　　　　B. 基本了解

C. 听说过　　　　　　　　　　　　D. 不了解

20. 新型冠状病毒感染疫情期间，贵企业是否获得过相关政策扶持？

A. 是　　　　　　　　　　　　　　B. 否（选"否"跳至第16题）

A. 税收优惠　　　　　　　　　　　B. 延长纳税申报时间

C. 财政补贴　　　　　　　　　　　D. 财政专项资金

E. 政府优先采购　　　　　　　　　F. 银行融资贷款服务

G. 减免房租等费用　　　　　　　　H. 减免三险单位缴费

I. 其他（请注明）

21. 贵企业获得的政策扶持是通过哪种渠道获悉的？

A. 部门宣传　　　　　　　　　　　B. 信息平台

    C. 其他企业告知   D. 其他（请注明）

22. 贵企业对办理业务的相关部门评价如何？

    A. 非常满意   B. 比较满意

    C. 一般   D. 不太满意

    E. 非常不满意

23. 您认为这些扶持政策对您的企业复工复产作用如何？

    A. 作用很大   B. 作用较大

    C. 一般

24. 贵企业获得了哪些政策扶持？【可多选】

    D. 没太大作用   E. 没作用

25. 你认为哪项扶持政策对您的企业作用最大？（第 13 题选 E 则跳过）

_____

26. 贵企业在新型冠状病毒感染疫情期间的平均融资成本？

    A. 5%   B. 5%~10%（含）

    C. 10%~20%（含）   D. 20%~30%（含）

    E. 30%以上

27. 贵企业降低了多少生产成本？

    A. 0%   B. 5%以下

    C. 5%~10%（含）   D. 10%~20%（含）

    E. 20%~40%（含）   F. 40%以上

28. 您认为当前企业无法享受政策扶持的原因有哪些？【可多选】

    A. 办理程序复杂   B. 前置条件过多

    C. 政策宣传不到位   D. 名额有限

    E. 其他（请注明）

29. 贵企业当前资金状况如何？

    A. 非常充裕   B. 比较充裕

    D. 比较紧张   E. 非常紧张

    C. 正常

30. 贵企业当前面临的突出困难是？

_____

31. 您认为在小微企业的发展中，今后亟需政府出台哪些方面的扶持政策？

_____

32. 您对政府出台的小微企业扶持政策有何建议？

_____

问卷已完成，十分感谢您的参与，真诚地向您说声"谢谢"！

（西南财经大学财政税务学院　高琪）

如何利用仿真软件实现酒店管理？

一、案例基本情况介绍

1. 适用课程

本教学案例主要适用于"酒店经营模拟"课程中与酒店收益管理、酒店产品设计与定价、酒店市场细分、酒店销售策略与渠道管理、酒店市场分析与预测、酒店经营效益分析等相关知识点的教学。

2. 适用对象

本案例适用于工商管理学科的本科生、酒店及旅游管理方向的高年级本科生及硕士研究生使用。

3. 案例背景

随着中国酒店业竞争水平的提升，越来越多的中国酒店经营者意识到收益管理技术和战略所带来的经济收益，可是中国酒店经营者却没有掌握正确的收益管理知识和技能，也无法通过相应的收益管理工具加以应用。由于酒店业日益激烈的竞争和越来越细分的市场对收益管理的要求越来越高，对高技能收益管理人才的需求越来越大，因此我们更应注重对收益管理人才的培养。

4. 教学重点

理解客户、价格、渠道和产品组合的变化及精细化营销手段的创新，以帮助酒店提升收益水平。

5. 教学难点

掌握收益管理的各项绩效考核指标及计算方法。

6. 创新点与特色

本案例基于沉浸式虚拟项目化实验设计，给学生提供一个高度模拟真实酒店管理决策的场景，实现学生对管理者职能的虚拟体验，从而达到"帮助学生深入理解酒店经营战略决策的内容、逻辑和流程"这一教学目的。

二、案例设计过程

（一）教学目标
1. 思政育人目标

以培养德能兼备的人才为目标，在课程讲授中注重学生价值观引导，引导学生通过对本课程的学习认识到从事酒店业是大有作为的职业发展表现，是实现个人价值与理想抱负的路径平台。

（1）具有热爱酒店业、实事求是和理论联系实际的学风；

（2）具有正确的金钱观和道德观、良好的职业意识和敬业态度；

（3）具有一定的创新意识和创新精神。

2. 知识目标

了解和掌握酒店收益管理的基本理论知识，培养学生利用相关理论知识分析、解决收益管理问题的能力。

（1）掌握实施收益管理的必要条件，理解收益管理核心要素，了解收益管理的历史和现状及意义；理解和掌握酒店客房和餐厅等不同部门收益管理的衡量指标。

（2）掌握酒店收益管理分析和预测的主要方法，理解其运用的局限性和适用性。

（3）掌握酒店收益管理实施过程中销售渠道、价格、市场细分、团队管理等主要策略和基本技巧；区分战略和战术定价及收益管理策略；理解收益管理策略与市场营销策略的区别。

（4）掌握收益管理实施的具体流程和内容，能够运用收益管理的具体方法进行实际分析；理解酒店各部门收益管理的实施要点和具体策略；了解酒店收益管理团队中不同成员的角色作用。

3. 能力目标

本课程的能力目标具体主要由市场预测、市场细分、市场定价、存量控制、超额预定、销售渠道管理六个方面构成。

（1）市场预测能力：能够筛选、识别出有效数据，掌握预测技术基本理论和简单方法，并对预测结果进行评估、修订和应用。

（2）市场细分能力：掌握市场细分的概念、原则和细分方法，了解每个细分市场的属性，并进行数据跟踪和市场目标定位。

（3）市场定价能力：掌握产品定价的基本原理、定价方法和价格类型，熟练掌握和应用酒店产品价格体系，掌握价格弹性理论和价格优化理论，掌握动态定价和差别定价原理，并在销售渠道中进行定价。

（4）存量控制能力：掌握存量控制的概念和基本应用方法，应用预订限制、预留保护和机会成本机制来控制预定，拟定包括产品优化组合在内的存量控制规划方案；了解超额预订产生的原因及用于增收的基本原理以及解决超订的措施。

（5）销售渠道管理能力：掌握销售渠道的分类、特性和基本管理方法；掌握细分市场与销售渠道之间的相关关系。

（二）学情分析

学生具备一定的酒店市场分析能力，但缺乏相关财务知识。基于此，课程需加入酒店财务报表分析的知识点，帮助学生了解酒店的损益表、资产负债表和现金流量表的构成，并掌握酒店财务报表分析的三种基本方法。

三、项目式教学案例

教师通过管理者账户，将学生以 3~5 人为一组，分成若干组。每组负责经营一家酒店，并在同一个虚拟城市内相互竞争。在每组之中，成员被分配以经理、营销主管、客房主管、餐饮主管等角色。每个组员各司其职，以月为单位，进行贷款、固定资产投资、经营费用投入、收益管理等方面的决策，共同管理酒店。当所有组（酒店）完成决策时，酒店管理模拟软件自动根据所有组的决策和市场环境计算出每家酒店的入住情况，产生如现金流、入住率、营业收入、市场份额等报表。基于这些报表，每家酒店可以酌情进行下一个月的决策。如此进行多个月的模拟直到课程结束。在这个过程中，学生需要读懂各种会计报表和其他酒店管理相关报告，准确了解酒店的经营状况。学生需要应用酒店管理的理论，准确分析市场的竞争环境，并且调整酒店市场定位，以取得超额市场回报，在市场竞争中获胜。

项目一：撰写酒店商业计划书

酒店商业计划书需包括以下内容：

（1）执行摘要。

（2）酒店战略导向。

（3）经营目标。

（4）市场定位策略。

（5）产品/服务策略。

（6）价格策略。

（7）营销策略。

（8）愿景、使命与核心价值观。

（9）酒店 LOGO 设计。

项目二：对酒店每一轮运营结果进行总结分析及分享

各模拟企业根据市场环境自主经营，并进行经营结果总结分析、分享。

（1）识别酒店绩效差距。

步骤一：计算小组运营酒店，两家自选竞争者的 10 项运营指标：①入住率；②按销售房间数计算的市场占有率；③按销售额计算的市场占有率；④每间客房产生的销售收入；⑤平均房价；⑥收益率；⑦运营率；⑧利润率；⑨资产周转率；⑩负债率。

步骤二：计算 10 项运营指标的市场平均值。

步骤三：制作 Excel 表格，对 10 项运营指标进行横向及纵向运营情况比较分析，以运营率为例，见表 1。

表 1　运用率

绩效差距	月份（_____月）		
	实际绩效	判定指标	酒店本月绩效与判定指标的差值
运营率	目标绩效		本月绩效——目标绩效
	市场绩效平均值		本月绩效——市场绩效平均值

表1(续)

		竞争酒店 1 绩效		本月绩效——竞争酒店 1 绩效	
		竞争酒店 2 绩效		本月绩效——竞争酒店 2 绩效	
		市场准则	30%~40%	本月绩效——市场准则	

（2）定位绩效差距产生的原因。

步骤一：

①分析你的整体实际市场份额和每个细分市场上单独定位的市场份额。

②确定每个细分市场的单独定位的市场份额与你的实际市场份额之间是否存在差异。

③为每个具体的营销活动创建一个条形图。该条形图应包括你的支出、你的竞争对手的支出和有关营销活动（如广告、销售人员等）的市场平均水平。在每张条形图后，对问题的原因作出解释，并提出潜在的解决方案。

步骤二：

①根据定位图来分析绩效差异。定位图可以帮助你很快找到你所运营酒店每个细分市场的竞争酒店是哪些。在定位图中，离你所运营酒店距离较近的酒店在很大程度上是你在该细分市场的竞争者。如图 1 所示，Ocean Front Hotel 在市场缺乏一定的竞争力，其客房产品质量在整个市场中排倒数第二，但其定价却比市场的半数酒店都要高。

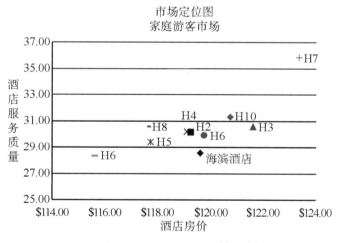

图 1　Ocean Front Hotel 市场情况分析

②进行市场需求分析，并制定下一回合的决策体系。

③需求分析的目的：一是分析当前和以往的总体市场需求，及每个细分市场的总体需求，以及你经营的酒店和你的竞争酒店的总体及每个细分市场的需求；二是预测随后 3 个月的需求。需求对酒店行业和市场区域内所有酒店都有同等影响。你

必须将需求分析作为证据，来显示和支撑产生业绩差距的原因。但值得一提的是，需求的变化并不能作为绩效差距的原因，因为其对市场上的所有酒店的影响是一样的。只有酒店对市场需求变化做出策略应对时，其才可成为一个产生绩效差距的原因。

④根据需求报告，分析你所经营的酒店能否满足每个细分市场的房间需求。如果报告显示有出入，则说明你的管理团队没有做好需求预测，或者你的团队没有对需求的变化做出适当的反应。如果需求报告表明存在赤字，你需要：

第一，重新审核你的细分战略。

第二，重新审核你的房间分配策略（可制作图表来显示你分配到每个细分市场客房的数量、每个细分市场的房间需求，以及各个细分市场卖出的客房数量，见图2）。

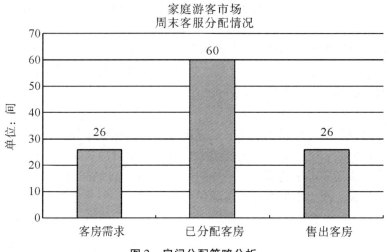

图2　房间分配策略分析

第三，重新审核客房定价策略。

第四，重新审核你的资本和运营支出决策。

四、案例实施方案

案例实施方案详见表2。

表2　案例实施方案

周次	教学内容	教学形式			知识点/项目实验目的
		讲课	项目实验	汇报演讲	
1	酒店模拟经营概述 ·什么是酒店模拟经营实验 ·管理团队角色及职责 ·酒店经营决策时考虑的主要因素	√			酒店收益管理的起源与发展、内涵与适用行业 酒店各个部门的工作职能

表2(续)

周次	教学内容	教学形式			知识点/项目实验目的
		讲课	项目实验	汇报演讲	
2	酒店经营绩效差距的指标、度量和产生逻辑	√			酒店财务指标的计算与分析，其中包括入住率、平均客房每日收益、日平均房价、负债率、运营率、净利润、收益率等
3	酒店商业计划书	√			商业计划书的主要内容：执行摘要、产品与服务、市场和竞争、营销和销售、财务计划和融资
4	酒店经营决策计划流程（SBPP）	√			
	酒店模拟经营项目练习回合				
5	项目练习回合1		√		·学生能够正确地注册、登录全英文 Hotel Simulation 系统 ·完成组队和队内角色分配 ·试操作系统 ·了解系统需要作出的决策类型 ·了解各种因素对决策的影响机理，摸索影响程度 ·看懂衡量决策绩效的各种指标图表
6	项目练习回合2		√		
7	项目练习回合3		√		
	酒店模拟经营项目实战回合				
8	项目实战回合1		√		·市场调研、定位选址、有形展示 ·SWOT 分析 → 制定 STP（Segmenting、Targeting、Positioning 即市场细分、目标市场和市场定位）战略 △讨论与分享 根据企业背景资料形成未来企业的发展思路。各模拟企业成员可以把自己对企业未来发展的建议发布出来，其他队员在此基础上进行战略的讨论，来共同制定企业的未来发展方向 →教师引导 企业战略的制定对于企业未来的发展有着非凡的指导意义以及作用，在制定的过程中强烈建议加入一些时间点、阶段化的目标来更好地帮助自己进行决策，如在第几期我们的市场份额组成要达到什么程度、在第几期时我们的市场占有率要达到多少，等等
9	项目实战回合2		√		
10	项目实战回合3		√		客户关系管理：以顾客为中心的服务营销 顾客是如何来评价服务质量的 如何取悦消费者，设定服务产品框架 如何处理顾客冲突和服务补救 服务失误及补救的影响 顾客对服务失误的反映 顾客的补救期望 服务补救策略 △讨论与分享 谈谈如何正确对待顾客就服务质量的意见和建议 在处理顾客冲突时，应该采取哪些补救措施
11	项目实战回合4		√		

周次	教学内容	教学形式			知识点/项目实验目的
		讲课	项目实验	汇报演讲	
12	项目实战回合5		√		·服务运营管理：服务流程、服务质量、服务效率 ·整合服务营销传播 ·服务传播的关键 ·匹配服务承诺与服务传递的五种战略
13	酒店中期绩效汇报			√	
14	项目实战回合6		√		通过总结与反思，把握经营活动的全局及各环节间的关联性与相互影响。学会用财务指标、量化指标来评价经营成果，建立理性决策能力 树立全局观念，重视增进沟通交流，培养协作精神
15	项目实战回合7		√		
16	项目实战回合8		√		
17	项目实战回合9		√		
18	项目实战回合10		√		
19	酒店期末绩效汇报			√	

五、案例评价

从教学效果来看，该教学项目实现了既定的教学目标。

（1）经过分工和角色扮演，我们能够观察到学生具备了角色意识，理解了酒店组织结构，能够根据职位规则开展工作。学生通过担任不同的职业角色，也加深了其对职业发展要求的认识，更加明确了未来的职业发展方向。

（2）经过演示和小组内讨论，进行财务报表分析，学生可从财务角度解读酒店经营管理的得失。

（3）经过分组运营，完成相应工作，我们可以观察到学生在有意识地调整沟通策略，意味着沟通能力有所提升。

（4）教学过程中，学生融入了职业角色，富有强烈的集体荣誉感和责任感。由于学习过程本身也是一个竞争比赛的过程，因此学生的热情和参与性明显提高，课程的出勤率达95%以上。教学效果能够得到较好的保证。

（5）帮助学生树立起为未来负责的发展观，体会到了经营短视的危害，从思想深处构建起战略管理意识。

六、教学反思

1. 在教学组织上

按传统的分组教学组织设计，每个小组涉及若干个岗位，每个学生承担一个岗位任务。从教学实践看，组内分工任务饱满程度有差异，有的任务轻，有的任务重；有的小组组内协作程度低，各自为政，协同效果差；有的组内人员结构不良，缺乏互补性。

基于以上弊病，我们在岗位安排上设计了轮岗制度。按季度进行岗位轮换，让每个小组成员都能学习到不同的工作内容，"资深"管理者可以和"新入职"管理者形成"师徒关系"，传授经验，互帮互助，同时换个角度思考问题，在增进互相了解和信任的同时，也避免出现某些岗位人浮于事的现象。

此外，为避免学生"搭便车"的现象，我们在评分时，加入小组成员互评机制。实施过程如下：

第一，请每位同学思考：你认为以下维度在团队合作中的重要程度应该如何排序？并请记录下自己的思考结果。（团队讨论时到场、为团队讨论做准备工作、高质量的组内贡献、领导团队合作展开、良好的合作态度、独立性、技术支持、创新型、主动性）

第二，告诉每位同学，他的小组获得了 10 000 元的绩效奖励，这笔钱将由他分配给组内其他成员（不包含他本人），请记录下自己的分配方案。

第三，小组每个成员获得的、由组内其他成员分配的绩效奖励之和，就是该成员的小组内固定总额得分。

2. 在教学过程中

（1）学生自主探究和教师引导提示的协调性有时出现矛盾。沙盘实践重视学生的主体地位和参与程度，因此教师可以提前布置一些任务或题目，引导学生自主学习沙盘规则，思考决策方法。在课堂上进一步巩固基础知识，并与学生就策略问题进行讨论。强调学习以学生的自主探究为主，教师的引导提示以当学生出现难以解决的问题为限。

（2）学生的财务管理知识欠缺，常常由于会计核算问题耽误整体进度。针对财务管理知识欠缺的问题，教师可以设计简单的 Excel 表格帮助学生提升会计核算的速度和准确度，从而有助于在有限的教学时间内实现完整的运营目标。

七、附录材料

附录：学生作品
项目一：商业计划书
1. 执行摘要

1. 项目概述
维嘉国际商务酒店是中国维嘉集团（Vega Group INC.）旗下的高档酒店品牌，旨在为高端商务旅行人士提供全方位的卓越服务、尖端科技以及创新性的会议组织模式，扎根中国本土化、打造中式特色高端商务酒店的高峰。
维嘉国际商务酒店集住宿、餐饮、商务、会议、旅游等多功能服务于一身，谨记中式传统设计理念中对于美的追求：风景美、建筑美、融合美。让客户享受到购物、交通便利的同时最大程度地可以欣赏旖旎的城市特色风光。在维嘉酒店，商务旅行者们既可选择独立自由的旅居方式，也可放心依赖酒店员工的全天候贴心服务。
凭借维嘉酒店管理公司的专业化管理，该酒店将成为其所在城市内高档次的五星级酒店。专业的国际经营理念与本土化扎根的服务特色文化必会带来丰厚的投资回报和良好的社会效益。
2. 项目优势
用户群体基数比较大，包含商务旅游者（business）、会议旅游者（corporate/business meetings）和会展旅游者（association meetings）这三类用户群体，从数据上看这些用户的人数占总人数的 50% 左右。

周一到周五该酒店主要提供这些商务人士或者商务会议等等，周末可以留出一些房间给一些来自全球各地的旅行者们，这大大提高了酒店房间的利用率。

该酒店采用了由电子商务部开发的最新的酒店管理软件，方便客房员工每日记件工资的核算。筹建单位（泰思妙公司）成功开发过多个大型地产项目，均与酒店相关。

黄金地段，得天独厚，由知名酒店管理公司专业化管理。同时集团公司深耕中国本土，独特的风格理念使得酒店无论是设施设计与装潢、服务还是人性化的考量均伴随着中式特色。

3. 项目背景

酒店的目标市场群体主要为：①商务旅游者（Business）；②小型企业旅游者（Small Business）；③商务会议旅游者（Corporate/Business Meetings）；④会展旅游者（Association Meeting）。我们选择这四类目标市场群体的主要原因是：①这三类市场群体约占总市场份额的65%左右，在整个客源市场中的占比较大；②商务旅游者，小型企业旅游者，商务会议旅游者这三类市场群体分别有约90%、85%、80%的顾客在周中选择光顾酒店，这在时间上达到了三个市场群体的同序性。此外，这便于我们酒店在周末展开针对其他市场群体的服务，如会展旅游者和国际旅游者。

4. 项目投资计划

项目初始流动资产（Current Assets）为 1 888 000 元，初始财产及设备净值（Net Property and Equipment）为 60 450 000 元，其他资产［主要为无形资产（intangible Assets）］为 5 000 000 元，总资产（TOTAL ASSETS）达 67 338 000 元。总负债（Total Liabilities）达 40 517 890 元，其中长期负债（Long Term Debt）有 40 000 000 元。股东权益总额（Total Shareholders' Equity）达到 47 338 000 元，加总负债后总达到（Total Liabilities and Shareholders' Equity）67 338 000 元。

项目运行过程中预计花销将会包括酒店装修及后期设施扩建费用、保养费用（Capital investment）、酒店对外营销宣传费用（Operating expenditures）。根据项目营运期计划，营运期为四个月，根据营运收支预估数据，考虑项目的营运预算及还本付息年期，长期负债的持续可获得性、相对低廉利率等因素，我们设定三个阶段目标。第一阶段：在中期入住率达到并稳定在35%+。第二阶段：在后期实现资产负债清零，即用这一时间段还本付息。第三阶段：致力于长期发展及战略性扩张，雄踞都市高端商务酒店的头部。

2. SWOT 分析

优势	劣势
用户群体基数比较大，包含商务旅游者，小型企业旅游者，商务会议旅游者这三类用户群体，从数据上看这些用户的人数占总人数的50%左右，酒店周一到周五主要提供这些商务人士或者商务会议等等，周末可以留出一些房间给一些来自全球各地的旅行者们，这大大加强了酒店房间的利用率。在餐食方面，大部分的空间可以用来商务简餐，留下来的一小部分可以为旅行者提供特色餐食，并且酒店采用了由电子商务部开发的最新的酒店管理软件，方便客房员工每日记件工资的核算	追求过高的入住率（不利于客房的维护和保养），容易忽视营业实际收入和效益，酒店运营初期，可能会追求过高的服务和顾客满意度而忽略员工的感受，从而导致员工对企业的忠诚度有所下降；与之伴随的就是酒店前期各级领导的领导能力可能会有所不足，导致底层员工对上级做出的指示出现不服从或者当耳旁风的情况，团队精神薄弱，集体荣誉感缺失，为追求片面的利益，舍本求末，忽视服务品质与客人感受；对效益产出的服务品质的关注与投入不足，出现品质下降。高级商务酒店位于城市中心地带，相较于其他地带，城市中心地带可谓是寸土寸金，用地空间极为有限，因此，在酒店设计过程中，应该遵循空间紧凑高效的原则，不能过于追求奢华；就事实而言，成本控制策略的目标难以实现应该以创新或服务来增强竞争优势

机会	威胁
由于我们所确定的目标市场的消费者的数量占比较大，中高档的装修风格能为消费者提供良好的入住体验，同时，符合各种人口味的餐厅可以为酒店留下良好的口碑。商务客人是商务酒店的主要客源，相较于普通顾客，这类客人对酒店的要求更为严格，我们在提供优质的服务的同时，还要求酒店提供各种设施和设备，这就要求我们酒店经营者重视配套基础设施；同时我们需要提供与众不同的产品或服务，为此来增强客户的体验感，促使其感受到酒店独特的风格	随着酒店扎堆开业，酒店的生意下降趋势明显，同行业中起步较早的酒店也有规律出现住不满的情况；同行业的竞争者可能出现抢客源的情况；同时如果酒店所设计的特色产品如果吸引不到客人的情况下，酒店可能会面临破产的情况，同时高成本的同时，如果不注意可持续发展的理念，会导致企业不必要的支出

3. 市场分析

在这个分析环节，您需要：

1	确定一个或多个目标细分市场，并说明选择的理由。 我们酒店的目标市场群体主要为：①商务旅游者；②小型企业旅游者；③商务会议旅游者；④会展旅游者。 我们选择这四类目标市场群体的主要原因是：①这三类市场群体占总市场份额的65%左右，在整个客源市场中的占比较大；②这三类市场群体分别有约90%、85%、80%的顾客在周中选择光顾酒店，这在时间上达到了三个市场群体的同序性。此外，这也便于我们酒店在周末展开针对其他市场群体的服务，如会展旅游者和国际旅游者。
2	评估和选择目标市场的优先次序按优先度从高到低排列： （1）商务旅游者 （2）小型企业旅游者 （3）商务会议旅游者 （4）会展旅游者 （5）国际旅游者
3	简要说明你打算采取的定价策略，包括定价可能随时间发生的变化。 我们酒店的服务定位为中高端型国际商旅酒店，以跨区域商旅活动、会议展览、国际游客接待为主要业务。我们酒店的定价策略也将对标国际知名中高端型商旅酒店。普通客房的初始定价为500~600人民币（晚/间），并向上以50%至70%的溢价为梯度递增，最高级别行政套房定价约为10 000人民币（晚/间）。此外，初始定价还将伴随酒店经营业绩的变化同步变化。但总体涨（跌）幅一般不会超过50%。
4.	请简要描述你预采纳的四种营销策略及针对每个细分市场的营销策略。 我们酒店最重视的市场营销方式是销售团队（Sales Force）。我们酒店主要侧重的市场群体是商务旅游者，小型企业旅游者，商务会议旅游者，会展旅游者这四类市场群体可以通过Sales Force受到影响的比率分别为50%、30%、90%和80%，因此我们采用销售团队的性价比显然最高。于此考虑，我们将最重视销售团队这种市场营销方式。 此外，我们在着重采用销售团队的同时，还会将剩下的一些资源投入到广告中，以通过这种营销方式影响我们国际旅游者市场中65的群体和商务，小企业中30%的群体。

4. 酒店使命和愿景宣言

使命宣言是一份正式的文件或声明，用于概括公司的目标、愿景和核心价值观。这通常是由公司的领导层或创始人制定的，旨在为员工、股东、客户以及其他利益相关方提供对公司存在的目的和价值观的清晰了解。

我们将始终向客户呈现严谨的工作态度，为客户提供满意的服务，带给客户非凡的体验。

愿景宣言是一份表达组织未来愿景和期望的正式文档。这通常由公司领导层或创始人制定，用于描绘组织所希望在未来取得的成就和状态。愿景宣言是一个激励性的文本，旨在激发员工、利益相关方和整个组织追求共同的愿景。

我们秉承着客户至上的原则，渴望成为一个让每一位客户都能感受到像家一样温馨亲切的高端商务酒店。

5. 酒店绩效目标

酒店绩效目标是酒店在特定时间内希望实现的具体结果或成就。企业绩效目标的设定必须考虑所有利益相关者的观点并符合以下特征：

（1）明确的；

（2）可实现的；

（3）可测量的。

目标绩效 1 在中期入住率达 35%
目标绩效 2 后期实现资产负债清零
目标绩效 3 成为都市中高端商务酒店的第一

6. 酒店标志

酒店标志的设计要考虑多个因素，以确保它能够有效传达酒店的品牌形象、价值观和特色。在设计标志之前，确保你清楚了解酒店的品牌身份、价值观和目标受众。标志应该反映酒店的独特性和核心价值。

维嘉国际商务酒店
VEGA INTERNATIONAL BUSINESS HOTEL

1. 维嘉谐音为家，酒店的宗旨就是为客人提供如家般的住宿体验。
2. 主题是一个门然后两边各有一个像手的短臂，里面把维字加进去意味着像家人一样给你一个温暖的拥抱。
3. 开放式弧线是欢迎、包容的姿态，象征着家之房梁、床之支架。
4. 独特的造型、醒目的图标、经典的名称将是我们在众多品牌中突出重围的法宝。
5. 维嘉，给您家一样的商旅体验。

项目二：酒店绩效分析

酒店绩效分析见图3。

酒店绩效差距分析

步骤一: 酒店绩效指标对比

酒店绩效指标	3月 实际绩效	判定指标		酒店本月绩效与判定指标的绝对差值	酒店本月绩效与判定指标的相对差值
1. 入住率 排名:5	51.01%	54.23%	市场平均绩效	-3.22%	6.93%
		55.97%	深运酒店	-4.96%	-8.86%
		49.43%	圣邦酒店	1.58%	3.20%
			市场准则 /		
2. 客房收益 排名:5	$1,356,485	$1,386,971	市场平均绩效	-$30,486	-2.20%
		$1,444,221	深运酒店	-$87,736	-6.07%
		$1,257,690	圣邦酒店	$98,795	7.86%
			市场准则 /		
3. 酒店总收益 排名	$2,589,112	$2,667,251	市场平均绩效	-$78,139	-2.93%
		$2,777,348	深运酒店	-$188,236	-6.78%
		$2,418,635	圣邦酒店	$170,477	7.05%
			市场准则 /		
4. 基于客房数量的市场份额 排名	15.68%	16.67%	市场平均绩效	-0.99%	-5.92%
		17.20%	深运酒店	-1.52%	-8.84%
		15.19%	圣邦酒店	0.49%	3.23%
			市场准则		
5. 基于总收入的市场份额 排名	16.10%	16.67%	市场平均绩效	-0.49%	-2.92%
		17.35%	深运酒店	-1.17%	-6.74%
		15.11%	圣邦酒店	1.07%	7.08%
			市场准则		
6. 平均每间可供出租客房收入 排名	$89.76	$92.47	市场平均绩效	-$2.71	-2.93%
		$96.28	深运酒店	-$6.52	-6.77%
		$83.85	圣邦酒店	$5.91	7.05%
			市场准则		
7. 平均每客房每晚收入 排名	$175.95	$170.58	市场平均绩效	$5.37	3.15%
		$172.01	深运酒店	$3.94	2.29%
		$169.61	圣邦酒店	$6.34	3.74%
			市场准则		
8. 收益率 排名:3	52.64%	54.23%	市场平均绩效	-1.59%	-2.93%
		56.47%	深运酒店	-3.83%	-6.78%
		49.18%	圣邦酒店	3.46%	7.04%
			市场准则-低水平 70%	-17.36%	-24.80%
			市场准则-高水平 90%	-37.36%	-41.51%
9. 运营率 排名	34.68% 实际绩效	33.59%	市场平均绩效	1.09%	3.25%
		33.35%	深运酒店	1.33%	3.99%
		34.81%	圣邦酒店	-0.13%	-0.37%
			市场准则-低水平 30%	4.68%	15.60%
			市场准则-高水平 40%	-5.32%	-13.30%
10. 边际收益 排名	8.98%	8.47%	市场平均绩效	0.51%	6.06%
		8.77%	深运酒店	0.21%	2.39%
		8.12%	圣邦酒店	0.86%	10.59%
			市场准则		
11. 资产负债率 排名	76.68%	77.12%	市场平均绩效	-0.44%	-0.57%
		78.10%	深运酒店	-1.42%	-1.82%
		76.73%	圣邦酒店	-0.05%	-0.07%
			市场准则		
12. 资产回报率 排名	0.44%	0.43%	市场平均绩效	0.01%	2.33%
		0.46%	深运酒店	-0.02%	-4.35%
		0.38%	圣邦酒店	0.06%	15.79%
			市场准则 /		

图3 酒店绩效分析

（西南财经大学工商管理学院 徐晓炜）

泰格如何成为"CRO"之王?

一、案例基本情况介绍

(一) 适用课程

本案例适用于"商科导论""企业并购""财务管理理论与实务"等课程。

(二) 适用对象

本案例主要为会计专业本科生开发,也适用于会计专业硕士(MPAcc)和其他经济管理类研究生学习。

(三) 案例背景

近年来,中国经济进入结构优化和产业整合的关键期,越来越多的企业依靠内生和外延共同发展来完善产业链。为了能积极参与资本市场且降低并购风险,部分企业通过设立产业并购基金来实现并购目标,因此近年来产业并购基金在中国的规模不断扩大。本案例选取临床 CRO 龙头——泰格医药设立产业并购基金来并购捷通泰瑞的事件,对相关并购主体、设立产业并购基金的动机、产业并购基金运作模式等进行全景式描述。本案例旨在引导学员掌握产业并购基金的组建模式及运作流程,理解设立产业并购基金的优劣势及关键因素,并进一步思考产业并购基金的利益分配如何协调。

(四) 教学重难点

本案例要解决的重难点主要是产业并购基金的定义及发展历程;为什么泰格医药通过设立产业并购基金进行并购;产业并购基金的一般性运作流程及其需要注意的关键因素(敏感性因素或者壁垒性因素);产业并购基金各方主体之间的利益是如何协调的。

(五) 创新点与特色

1. 教学创新点

采用 PBL 的方式,围绕泰格医药设立产业基金并购的真实项目,学生通过自主学习或小组合作等方式开展探究,从而获得知识和能力发展的学习方式。采用 PBL 的方式能够促进学生进行会计、金融和医疗行业的跨学科学习,让学生进一步了解"业财融合"的重要性。

2. 主题特色

本案例旨在通过临床 CRO 龙头——泰格医药设立产业并购基金来并购捷通泰瑞的事件,引导学生关注国内产业并购基金的发展历程,掌握产业并购基金的运作模式，思考产业并购基金应如何平衡多方利益以更好地赋能医药行业。

二、案例设计过程

（一）教学目标

本案例的教学目标在于通过对临床 CRO 龙头——泰格医药设立产业并购基金来并购捷通泰瑞的事件进行分析与讨论，帮助学员掌握产业并购基金的基本概念及运作模式，分析设立产业并购基金的动机和关键因素，并在此基础上进一步思考产业并购基金应如何平衡多方利益以更好地赋能医药行业。

（二）学情分析

当前，专业培养方案中课程设置还欠缺"业财融合"特色，在学生知识面的拓展、分析能力、沟通能力的培养以及信息技术的学习方面还是重视不够。建议在设置会计专业课程体系时，以培养学生成为应用型、学习型和创新型会计人才为目标，将培养重心转移到学生综合素质上，鼓励"学有所用"，以培养具有多元化知识的高端会计人才为新目标。本案例旨在将真实企业案例融入课堂教学中，形成学习讨论小组，用会计实际工作中可能运用的方法将案例进行重新梳理分析，并为其提供解决思路，用小组展示的方式培养学生的思考分析能力、信息收集能力及团队协作能力。

（三）思维导图

本案例思维导图见图 1。

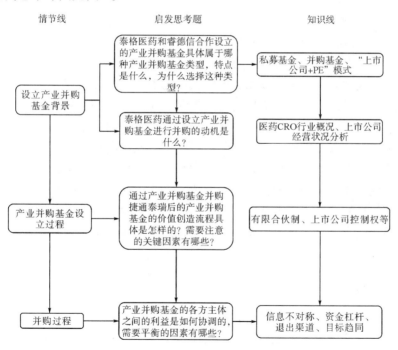

图 1　思维导图

（四）理论及实践

1. 协同效应理论

协同理论认为环境中的各个系统之间是相互影响、相互合作的。在企业管理领域，公司实行多元化战略的理论基础由此变为协同效应理论。协同效应是指企业在生产、营销、管理等各个不同的环节、不同的阶段以及不同的方面，利用同一种资源并由此产生的整体效应。经营协同效应是指协同后企业在生产经营活动的效率等方面产生的变化以及效率提高所带来的效益。管理协同效应是指协同后企业在企业管理活动的效率方面所带来的变化及效率提高对企业产生的效益。财务协同效应主要是指协同后企业在财务方面为协同公司所带来的收益，例如财务能力的提高。企业在并购过程中逐步实现协同效应可以达到降低企业成本、获得超额收益、增强企业竞争优势的目的。

2. 信息不对称理论

信息不对称理论是指由于市场中各参与方掌握的信息程度不同，信息掌握程度高的市场参与者会具有更大的优势。信息掌握程度高的市场参与者会利用这一优势做出更合理的决策，来从信息掌握程度低的市场参与者处获取收益，这种非均衡状态可以通过市场信号得到一定程度的缓解，从而最大限度地保证交易双方的利益。实际的资本市场中，信息不对称理论在并购重组中得到了很好的体现。并购公司若是想选择非上市公司或者选择行业不成熟的公司作为并购标的，那并购公司很难通过外部的信息渠道对并购标的的实际经营状况和财务数据等进行充分的了解，在这种情况下就产生了信息不对称风险，这要么导致并购公司难以找到合适的并购标的，要么加大并购公司的并购风险。

3. 代理成本理论

当公司的所有权和管理权两权分离时，公司股东作为委托人，有可能只提供资本投入而不具备专业的公司管理能力，通常只负责参与公司的战略决策；而专业的管理者则作为代理人，虽然一般无法提供大量的资本，但是具备专业能力，可以维持和发展公司业务，为股东带来利润。但是双方在委托代理关系中必然会出现由双方目的不一样导致的双方产生利益冲突的局面。股东的目的是希望管理者以公司的利润为主来进行经营和投资，进而他们会给管理者制定与业绩相关的激励政策；而管理者会追求个人利益最大化，为了得到激励可能会做出不理性的投资决策，浪费公司的自由现金流，从而引起两者之间的利益冲突。由于管理者负责企业的管理，对企业内部信息的掌握程度更高，其很有可能会利用自己与股东之间的信息差来维护自身权益。这不仅会导致股东利益受到损害，还有可能对企业产生不可逆的负面影响。

三、项目式教学案例

泰格医药于 2012 年在深交所创业板上市至今已十多个年头，其自 2014 年起快速进行了多次收购。Wind 数据库显示，泰格医药公司 2019 年占据 8.4% 的临床 CRO 市场份额，开展临床项目数量与临床相关服务收入都为国内第一。其董事长高峻表示："泰格已积累了非常优质的资源，包括成长型药企和老牌制药企业，泰格会进一步完善欧美布局，把产品推向全球。"高峻董事长的全球化布局的优势究竟来源于什么？投资者对其发展前景如此乐观的依据是什么？让我们从泰格医药借力产业并购基金并购捷通泰瑞的案例中寻找答案。

（一）产业并购基金设立背景

1. 并购方——泰格医药

泰格医药于 2004 年成立，是一家合同研究组织，目前业务已涵盖医药产品从研发到上市的全过程，可分为临床试验技术服务（CTS）、临床试验相关及实验室服务（CRLS）两大业务板块。自 2009 年起，泰格医药开始不断进行并购与投资（见表1），以此来拓宽自身业务边界。泰格医药是我国的临床 CRO 龙头，一直以来都致力于将业务全面覆盖到 CRO 全产业链。

表1　泰格医药收购统计

收购时间	收购目标	收购目的
2009 年	美斯达	加强数据管理与统计分析业务；吸收客户资源
2013 年	BDM	
2014 年 3 月	方达医药	向临床前 CRO 和实验服务领域扩展
2014 年 5 月	北京康利华咨询	提升 GMP 专业咨询、注册等业务
2014 年 9 月	上海晟通	供应链管理
2015 年 6 月	北医仁智	强化 CRO 产品平台和服务
2015 年 9 月	韩国 DreamCIS	拓展亚太区产业布局
2016 年 3 月	捷通泰瑞	拓展器械临床研究

数据来源：Wind.

泰格医药现已经成为典型的综合性临床 CRO 和临床前 CRO 企业，业务布局也已基本完成，其主要业务内容见图 2。其 2014 年通过收购美国 BDM、康利华等公司快速拓展了国内外临床研究咨询业务，2015 年通过并购方达医药、北医仁智进一步强化公司的 CRO 产业平台和服务链，后又收购韩国 DreamCIS 开拓了泰格医药在亚太区的布局。经过不断的并购，泰格医药在药品 CRO 领域的布局已趋于完善。

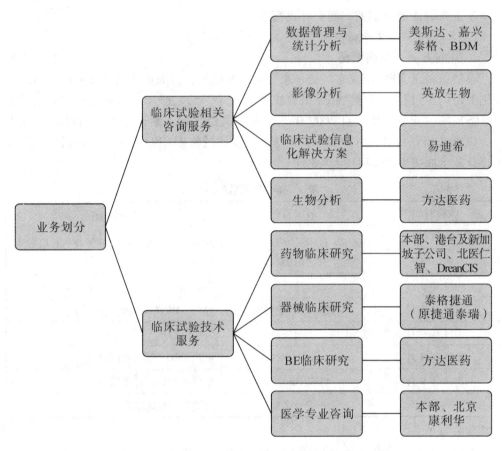

图 2　泰格医药业务分布

表 2 为并购前泰格医药在 2014 年成立产业并购基金至 2021 年收购捷通泰瑞期间的营业收入情况。

表 2　泰格医药业务收入

年份	2012	2013	2014	2015	2016	2017	2018	2019	2020	2021
临床试验技术服务/万元	148	194	277	334	474	820	1 103	1 347	1 519	2 994
临床试验相关咨询服务/万元	105	138	334	574	688	826	1 195	1 447	1 657	2 194
临床试验技术服务年增长率/%		30.9	42.7	20.7	41.8	73.2	34.5	22.7	12.9	97.1
临床试验相关咨询服务年增长率/%		31.7	142.7	71.8	20.0	20.0	44.6	21.1	14.6	32.4

数据来源：泰格医药年报。

在业务覆盖方面，泰格医药不仅在国内主要城市提供药品研发服务，还开始了国际化发展，在韩国、日本、马来西亚、美国、欧洲等地打造了专业化团队。

2. 被并购方——捷通泰瑞

捷通泰瑞成立于2000年，是国内医疗器械领域最大的CRO公司之一，覆盖医疗器械各领域生命全周期，其核心是为医疗器械企业的相关医疗器械产品研发提供所需的临床研究外包服务，主要包括药物研发、医疗器械的技术开发、技术转让和技术服务、法规咨询、临床试验、市场咨询、人才服务等捷通泰瑞历史沿革见图3。

捷通泰瑞在过去近20年的发展中，累计和1 700多家客户保持着长期稳定的合作关系，且其客户分布在除中国外30多个国家，主要包括在韩国、日本、马来西亚、美国、欧洲等地，这表明捷通泰瑞的国际化布局较好。而泰格医药在成立之初便将目光瞄向全球，在发展过程中一步一步实行国际化战略，比如：泰格医药在全球超过10个国家布局业务；2020年8月7日，泰格医药在香港联交所主板上市，作为A股市场的补充，搭建境外投资平台用于海外扩张。

经过20年行业积累，捷通泰瑞建立了拥有约40万条医疗器械人才信息的数据库，并按专业、工作性质和地域做了详细分类，不仅成为众多知名医疗器械企业指定人才服务供应商，也为公司的注册申报业务、临床试验研究服务拓展了潜在客户。捷通泰瑞历史沿革见图3。

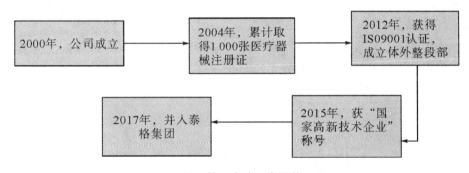

图3　捷通泰瑞历史沿革

捷通泰瑞下属子公司都是100%持股，其子公司是国内最早从事医疗器械、药品注册咨询、临床试验研究的专业服务机构之一，具体服务内容见表3。

表3　捷通泰瑞子公司统计

子公司名称	持股比例/%	服务内容		
捷通康诺	100	技术开发、技术转让、技术咨询、技术服务		
捷通埃默高	100		经济贸易咨询、展览活动	市场调查、会议服务
捷通康信	100			
捷通艾维迪	100			
医捷通	100	人才信息、技术服务、咨询		
香港捷通	100	印刷	投资	贸易咨询

来源：企查查。

由于良好的信誉与专业细致的服务，捷通泰瑞已和 30 多个国家的 1 700 多家医疗器械研发及生产企业建立了长期稳定的合作关系，并在中国主要城市以及韩国、日本、马来西亚、美国、欧洲等设立服务网点，用专业的能力为客户降低注册风险、缩短项目周期、节约研发经费、推进产品市场化进程，累计为国内外 3 000 多个产品办理了医疗器械注册证书。

3. 私募投资机构——睿德信

睿德信由深圳市睿德信投资集团有限公司出资 20% 与陈勇先生出资 80% 设立。睿德信投资集团成立于 2007 年，主要从事投资及 PE 股权投资管理两块业务，投资着重覆盖医药、工业自动化和机器人行业。在十几年的发展中，睿德信投资集团已被将近 10 个家族受托全权管理共几十亿人民币的资产，在投资业务、基金管理等方面有十分丰富的经验。

（二）产业并购基金设立过程

1. 设立阶段

（1）设立直接目的

泰格医药收购捷通泰瑞股权前，以 2015 年 12 月 31 日作为基准日对捷通泰瑞进行估值，收益法下对捷通泰瑞的估值结果为 60 300 万元，最终双方商议后的收购对价为 60 000 万元。捷通泰瑞的净资产价值仅为 4 429 万元，此次并购商誉基本占并购成本的 90%。

如图 4 所示，泰格医药在 2014 年成立产业并购基金至 2016 年收购捷通泰瑞期间，其货币资金分别为 30 150 万元、22 660 万元、36 450 万元。

图 4　泰格医药并购前货币资金、应收账款情况

如图 5 所示，泰格医药在 2014 年成立产业并购基金至 2016 年收购捷通泰瑞期间的资产负债率分别为 32.46%、33.80%、22.97%。

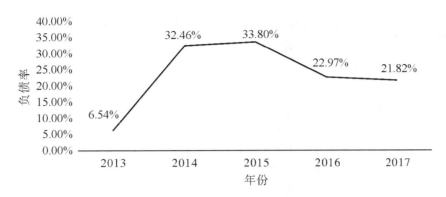

图 5　泰格医药资产负债率

（2）设立过程

泰格医药与 PE（Private Equity，即私募股权投资）的合作模式为双方共同发起出资设立合伙制产业并购基金平台，股权结构如图 6 所示。泰格医药与 PE 机构设立的产业并购基金存在"5+2"年的存续期，有限的存续期会对 PE 机构产生激励。其次，PE 机构睿德信在产业并购基金中担任 GP（General Partner，即普通合伙人）需要承担无限责任，而泰格医药作为 LP（Limited Partner，即有限合伙人）只承担有限责任。基金平台搭建完成后的经营方式为：由 GP 作为管理人，对具体投资业务进行管理。管理人主要负责对项目的筛选、立项、组织实施以及监督管理等。与此同时，各 LP 与 GP 共同设立投资决策委员会，在基金平台的重大事项上通过表决进行决定。投资基金成立后，专注于投资、经营、管理公司业务。

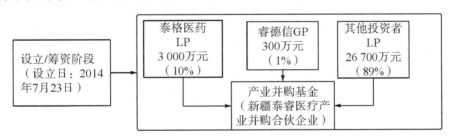

图 6　产业并购基金设立/筹资阶段情况

泰格医药为 CRO 行业的核心企业，睿德信是在医药行业有丰富的信息、资源和渠道优势的 PE 机构，因此泰格医约与 PE 机构合作设立的产业并购基金能够利用二者的融资能力和融资渠道优势来更快地筹集到成本更低的资金。同时由于此过程中募集的资金不会成为泰格医药的表内债务，因此其不降低泰格医药的资金流动性和偿债能力，也不改变其股权结构，由表 4 和表 5 可知，第一大股东和第二大股东在泰格医药设立产业并购基金筹资前后的股权比例几乎未发生变化，因而不会影响泰格医药未来的融资成本和融资能力。

119

表4　泰格医药设立产业并购基金筹资前股权结构

十大股东	持有比例/%
叶小平	27.88
曹晓春	9.68
QM8 LIMITED	9.28
施笑利	3.54
ZHUAN YIN	3.17
徐家廉	3.09
石河子泰默投资管理有限合伙企业	2.53
中国农业银行-鹏华动力增长混合型证券投资基金	1.62
宫芸洁	1.56
广发证券股份有限公司	1.53

表5　泰格医药设立产业并购基金筹资后股权结构

十大股东	持有比例/%
叶小平	27.70
曹晓春	9.62
QM8　LIMITED	4.97
中国农业银行-交银施罗德成长股票证券投资基金	3.26
中国工商银行-易方达价值成长混合型证券投资基	2.79
中国农业银行-交银施罗德精选股票证券投资基金	2.79
施笑利	2.68
徐家廉	2.42
ZHUAN　YIN	2.36
石河子泰默投资管理有限合伙企业	1.88

数据来源：泰格医药年报。

2. 投资阶段

泰格医药在发展过程中除秉持"扩大经营业务范围、打造完整的产业链和一体化服务"的发展战略，还提出了国际化发展的战略。在设立该产业并购基金时，泰格医药正处在着重倚靠第一种发展战略时期，因此该产业并购基金在进行投资标的选择时，和泰格医药发展的战略保持了一致，如图7所示。

```
┌──────────────┐      ┌──────────────────────────────────────────────┐
│   投资阶段    │      │1.投资方向:与泰格医药的主营业务相关的、能形成规模效应│
│(投资日:2015 │─────▶│  或者协同效应的                               │
│  年4月8日)   │      │2.投资前提:产业并购基金委托睿德信作为基金管理人对投资│
│              │      │  标的进行筛选、立项、尽调、考察、投资等(捷通、奥咨达)│
│              │      │3.投资标的选择:捷通泰瑞54%股权                 │
└──────────────┘      └──────────────────────────────────────────────┘
```

图 7　产业并购基金投资阶段情况

考虑到 CRO 行业正处于成长阶段,且属于典型的轻资产、人才密集型行业,因此 CRO 行业中发生的并购事件一般都是以获得并购标的的研发能力、人才资源为主要目的或者是为了获取进入新的市场领域的"资格证",因此在并购方为 CRO 企业发起并购时,并购标的都应该是具备研发能力强、人才丰富等特征的创新型企业,而非像大多数行业选择成熟期企业作为并购标的。因此泰格医药在药品领域基本完成纵向一体化后,捷通泰瑞作为医疗器械领域的 CRO 龙头之一,帮助泰格医药进行了横向的市场拓展,且捷通泰瑞具备的强研发、多人才的特征都使它成为泰格医药最好的并购标的。

在此阶段由于 CRO 行业中的上市公司少,大多数为中小型的非上市公司,因而泰格医药能够掌握其他 CRO 企业的信息很少,只能由产业并购基金利用 PE 机构的信息优势和丰富经验,对捷通泰瑞、奥咨达、致众科技、迈迪私创、永铭医学几家医疗器械 CRO 企业进行尽职调查,了解其运营状况和财务状况,初步掌握了企业价值,从而最终选定最优质的并购标的捷通泰瑞。

(三)并购过程

1. 管理阶段

产业并购基金掌握了捷通泰瑞的控制权后,委派产业并购基金管理人员进驻捷通泰瑞的管理层,由于泰格医药和 PE 已经形成利益共同体,在业绩承诺期间,泰格医药可以通过产业并购基金随时掌握捷通泰瑞的经营情况和财务数据,降低泰格医药与捷通泰瑞之间的信息不对称风险产业并购基金管理阶段情况见图8。

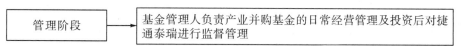

图 8　产业并购基金管理阶段情况

同时,由于捷通泰瑞为非上市公司,其财务数据难以获取,根据泰格医药披露的捷通泰瑞模拟财务报表我们可以找到产业并购基金并购捷通泰瑞前(2014 年)以及并购当年(2015 年)的财务数据。因此由图9可以看出,捷通泰瑞在被产业并购基金并购后营业收入、净利润、总资产都在增长,营业收入增长 58.87%、净利润增长 4 845.36%、总资产增长 112.69%。

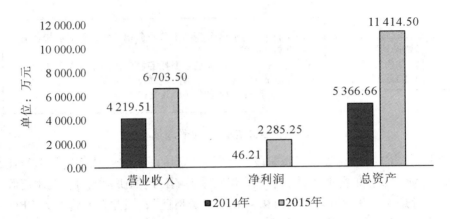

图 9　捷通泰瑞营业收入、净利润、净资产收益率

（数据来源：深交所泰格医药公告）

2. 并入阶段

如表 6 所示，泰格医药在 2016 年发布公告收购捷通泰瑞的股权，由于 2016 年受到 "722" 事件的影响，捷通泰瑞未完成业绩承诺，净利润未超过 4 000 万元，但从补偿对价金额推断净利润与业绩承诺差距不大，而 2017 年和 2018 年均完成了业绩承诺，实现了净利润超过 4 800 万元、5 760 万元。由于数据难以获取，假定捷通泰瑞 2016 年实现利润 4 000 万元、2017 年实现利润 4 800 万元、2018 年实现利润 5 760 万元。（泰格医药净利润为实际净利润，泰格医药净利润假设每个时间点都发生合并而计算的净利润。）

表 6　捷通泰瑞利润占比泰格医药利润计算

年份	2015	2016	2017	2018
泰格医药净利润/万元	14 540	9 750	23 990	35 710
捷通泰瑞净利润/万元	2 285.25	4 000	4 800	5 760
泰格医药净利润/万元	16 825.25	13 750	23 990	35 170
捷通泰瑞净利润/泰格医药 1 净利润/%	13.58	29.09	20.01	16.38

数据来源：泰格医药年报。

3. 整合阶段

为了保证捷通泰瑞及其子公司的关键岗位（包括生产、管理、研发、销售等）人员稳定，泰格医药与捷通泰瑞的总经理、副总经理等核心人员签订服务期不少于三年的劳动合同；利用泰格医药和捷通泰瑞都具有海外管理人才，产业并购基金还帮助企业组建立了海外项目服务团队。同时，产业并购基金还帮助其整合了捷通泰瑞、泰格医药器械部、数据管理和统计团队，形成了完整的医疗器械项目一体化服务体系。经过整合，双方都打通了对方市场的资源壁垒并获得了对方的品牌影响力，深度融合，获得对方的客户资源，提高市场竞争优势。

(1) 主营业务整合

泰格医药并购捷通泰瑞后,产业并购基金帮助泰格医药对双方的产业和技术进行了整合,泰格医药开启医疗器械 CRO 领域的市场,而捷通泰瑞同样也可以借助泰格医药进入药品 CRO 领域的市场。在泰格医药和捷通泰瑞的整合期及以后,泰格医药都在不断增加研发投入,提高自己的研发技术,以此来找到主营业务的新的利润增长点。在图 10 中,从 2012 年的 2 213 万元增长到 2020 年的 15 665 万元,研发支出占营业收入的比例 2020 年达到 4.91%。

图 10　泰格医药研发支出

(数据来源:泰格医药年报)

(2) 财务整合

在泰格医药并购捷通泰瑞后,捷通泰瑞就借助泰格医药的融资渠道来降低融资难度和融资成本。泰格医药的管理费用率、财务费用率和销售费用率如图 11 所示。

图 11　泰格医药期间费用率

(数据来源:泰格医药年报)

(3) 经营整合

如图 12 所示,在 2013 年到 2016 年,临床 CRO 的市场规模占据了 CRO 服务市场总规模的68%，因此临床 CRO 市场有极大的发展空间。同时，临床 CRO 市场行业集中度低，让泰格医药有了更大的动力在临床 CRO 业务方面打造更加完整的产业链。泰格医药在 2016 年 3 月发布拟收购捷通泰瑞的公告，正式开启医疗器械 CRO 领域。捷通泰瑞作为医疗器械 CRO 龙头之一，让泰格医药成功进入医疗器械 CRO 领域。泰格医药在临床 CRO 领域的市场占有率从 2008 年的 0.88% 增长到了 2019 年的 8.4%，成为国内临床 CRO 业务市场占有率第一的企业。

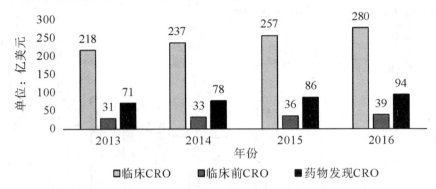

图 12　2013—2016 年中国各类别 CRO 市场规模

（数据来源：泰格医药年报）

（4）管理整合

如表 7 所示，泰格医药在 2014 年成立产业并购基金至 2016 年收购捷通泰瑞期间，其员工人数分别为 1 444 人、1 845 人、2 422 人，研发人员占比分别为 9.21%、8.18%、9.37%。在并购后 2017 年的员工总人数为 3 214 人，其中，研发人员占比为 11.76%。

表 7　泰格医药员工类别统计

年份	2012	2013	2014	2015	2016	2017	2018	2019	2020	2021
生产	0	0	0	0	16	0	0	0	0	0
销售	21	16	31	64	75	88	114	143	182	229
技术	603	795	1 192	1 579	2 050	2 855	3 424	4 429	5 393	7 429
财务	68	102	221	51	54	64	106	81	122	144
行政				151	227	207	254	306	335	524
总计	692	913	1 444	1 845	2 422	3 214	3 898	4 959	6 032	8 326
其中：研发人员	57	75	133	151	227	378	426	568	652	827
研发人员占比/%	8.24	8.21	9.21	8.18	9.37	11.76	10.93	11.45	10.81	9.93

数据来源：泰格医药年报。

如表 8 所示，泰格医药在 2014 年成立产业并购基金至 2016 年收购捷通泰瑞期间，人均创收分别为 43.25 万元、51.87 万元、48.51 万元。并购后 2017 年的人均创收为 52.49 万元。

表8　泰格医药人均创收

年份	2012	2013	2014	2015	2016	2017	2018	2019	2020	2021
总收入/万元	25 430	33 650	62 460	95 700	117 500	168 700	230 100	280 300	319 200	521 353
员工人数/人	692	913	1 444	1 845	2 422	3 214	3 898	4 959	6 032	8 326
人均创收/万元	36.75	36.86	43.25	51.87	48.51	52.49	59.03	56.52	52.92	62.62

数据来源：泰格医药年报。

（四）尾声

中国经济进入结构优化和产业整合的关键期，越来越多企业依靠内生和外延共同发展来完善产业链。为了能积极参与资本市场且降低并购风险，越来越多企业也像泰格医药一样，通过设立产业并购基金来进行并购交易活动。

泰格医药通过产业并购基金成功并购了几家企业。那产业并购基金到底是什么，泰格医药为什么通过设立产业并购基金进行并购，产业并购基金的流程和普通的并购流程有什么不同，它又是如何帮助泰格医药巩固其CRO之王的地位的，这些问题还需要我们去一一探究。

四、案例实施方案

（一）实施步骤及时间规划

本案例宜计划时间为2~3节课（90~120分钟完成），详见表9。

表9　实施内容及时间安排

顺序	内容	时间安排
课前预习	下发案例，充分预习，了解案例相关背景，并试完成启发思考题	—
课堂安排	课堂讨论。同学们可自由组合，分组讨论交流各自的观点	20分钟
	分组汇报、师生互动。每组选派一名代表汇报本组观点。教师与未汇报的小组轮流对汇报组提问	70分钟
	教师总结。参考本案例说明书，教师对分组讨论情况进行点评与总结	30分钟
课后总结	参考启发思考题的要求，完成案例报告	—

（二）引导过程

首先，课前老师需要提供案例中上市公司泰格医药相关的年报和并购文件，供学生预习。

125

其次，课堂上老师需要根据案例说明书中的问题组织形式做板书，并给予学生自主能动性，鼓励学生在问题单的基础上提出驱动问题并采用小组讨论的形式展开探究。

最后，结合各小组汇报展示情况，对各小组的主要观点进行归纳总结，重申其亮点，并对其不足之处提出建议。之后组织引导学员对有争议的问题进行进一步的思考与讨论。建议学员对案例进行深入研究与拓展，并完成案例报告。

（三）支撑要素

1. 相关概念

（1）私募股权基金

私募股权基金是投资非上市公司股权或上市公司非公开交易股权的基金。其追求的不是股权收益，而是通过上市、管理层收购和并购等股权转让路径出售股权而获利。在2012—2015年，中国市场上的 PE 基本为 Pre-IPO PE，资本大量流入非上市公司，并在公司上市后从资本市场获得巨大收益，"割韭菜"的行为开始导致投资者对资本市场的信心不足，非上市公司在上市时估值下降、发行价下跌，同时监管政策开始趋向严格，甚至停止审核、审批，因此 Pre-IPO PE 很难成功退出，所以它们开始朝着并购基金转型。

（2）并购基金

①定义

并购基金是一种专注于企业并购，通过收购目标公司股权，获得控制权，然后对目标公司进行整合和运营，改善企业经营，再通过上市、出售股权、管理层回购等方式退出的基金。我国的并购基金主要有"PE 型并购基金""券商式并购基金""产业并购基金"三类，其中"产业并购基金"是最主要的。

②模式划分

并购基金按照其对目标企业股权的收购比例，可以划分为控股型并购基金（欧美主流）和参股型并购基金（中国主流），这两种并购基金的核心区别就是是否采用杠杆收购的方式、在投资后是否会参与投资项目的管理和经营。图13中，对这两种模式的并购基金进行了介绍。后在我国又衍生出一种新的模式为"上市公司+PE"型，这种模式在产业并购基金中应用最广。

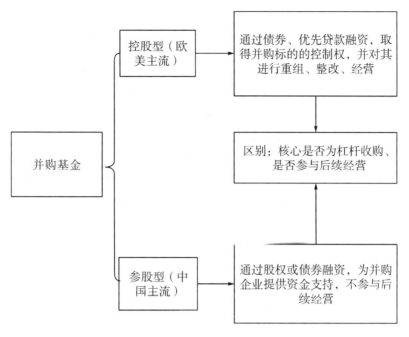

图 13　并购基金模式介绍

（3）产业并购基金

①定义

产业并购基金是产业资本和金融资本融合的产物，产业并购基金本质是依据参与设立产业并购基金的企业的核心业务来寻找合适的目标企业进行并购，帮助该企业完成产业链的整合或优化的基金。

自 2010 年起，我国的并购市场一直保持活跃，我国政府也为此出台了不少利好政策来推动并购市场的发展，以促进经济的平稳发展。其中政府为了调整我国产业结构、提高产业集中度提出了鼓励和支持并购基金进行产业并购的政策，产业并购基金应运而生。

2012 年 10 月，中国证监会发布了一系列政策，IPO 产业实质上暂停，这使得许多 PE 基金退出渠道受阻。这一影响施加了许多资金压力在 PE 机构上。在这种情况下，上市公司+PE 这一产业并购基金模式迅速在市场中发展起来。

并购企业设立产业并购基金，能在降低融资成本的基础上，选择优质并购标的开展并购，完成产业链布局，提高企业价值，助力产业整合。这一新型的并购模式创造出了更大的企业价值，在一定程度上促进了行业的发展和产业整合。

目前产业并购基金市场的投资热点集中在 IT 和医药医疗领域，而与 PE 机构合作设立产业并购基金最多的上市公司也居于上述两个行业之中。产业并购基金的规模也在逐渐增大，中南建设与中鼎运达设立的并购基金为 100.01 亿元，为目前单只规模最大的产业并购基金，而在 2016 年，规模最大的基金为 50 亿元，短短几年间，单只规模翻了一倍。由于产业并购基金退出渠道良好，且我国正是经济结构转型期，相信其未来的规模还会继续增加。

127

②模式划分

如表10所示，产业并购基金按照"上市公司+PE"的运作方式主要分为"GP+LP"模式、双"GP"模式和"合伙人模式"。

"GP+LP"模式是最早出现且应用最广泛的"上市公司+PE"型产业并购基金模式，具体操作方法是由上市公司与PE机构共同出资设立产业并购基金。其中，上市公司作为LP（有限合伙人），对并购基金承担有限责任；PE机构作为GP（普通合伙人），对并购基金承担无限连带责任；其余部分则由PE机构对外募集。

随着"GP+LP"模式的发展，一种新型的并购模式——双"GP"模式诞生，PE机构与上市公司（大股东或关联方）先搭建一家基金管理公司，此后基金管理公司依照"GP+LP"模式与上市公司设立产业并购基金，具体出资方式与上述模式一致。

"合伙人"模式是指PE通过定向增发、事先举牌等手段从一、二级市场购入上市公司股票，成为上市公司的小股东后，再同上市公司依照"双GP"模式成立并购基金。

表10列出了不同模式的产业并购基金的优劣势。

表10 产业并购基金不同模式优劣势比较

基金模式	优势	劣势
GP+LP 模式	PE担任唯一GP，有动力发挥分享所拥有的资源，为上市公司寻找优质并购标的	上市公司会面临委托代理风险；PE退出时所持股份可能会缩水
双GP 模式	PE与上市公司作为并购基金的双GP，可共同参与经营管理，降低各自风险；同时上市公司作为基金管理人可享受基金管理的费用分成	PE会面临股份缩水的情况
合伙人 模式	PE可提前入股上市公司，与上市公司利益绑定，从而降低委托代理风险，在并购完成后，可以享受上市公司股价提升带来的收益	会存在PE谋求上市公司控制权，从而对其恶意控股的情况

③运作流程

在投资阶段时，上市公司协助PE机构利用行业优势和信息优势进行项目筛选和立项，PE机构再利用自身专业能力和丰富的投资经验进行行业分析、尽职调查，尽调结果由投资决策委员会（上市公司和PE机构委派人员组成）进行讨论，来决定最终是否对该项目进行投资。如果投委会通过该项目的尽调结果，做出投资决策，就需要PE机构与标的企业的股东就交易价格进行谈判并设计交易结构等，双方达成一致意见才会真正开始收购标的企业的股权。

在产业并购基金投资完成后，PE机构会派驻管理人员进驻标的企业管理层，负责对标的公司进行战略规划、行业分析，并引入商业资源对标的企业进行整合优化，同时也负责标的企业的具体经营管理事务。在产业并购基金存续期内，标的企业在体外进行孵化并完成价值提升，当标的企业符合上市公司要求后，上市公司可采用现金或者股权方式以当时市场价格或LP投资复合回报率对项目公司进行收购。

2. 行业背景

（1）政策支持

国家政策对于整个并购市场影响极大，特别是对于产业并购基金而言，由于它采用的是杠杆收购，运用少量的资金撬动较大的资本，因此对外部市场的变化更为敏感。在政策收紧的时期，并购会受到多重条件的限制，大大提高了操作难度，从而提高并购成本，降低并购成功率。而在政策放松时期，因监管审核要求放松，并购成功的可能性将大大提高。从2010年开始至2014年，我国频繁出台鼓励企业进行产业并购的相关政策，希望以此来推进相关产业的业务结构升级。

（2）PE机构对于医药行业前景看好

在我国人口老龄化和消费结构演进的推动下，民众对于健康消费的需求是长期稳定增长的。在我国医疗改革之后，国家又陆续出台了针对医药行业的各项政策，旨在促进医药行业健康发展，在此背景下，PE机构对于医药行业的市场前景持乐观态度。众所周知，PE机构投资是为了获得最大的收益，而医药行业在资本市场上的历史表现非常优异。从图14可以看出，自2014年12月11日至2022年12月11日，我国全指医药指数长期远远领先大盘规模指数。因此，PE机构在医药行业是有利可图的。

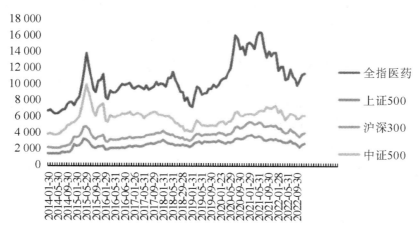

图14 医药行业在资本市场的历史表现

（数据来源：Wind）

（3）医药行业现状

①行业筹资现状

医药企业是高风险投入的企业，面临较为严峻的筹资难问题，一方面，银行通常不愿将钱借给没有经验和知名度的公司，且在贷款方面会有一定限制；另一方面有的上市公司出于控制权的考虑也不愿意以发行股份的方式筹措资金。

医药行业"两票制"的推行更是对其现金流造成巨大影响。企业原先的销售渠道被削减，医药企业不得不直接对接医疗机构，由于医疗机构的账期较长，且相对于医药企业来说具有较强的话语权，最终导致了医药企业"应收账款"大幅提高，公司现金流紧张。

②CRO 行业

CRO 行业（合同研发组织）——作为医药行业中的细分行业，以制药企业为服务对象，主要为其提供生物医药研发服务，利用自身强硬的研发实力来为制药企业缩短医药研发周期、提高研发成功率并且降低研发费用。

CRO 行业以药品和医疗器械为服务对象，其主要服务内容划分见表 11。

表 11　CRO 行业主要服务内容

分类对象	主要服务内容	细分内容	
		临床前研究 CRO	临床 CRO
药品	医学服务、药物发现、临床前研究、临床研究、注册申报、上市生产	先导化合物合成和筛选、药效学研究、毒理学研究	I-IV 期临床试验、BE、现场管理、数据管理和统计分析、注册和申报
医疗器械	技术服务、咨询服务、注册检验、认证服务、临床试验、注册申报、CDMO	—	—

数据来源：中商产业研究院。

截至 2017 年，我国存续着 500 多家 CRO 公司，且大多为主营业务同质化严重的中小型企业，行业竞争激烈。整体来看，CRO 行业还存在着集中度分散的现象，直至 2022 年，CRO 行业的上市公司只有 29 家（15 家深 A，6 家沪 A，8 家沪市科创板），因此，为了推动我国尽快进入制药工业价值链的上游，满足我国医药市场日益增长的需求，我国 CRO 行业势必进行并购重组。

（四）案例分析方案选择及评价

1. 泰格医药和睿德信合作设立的产业并购基金具体属于哪种产业并购基金类型？特点是什么？为什么选择这种类型？

（1）双"GP"模式

泰格医药和睿德信成立的产业并购基金属于双"GP"模式，如图 15 所示。

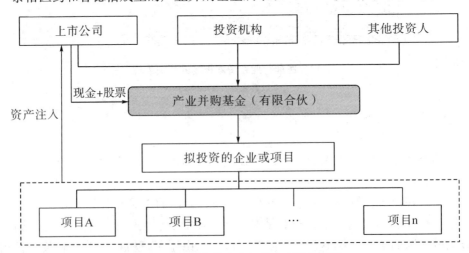

图 15　产业并购基金之间的资本运作通道

在该模式下，上市公司泰格医药和 PE 睿德信先搭建一家基金管理公司，此后基金管理公司依旧依照"GP+LP"模式与上市公司设立产业并购基金，其出资比例方式见表12。

表12　不同出资比例产业并购基金优缺点

	第一类	第二类	第三类
出资比例	PE：1%～10%	PE：30%	PE：1%～2%
	上市公司或其大股东：10%～30%	上市公司：1%～10%	上市公司：98%～99%
	其他：60%～90%	其他：60%～70%	其他：0%
优点	资金募集较容易	缓解上市公司资金压力	上市公司拥有较大决策权
缺点	上市公司投入资金较多	对上市公司和PE要求较高	占用上市公司资金较多，适合较小的项目

对于PE机构来说，上市公司与其共同承担GP的角色，进行风险共担，同时PE机构在筛选标的时，上市公司可以利用其在所在行业的专业经验提供有价值的参考意见。

对于上市公司来说，其在并购中担任了双重角色，一方面他是并购基金的GP，可参与并购基金的经营活动，提高了决策权和话语权；另一方面，上市公司还是基金管理人，可以获得基金管理费的分成。

2014年7月，泰格医药（300347）发布公告称，拟与石河子睿德信股权投资管理合伙企业合作设立新疆泰瑞医疗并购基金，如图16所示，基金规模3亿元，其中泰格医药出资3000万元，占出资份额的10%。

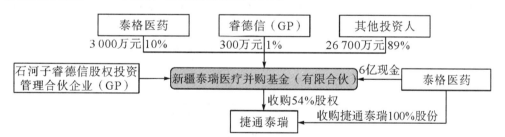

图16　泰格医药收购捷通泰瑞的产业并购基金股权结构

2014年11月，泰瑞医疗并购基金收购捷通泰瑞54%的股权，取得控股权。

2016年3月，泰格医药发布公告称，以6亿元收购捷通泰瑞100%股权。

（2）特点（双"GP"模式的选择原因）

①标的选择的倾向性

在医药行业产业并购基金的并购标的选择方面，研发能力强、资质较全的中小医药企业更受欢迎，因为医药行业属于竞争激烈的领域，企业的研发能力直接决定了其能否在竞争中生存下去。企业只有获得相关资质，不断更新药物种类与质量，利润才会持续稳定增长。因此医药产业并购基金更青睐具有创新能力的企业，从而实现资源互补的效果。

而选择中小企业的原因，主要是过去几年医药行业并购的失败率较高，很多企业不愿意并购大型企业。而中小企业的产品更易改造，同时还具备相应的资质优势，PE机构帮助上市公司挑选优质并购标的，同样可以实现产业链优化升级。

②上市公司持股比例较低

通过观察医药类产业并购基金的股权结构，本文发现几乎没有医药公司获得产业并购基金的控股权。除了中恒集团在并购基金中占股高达49%外，大部分医药上市公司持有的基金份额不是很大。医药上市公司之所以大力推行产业并购基金，却不对其控股，主要有以下几方面的原因：

一是因为上市公司在做出收购决定时需要经过复杂的决策和审批程序，而医药行业在优质标的争夺上竞争尤为激烈，上市公司冗长的流程往往成为不利因素。通过交由PE机构来操作，相关决策由基金的投资决策委员会做出，大大提高了决策效率。

二是由于并购重组有着较高的失败风险，即便并购完成，要想与上市公司整合成功也还需要一段磨合期，而上市公司持股比例的较少，将标的公司暂时放在并购基金里由并购基金进行管理，可以最大程度降低并购或整合失败对上市公司业绩的影响。

三是出于降低交易成本的需要。标的公司在面对上市公司时会倾向于提高售价，而由PE控股可以有效规避这一问题。

2. 泰格医药通过设立产业并购基金进行并购的动机是什么？什么情况下并购采用产业并购基金更好？为什么？

泰格医药自2014年起开始快速进行了多次收购，拓宽了业务布局，推动了其发展进程。本次通过与PE机构合作设立产业并购基金来进行对捷通泰瑞的收购，有两方面的动机，一方面是设立动机：为了筹集并购资金，把握合适的并购时机；另一方面是并购动机：主要有完善产业链布局、提升市场竞争力、协同发展、获得客户资源和研发人才等。

（1）筹集并购资金，把握并购时机

从图17可知，泰格医药在2014年成立产业并购基金至2016年收购捷通泰瑞期间，其货币资金分别为30 150万元、22 660万元、36 450万元，都无法对并购资金进行支付，由于应收账款回款时间和回款金额难以百分百保证，因此泰格医药难以采用公司自有的资金进行支付；而进行权益性融资耗时会较长，因为泰格医药作为上市公司，采用权益性融资方案需要经过公司内部董事会和外部证监会的各项审批程序，繁复冗长的流程需要较长的时间，因此难以保证在合适的并购时机出现时筹集到足够的并购资金。

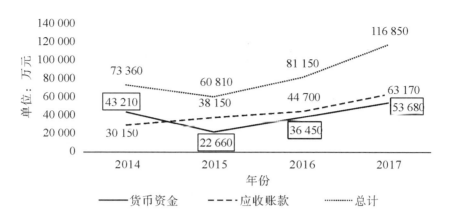

图 17　泰格医药货币资金、应收账款

（数据来源：CSMAR 数据库）

（2）完善产业链布局，提升市场竞争力

图 18 显示在 2013 年到 2016 年，临床 CRO 的市场规模占据了 CRO 服务市场总规模的 68%，因此临床 CRO 市场有极大的发展空间。同时，临床 CRO 市场行业集中度低，让泰格医药有了更大的动力在临床 CRO 业务方面打造更加完整的产业链。因此泰格医药在 2016 年 3 月发布拟收购捷通泰瑞的公告，正式开启医疗器械 CRO 领域。捷通泰瑞作为医疗器械 CRO 龙头之一，可以让泰格医药更加成功地进入医疗器械 CRO 领域，在完善产业链布局的同时，提升泰格医药的市场竞争力。事实证明，泰格医药在临床 CRO 领域的市场占有率从 2008 年的 0.88% 增长到了 2019 年的 8.4%，成为国内临床 CRO 业务市场占有率第一的企业。

133

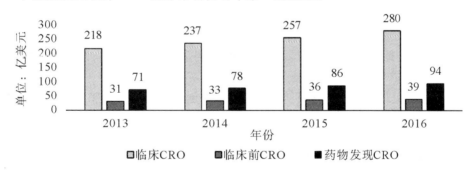

图 18　2013—2016 年中国各类别 CRO 市场规模

（数据来源：中商数据研究院）

（3）快速进入医疗器械 CRO 领域，并降低成本、实现协同

并购捷通泰瑞可以让泰格医药更快速地将原本的 CRO 业务拓展至新的医疗器械 CRO 领域，捷通泰瑞作为医疗器械 CRO 龙头之一，在原本的市场很有竞争力。如果泰格医药选择自己新设企业进入医疗器械 CRO 领域，那么进入市场的时间成本、企业发展所需的人力成本和资本成本，以及进入医疗器械 CRO 领域后将会和捷通泰瑞产生竞争所耗费的成本等是较难估计的。而且能否成功打入医疗器械 CRO 领域也存在一定的风险，因此相较于并购捷通泰瑞来拓展业务，泰格医药凭借自身拓展医

疗器械 CRO 领域会产生更高的进入市场成本。

通过此次并购，泰格医药在临床实验方面的优势可以和捷通泰瑞在医疗器械注册、临床试验方面优势产生协同，缩短了业务的研究周期，提高了综合技术能力，扩大了双方的优势。

（4）获得优秀研发人才

CRO 行业是典型的轻资产行业和人才密集型行业，是依靠帮助医药企业进行研发而发展的行业，其必定需要大量的研发人才，但是由于我国 CRO 行业发展时间短，因此核心的专业技术人员比较缺乏，行业整体从业人员素质偏低。与之相符的是，泰格医药研发人员的占比比较小，2012—2016 年，其研发人员的人数占比平均为 8.64%。而捷通泰瑞作为医疗器械 CRO 龙头之一，相较于同业务公司，其拥有较多的研发人员。因此收购捷通泰瑞可以直接获得其研发人才，事实证明在 2017 年，泰格医药将捷通泰瑞合并进入泰格集团后，其研发人员的占比增长至 11.76%，其中 2/3 的增长来自捷通泰瑞的研发人员，见表 13。因此，吸收优秀的研发人员也是泰格医药并购捷通泰瑞的动机之一。其次，泰格医药的薪酬回报率 ROP（营业收入/工资薪酬）较低，因此为了提升 ROP，泰格医药也会重视获得成本低、质量高的人力资源。

表 13　2012—2017 年泰格医药员工统计

年份	2012	2013	2014	2015	2016	2017
员工总人数/人	692	913	1 444	1 845	2 422	3 214
研发人员人数/人	57	75	133	151	227	378
研发人员占比/%	8.24	8.21	9.21	8.18	9.37	11.76

数据来源：泰格医药年报。

综上所述，此次泰格医药对捷通泰瑞的收购会进一步地巩固泰格医药在临床 CRO 的龙头地位，也推动了其国际化战略的落地实行。

3. 通过产业并购基金并购捷通泰瑞后的价值创造流程具体是怎样的？需要注意的关键因素有哪些？

（1）一般性运作流程

产业并购基金的企业价值创造是一个完整的过程，先取得目标公司控制权，凭借自己的资源、资本等优势对公司进行投后管理，对公司的发展战略、管理决策以及资产状况等进行改善或重组，提高公司的价值。由此根据现有文献，总结出初始的产业并购基金的企业价值创造机理，分为以下四个阶段，见图 19。

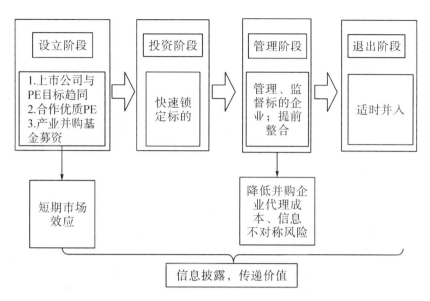

图19 初始的产业并购基金的企业价值创造机理

①设立阶段：短期市场效应

在公司初始设立产业并购基金时，由于上市公司和PE机构的合作会得到投资者的看好，因此会产生正向的短期绩效，反映为短期的超额收益率。这个阶段也包含了募资，即由产业并购基金来筹集需要的并购资金。

②投资阶段：配合公司战略，快速锁定标的

产业并购基金设立的目的是围绕公司的核心业务快速选择并购标的，为公司完善产业链布局。

③管理阶段：降低信息不对称风险、代理成本，揭高并购标的的价值

在产业并购基金完成了对并购标的的投资，拥有控制权时，PE作为管理人会进驻到并购标的的管理层内部，帮助企业完成对并购标的的价值提升；产业并购基金帮助并购方和并购标的提前进行技术和产业的整合，帮助并购双方形成规模经济和主营业务、财务以及管理上的协同效应；产业并购基金对标的公司进行管理，降低了标的公司管理层进行管理产生的代理成本；产业并购基金的投资可以更好地掌握上市公司的内部消息，比普通投资更具优势，可以降低信息不对称风险。

④退出阶段：适时并入

由于产业并购基金一直掌控着并购标的的控制权，因此公司可以更自主地选择并购时机。结合并购标的当下的发展状况来选择合适的并入时机，会更利于并购方和并购标的的融合，提高并购价值。

（2）需要注意的关键因素

①敏感因素

第一，产业并购基金设立为有限合伙制。

泰格医药与睿德信联合设立的产业并购基金采用有限合伙制，有限合伙制的产业并购基金的效率主要体现在激励与约束、税收费用。首先，泰格医药与PE机构

设立的产业并购基金存在"5+2"年的存续期，有限的存续期会对 PE 机构产生激励：PE 机构为了通过此次合作获利和提高自己在医疗行业的投资声望，就必定会尽力促使产业并购基金成功完成"募投管退"，并且经由此次并购提高泰格医药的价值。其次，PE 机构睿德信在产业并购基金中担任 GP 需要承担无限责任，而泰格医药作为 LP 只承担有限责任，PE 机构要成功退出，就必须和泰格医药形成利益共同体，因此会约束 PE 机构不做出违背泰格医药发展战略的投资行为。最后，相比于设立为公司制，产业并购基金设立为有限合伙制可以产生节税效应。

第二，退出阶段现金支付，避免交叉持股。

上市公司与 PE 机构合作成立产业并购基金，可通过产业并购基金向外部投资者进行筹资和提前锁定标的。同时，产业并购基金将上市公司作为退出渠道，以将标的出售给上市公司来成功退出。稳定的退出渠道，更有利于吸引外部投资者参与并购基金。但退出环节，若上市公司发行股份进行收购，就可能产生交叉持股问题；若上市公司支付现金，收购并购基金所持标的的股份，或者收购并购基金其余投资者所持的并购基金股份或份额，就不会产生交叉持股问题，但会增加上市公司资金压力。

本案例中的泰格医药在退出环节就用现金 60 000 万元购买了付晓阳、温雅歆、产业并购基金、通康华科技合伙企业所持的捷通泰瑞股权，这就避免了发行股份带来的交叉持股问题。

②壁垒因素

第一，提前对标的公司进行管理和整合。

在传统的并购过程中，上市公司只有在购入标的资产之后才能对标的公司进行管理与整合，而在产业并购基金模式下，由于标的资产先由产业并购基金购入，而上市公司是基金的合伙人，这样方便了在标的资产被基金收购以后上市公司与 PE 机构对其输出管理。

第二，保证上市公司控制权。

产业并购基金的设立是出于上市公司产业链整合的需要，然而 PE 机构参与其中仍是为了获得自身收益的最大化。在二次并购时，上市公司以发行股份的方式作为支付对价，可能会导致原股东控制权被稀释，并购基金持有上市公司较大股权份额，从而可以影响上市公司的经营决策。虽然并购基金的运作团队是由深耕某一行业的专业人员组成，但他们对于上市公司的运营以及具体业务的开展缺乏一定的了解，可能会做出不符合上市公司现状的决策，甚至可能会出于自利性动机而损害上市公司的利益。

4. 产业并购基金的各方主体之间的利益是如何协调的，需要平衡的因素有哪些？

（1）各主体之间的利益

①上市公司

第一，为了提前锁定并购标的公司。

产业并购基金可以利用专业的团队及时锁定优质并购标的，储备与培育战略业务。在 PE 锁定标的后，上市公司可以等待合适的时机再将标的资产注入公司。

第二，减少信息不对称。

采用产业并购基金模式，上市公司可利用 PE 机构在产业链资源整合、公司估值、行业前景判断等方面的优势对并购标的进行评估。此外，产业并购基金提前锁定标的资产，为上市公司争取了较多的时间来了解目标公司的详细情况并对其进行管理，这大大减少了信息不对称程度。

第三，充分利用资金杠杆。

上市公司并购重组的主流支付方式为现金支付和发行股份支付。前者对公司的流动资金要求较高且会影响到公司的流动性；后者需要各监管机构核准通过，流程较长。而上市公司参与设立产业并购基金，只需在基金成立时支付部分资金，之后可以根据项目进度安排付款，并可借助 PE 的募资能力对外筹集资金，实现较高的资金杠杆。

②PE

第一，提前锁定退出渠道。

此前，国内的基金大多采用 IPO 这一退出方式，但这一退出方式存在时间和股权比例上的退出限制，使得并购基金的退出难度较大，相比之下，成立产业并购基金进行企业并购后退出是较好的一种退出方式。上市公司在进行并购后具有二次并购权，这样可以将 PE 的退出通道提前锁定，被并购企业也可以在初次并购结束后选择最好的时机注入上市公司，最终实现 PE 的退出，这种退出方式风险小，且退出周期不会过长。

第二，享受上市公司重组收益

与非上市公司相比，上市公司在并购时可以选择发行股份的支付方式，其可以承受较高的交易估值。这就使得 PE 可以享受上市公司二次并购时的估值差。

此外，在资本市场中，上市公司并购重组往往会使得股价大幅上涨，这进一步放大了 PE 机构在退出时的收益。

第三，学习上市公司的行业知识，提高并购管理水平

国内的 PE 机构往往缺乏足够的行业知识和投后管理能力，而通过与上市公司合作，借助上市公司多年积累的丰富行业经验，加上 PE 机构的资本市场运作经验，可以保证并购效率与效果，同时也有助于 PE 机构积累行业经验和业务知识。

（2）协调方式

①寻找发展目标趋同的合作

产业并购基金创造企业价值的前提条件是并购企业与 PE 机构进行有效合作，绑定为利益共同体，实现共赢。所以在选择 PE 机构合作设立产业并购基金时，企业应当选择同自身发展目标趋同且在企业主营业务方面具有丰富经验的 PE 机构。本案例中泰格医药公告称设立产业并购基金是为了更好地服务于主营业务，而睿德信则是希望通过并购再转售并购标的来实现收益，因此二者的最终目标都是并购一个价值高的企业。二者目标的趋同，能保证产业并购基金的有效运行，降低代理成本。

②PE 协助上市公司进行资源整合和信息支持

同时由于产业并购基金的管理人是 PE 机构，且 PE 机构在合作企业的主营业务方面经验更丰富，因此产业并购基金的运作更能创造价值。本案例中，睿德信主要从事投资以及 PE 股权投资管理等两块业务，投资范围覆盖医药、工业自动化和机器人行业。因此其在医药行业的基金运作有丰富的经验和信息资源支持，有利于产业并购基金在后续的运作过程中创造更大的价值。

③上市公司给予合作 PE 优先的退出渠道

此外，在设立时签订协议，产业并购基金的标的项目达到退出标准时，应该由泰格医药优先收购标的项目，因此其提前锁定了退出渠道，避免因退出渠道不畅而导致退出时机不当，从而使泰格医药和 PE 机构都能达到收益最大化。

（3）需要平衡的因素

①潜在利益输送风险

上市公司在实质上是主导产业并购基金，有可能会有较多的内部知情人，有可能发生内幕交易的勾当。在"PE+上市公司"的模式中，还有一些 PE 采取的模式，即在与上市公司合作来进行投资和并购时，通过多种方式成为上市公司的股东，进而瓜分上市公司市值增长带来的收益。在这种模式中，企业需要平衡可能存在的利益输送、股价炒作等现象，以及触及监管红线的风险。

②投资收益不达标风险

产业投资的过程中周期较长、流动性较低、回收期较长，并且投资并购过程中不可避免地会受到商业周期、宏观经济、并购整合、投资标的公司经营管理等多重因素影响。因此，在此种模式下，上市公司和 PE 还要注意平衡投资收益不达标的风险。

五、案例评价

本案例适用于"企业并购""财务管理理论与实务"等课程。

（一）教学效果评价

一是激发学生学习动力，发挥学生主体性。该案例以问题创设、探讨的方式不断激发学生探究内驱力，让学生在寻找案例问题答案的同时对行业发展形成自己的理解。

二是构建合作探究育人环境，提升学生综合能力。"与他人一起工作和个人独立工作两者之间，并不一定是必然对立的。与此相反，如果缺乏与他人交流的刺激，个体有些能力就无法被激发出来。"该案例的教学模式要求学生在教师的指导下通过小组合作的方式来探讨问题，团队合作完成项目组作品并进行汇报，为师生、生生的互动合作构建了良好的环境。学生走出了"你讲我听"的舒适区，在与同伴的问题交流中不断迸射出思想火花，将并购相关的理论转化为实践。

三是创新会计教学实践平台，更好促进了理论与实践、课上与课下的联动，让学生对行业热点问题有所建树，加深其对行业发展的理解。

（二）学生个体成果

每个班平均有 50 名学生，分为 10 个小组，个体成果主要体现在以下三个方面：

课前预习,每位学生都将案例阅读心得和问题发送给课程助教,其中有80%的学生对泰格医药这个案例持有非常浓厚的兴趣,问题问得最多的是产业并购基金与并购基金的差异。

课堂上,每位学生积极参与小组讨论,有超过90%的学生参与了课堂小组讨论,仅有少部分学生对部分概念还存在较大疑问,扮演了优秀倾听者的角色。

课后,每位学生都要参与到小组报告的撰写中,根据成果来看,每个组的成员都进行了自主思考和积极沟通,做到平均分配任务,除此之外,有大约20名同学提交了个人报告。

（三）团队及班级成果

由上述可知,每个班大约分为10个小组,每个小组需要完成案例讨论和报告撰写（PPT形式）。除此之外,通过抽签,有一半的小组根据泰格医药案例,进一步查阅其年报,结合会计知识做了财务分析,分析摘要如下:

本案例主要分析泰格医药设立产业并购基金并购捷通泰瑞事件发生前后的财务数据,因此选取2012—2020年的数据将并购事件前后的四大能力指标进行对比,分析此次泰格医药设立产业并购基金并购捷通泰瑞对泰格医药企业价值的影响。

（1）盈利能力

由于泰格医药的投资收益较大,因此本文采用扣非净利润计算净资产收益率来衡量泰格医药的盈利能力。2015年7月22日,原国家食药监局发布《关于开展药物临床试验数据自查核查工作的公告》,要求所有已申报并待审的药品注册申请人,对照临床试验方案,对已申报生产或进口的待审药品注册申请药物临床试验情况开展自查,确保临床试验数据真实、可靠。这使得行业一度形势动荡,导致2015年、2016年整个行业的发展态势有所下降。"722"事件对泰格医药也产生了影响,具体表现为:其从2012年到2015年的净资产收益率、毛利率、净利率都处在相对平稳的态势,而2016年泰格医药的盈利能力急速下降,净资产收益率由2015年的17.2%下降至9.3%、净利率由18.2%下降至13.5%、毛利率由44.1%下降至38.0%。但在泰格医药将捷通泰瑞收购后,泰格医药的各项盈利能力指标开始逐渐增长,截至2021年,其净资产收益率由2016年的9.3%上升至16.8%、净利率由13.4%上升至65.1%、毛利率由38.0%上升至43.6%（详见图20）。

净利率和毛利率的增长,表明成功并入捷通泰瑞之后,泰格医药与捷通泰瑞的业务协同之后产生了新的利润增长点,且净利率一度增长了57个百分点,表明泰格医药的盈利能力在急速地增长,且由于产业并购基金帮助其进行管理模式的转变,降低了费用。

图 20　泰格医药盈利能力分析

（数据来源：CSMAR 数据库）

净资产收益率（扣非）反映了股东投入资本的使用效率。2016—2019 年，泰格医药的净资产收益率（扣非）在逐步增长，说明企业在 2016 年通过产业并购基金并购了捷通泰瑞后，泰格医药的资产质量逐步提高。同时由于业务带来的利润增长，以及企业利用上市公司的优势，积极进行资本运作，设立产业并购基金使得企业的资金成本进一步降低而带来的利润增长，所以企业的盈利水平出现急速增长。

（2）营运能力

泰格医药，应收账款周转率从 2013 年的 3.10 逐渐下降到 2015 年的 2.80，又逐步上升到 2021 年的 7.95，详见图 21。这主要是由于 2012 年到 2015 年泰格医药正处于快速扩张期，即使主营业务收入在不断增长，但由于自身的部分客户和并购中获得客户资源的质量一般，因此应收账款的回收期比较长，从而导致应收账款周转率一般。但是在 2016 年通过产业并购基金并购了捷通泰瑞、2017 年正式纳入泰格集团后，捷通泰瑞原本散布在包括中国、韩国、日本、马来西亚、美国、欧洲等地在内的 30 多个国家的 1 700 多家客户成功纳入泰格医药的客户渠道，优质客户的增加缩短了应收账款回收期，提高了应收账款周转率。

相较于应收账款周转率的增长，泰格医药的总资产周转率却一直处于平稳的下降趋势，主要原因是产业并购基金的实施以及泰格医药连续地进行收购，导致泰格医药公司体量逐渐变大，总资产的增长率极度高于营业收入的增长率，详见表 14。

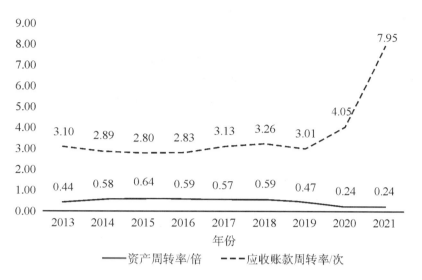

图 21 泰格医药营运能力分析

（数据来源：CSMAR 数据库）

表 14 泰格医药总资产增长率、营业收入增长率

年份	2012	2013	2014	2015	2016	2017	2018	2019	2020	2021
总资产增长率/%	292.4	10.26	68.02	18.59	48.34	50.03	19.44	76.01	158.9	21.71
营业收入增长率/%	31.59	32.32	85.59	53.23	22.73	43.63	36.37	21.85	13.88	63.31

数据来源：CSMAR 数据库。

（3）偿债能力

偿债能力是企业偿还到期债务的能力，若无法偿还债务，企业现金流将断裂而无法持续经营。我们现对泰格医药在通过产业并购基金并购捷通泰瑞前后的短期偿债能力和长期偿债能力进行分析。

短期偿债能力选取流动比率指标。2012—2016 年，泰格医药由于自主并购了多家 CRO 企业且出资设立了产业并购基金，导致企业的现金支出较大，因此企业的流动比率大幅下降，从 2013 年的 12.9% 下降至 2016 年的 2.5%。2017 年，产业并购基金并购捷通泰瑞后，将捷通泰瑞正式纳入泰格集团，泰格医药与捷通泰瑞经过整合期，二者的业务、管理模式等开始融合、产生协同，为泰格医药带来了营业收入的增长和资金流动的新血液，因此泰格医药的流动比率本应有所提升，但由于此后又发生了并购事件和设立产业基金，因而泰格医药自 2016—2019 年，其流动比率一直保持较为平稳的状态。因而，除去其他因素的影响，企业的流动比率应有所上升，说明企业的短期偿债能力有所提高。2020 年，泰格医药的流动比率上升至 10.2%，详见图 22。由此，设立产业并购基金，帮助泰格医药改善了经营状况，进而提高了其短期偿债能力。

长期偿债能力选取资产负债率指标。2012—2016 年连续并购和设立产业并购基金，现金的不断流出迫使泰格医药不得不开始融资，提升了资产负债率。2016年、2017年开始逐渐降低（见图22），主要是因为：①泰格医药定向增发筹集资金用于合适的时机并入捷通泰瑞，给PE机构提供退出渠道；②从前文可知，产业并购基金对捷通泰瑞进行了价值提升、提高了资产质量，捷通泰瑞并入泰格集团后，增加了优质资产并且与泰格医药的业务产生协同，因而扩大了原本的资产规模，使得企业资产负债率有所下降，提高了企业的长期偿债能力。

图22　泰格医药偿债能力分析
（数据来源：CSMAR数据库）

综上，泰格医药设立产业并购基金收购捷通泰瑞提高了其偿债能力，而传统并购方式反而降低了其偿债能力。

（4）偿债能力

由图23可以看出，2012年到2021年，泰格医药的主营业务收入和扣非净利润都呈现增长趋势，分别增长了11.6倍、10.4倍。尽管泰格医药的主营业务收入增长率和扣非净利润增长率的波动起伏比较大，但是好在除了2016年，因为受到"722"时间的影响，泰格医药的扣非净利润相较于上年下降了32.9%，每一年的主营业务收入增长率和扣非净利润增长率都为正值，说明泰格医药的成长能力虽有波动，但始终是正向提高的。其主要原因是泰格医药通过不断地并购（包括自主并购和设立产业并购基金进行并购）来完善产业链布局，提高了泰格医药的市场占有率和竞争力，进而才能提高企业的主营业务收入和净利润，从而扩大企业的规模。

图 23　泰格医药成长能力分析
（数据来源：东方财富 Choice 数据库）

六、教学反思

（一）教学总结

本案例旨在通过临床 CRO 龙头——泰格医药设立产业并购基金来并购捷通泰瑞的事件，引导学生关注国内产业并购基金发展历程，掌握产业并购基金的运作模式，分析泰格医药设立产业并购基金的动机及关键因素，在此基础上进一步思考产业并购基金应如何平衡多方利益以更好地赋能医药行业。

（二）经验分享

现存教学模式中普遍存在教学目的不明确、偏重于理论教学、教学选择不恰当、课时安排不合理等问题。我们通过案例研究和小组讨论的教学方式，即将教学过程的主导权赋予学生，老师作为引导者，可以很大程度上提高学生的主动性、主体性和情境性。

教师通过问题导向的教学方法，通过板书构建出真实的实践情景来激发学生学习新知识的兴趣，提升其学习参与度，并不断提高其发现问题、分析问题和解决问题的能力。

（三）项目式教学案例的注意事项

首先，PBL 作为一种开放式的教学模式，对教师自身的素质和教学技巧都有很高的要求。教师不但要对本专业、本课程内容熟练掌握，还应当扎实掌握相关学科知识，并要具备提出问题解决问题的能力、灵活运用知识的能力、严密的逻辑思维能力。

其次，根据案例的难度和学生对理论知识的掌握程度量力而行。PBL 模式更适用于高年级、拥有更强自主学习能力和探索能力的学生，因此在低年级的教学上教师应注意在课前将资料尽量完整地发给学生，并督促学生提前预习，以提高教学质量和课堂时间分配效率。

143

七、附录材料

附录1：参考文献

[1] Wendt, Daniel, Tillen, et al. M&A risks rise without pre-closing due diligence [J]. Financial Executive, 2010.

[2] YEH, TSUNG-MING. Do private equity funds increase firm value? evidence from Japanese leveraged buyouts [J]. Journal of Applied Corporate Finance, 2013, 24 (4): 112-128.

[3] 蔡宁. 风险投资"逐名"动机与上市公司盈余管理 [J]. 会计研究, 2015 (5): 20-27, 94.

[4] 陈瑶. 论并购基金管理下公司的代理问题 [D]. 北京: 对外经济贸易大学, 2013.

[5] 陈颖. 我国控股型并购基金价值创造效应及影响因素研究 [J]. 北方民族大学学报 (哲学社会科学版), 2019 (6): 170-176.

[6] 陈颖, 刘小鸽. 并购基金价值创造模式研究: 海外与国内的比较 [J]. 现代管理科学, 2018 (8): 45-48.

[7] 陈忠勇. 利用产业并购基金推进上市公司并购重组的研究 [J]. 财会学习, 2013 (8): 17-18.

[8] 程文, 郭永济. 我国并购基金运作机制的思考及启示 [J]. 西南金融, 2016 (9): 66-71.

[9] 董银霞, 杨世伟. 我国私募股权并购基金发展研究: 基于资本市场的视角 [J]. 财会月刊, 2013 (20): 16-19.

附录2：学生作品

优秀小组展示报告一览，见图24至图25。

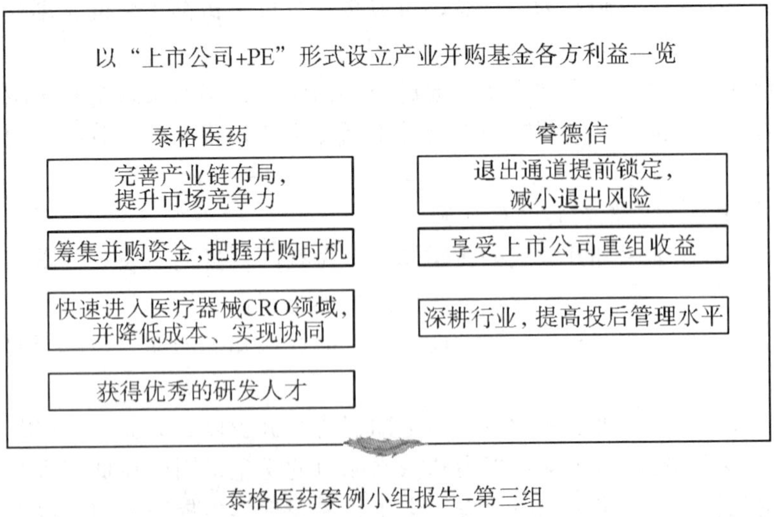

泰格医药案例小组报告-第三组

图24　展示报告1

产业并购基金结构

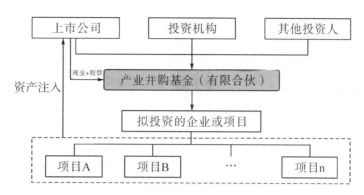

图 25　展示报告 2

附录 3：图片/多媒体材料

上课小组讨论照片，见图 26：

图 26　小组讨论照片

上课期间的多媒体材料，见图 27 至图 29：

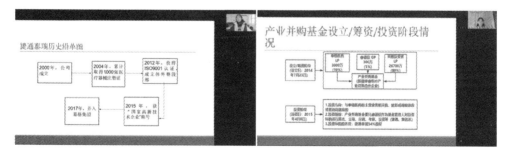

图 27　多媒体材料 1

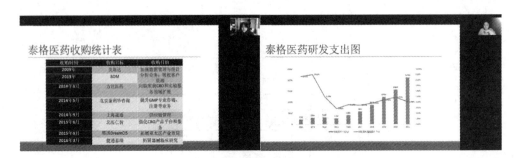

图28　多媒体材料2

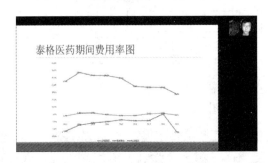

图29　多媒体材料3

（西南财经大学会计学院 冯源）

人力资源管理智能仿真
对抗平台项目式教学的多元化应用

一、案例基本情况介绍

"人力资源管理"属于管理类专业的核心课程之一。有关企业的人、财、物等各种职能管理的基本理论和方法构成了这类专业的基本内容，而人力资源管理是企业职能管理中非常重要的一环。在特别强调"以人为本"和坚持"科学发展观"的社会背景下，人力资源管理对企业发展的关键性和特殊性已经得到广泛认同。人力资源管理直接影响整个企业的经营状况，影响可能是正面的也可能是负面的，其效果取决于人力资源管理的具体政策、系统和执行情况。在我国社会快速发展和制度变革并进的过程中，企业人力资源问题更为突出，如忠诚与员工弹性问题、奉献与工作保障问题、激励与内部公平问题、培训与员工流动问题等。这就要求人力资源管理课程教学与社会实际保持高度一致，不断创新人力资源管理的理论和实践方法。

人力资源管理的基本任务是基于岗位职责或能力模型，通过进行有效的选聘、持续的培训、针对性的激励等手段，提升员工的知识、技能，使员工的价值观与企业发展要求相吻合，来调动员工的工作积极性，提高员工的工作绩效，从而与企业核心业务能力、业务流程整合形成核心竞争力。本课程就是针对企业中人力这一特殊资源的规划和设计、选拔和获取、保持和激励、控制和协调以及培训和开发等职能展开。课程的主要内容包括：人力资源战略、人力资源规划、员工招聘、人才测评、绩效与薪酬管理、员工培训与职业生涯发展、工作中的人际关系、劳动关系等，并通过案例分析、角色扮演、小组讨论等形式，提高学生解决实际问题的能力。

二、案例设计过程

传统人力资源管理课程的教学以课堂讲授式为主，案例教学为辅。但即使使用案例教学法，学生也无法完全身临其境地接触人力资源管理的场景，无法切实将人力资源管理所学的理论应用于实践。因此，本案例教材从教师教授课程的方式进行了彻底的改革，在课程前半期将教材中的理论知识进行系统的讲解，而在后半期以人力资源管理智能仿真与竞赛对抗平台为依托，让学生分组模拟企业中的运营及人力资源管理工作，以接近真实的"模拟场景"帮助学生进行人力资源管理各个职能的实践操作。

学生不再仅仅通过教师的讲授吸收教材上的知识，而是通过模拟软件在分析企业外部市场和竞争环境，内部人力结构优势、劣势的基础上，制定招聘、培训、薪

147

酬、绩效考评制度，进行合理的人力资源配置，从而体会人力资源工作与企业整体经营战略之间的关系，探究总结企业人力资源实务的规律，感悟各业务经理在人力资源管理中的作用。

人力资源管理智能仿真与竞赛对抗平台将企业人力资源管理中的专业知识融入到平台中，使学生在模拟对抗中快速掌握专业知识，并使复杂、抽象、枯燥的内容生动化和形象化，有效地解决了传统教学中理论与实践相脱离的问题。教师通过人力资源管理智能仿真与竞赛对抗平台的教学，能促使学生将人力资源的理论和实践相结合，激发学生的学习兴趣，强化学生的核心技能，培养和锻炼学生的实际操作能力。

人力资源管理智能仿真与竞赛对抗平台主要包括八大核心内容，分别是人力资源规划、工作分析、招聘与甄选、培训与开发、绩效管理、薪酬管理以及员工关系管理与产品中心。通过本课程的学习，学生能掌握人力资源规划的内容、掌握如何合理制定绩效指标、薪酬体系，如何处理员工关系等内容。学生通过模拟人力资源管理人员的工作职能，能加深对专业知识的理解和运用，增强人力资源实际操作能力，掌握人力资源管理技能，使自己符合时代需要的应用型经济管理人才。本次教学采用仿真模拟的方式让学生了解人力资源管理的相关知识，其不再把教师掌握的现有知识技能传递给学生作为目标，而是让学生自己动手，主动去了解公司人力资源管理，进行市场及行业的情景分析，从而深入学习与了解企业的人力资源管理。

在人力资源管理教学中，学生在相同资金的情况下，通过系统所提供的不同渠道中选择人才，对人才培养和数据进行量化经营与管理，教师则根据总评价来判断学生最终排名情况。教师先预设各种不同的人才及市场需求，并设定各种参数，学生按照教师设定的行业，选择自己认为合适的招聘渠道、人才、产品等，以达到公司利润最大化的最终目标。

本系统采用 ASP. NET（C#）技术开发，采取分层结构开发模式，系统后台数据设置灵活。教师可以根据需要设置各种模拟实验参数，以改变不同环境下的模拟要求。系统提供当前典型的行业环境类型，进行人才招聘、培训、产品的选择，以及销售产品的模拟和演练，其中数据的量化、充满竞争和互动、灵活的后台控制能力、寓教于乐的开发设计是本系统的最大特色。

三、项目式教学案例

人力资源管理智能仿真与竞赛对抗平台通过竞争对抗的模式将人力资源规划、工作分析、招聘与甄选、培训与开发、绩效管理、薪酬管理、员工关系管理等人力资源模块融合在对抗演练过程中，使复杂、抽象、枯燥的人力资源管理知识变得趣味化、生动化、形象化，以全方位培养学生对人力资源管理知识的理解与运用为目标。

人力资源管理智能仿真与竞赛对抗平台采用分组对抗与模拟实战的方式，模拟真实的经营环境。学生根据平台提供的背景资料，运用所学的人力资源管理专业知识，依据市场环境与竞争对手的变化制定人力资源管理战略和方案，实施人才的选、育、用、留等一系列活动，实现人力资源的合理配置。最后系统根据运营情况自动得出排名。

（1）角色扮演，趣味经营：平台通过扮演总经理、人力资源经理、招聘甄选主管、培训开发主管、绩效考评主管、薪酬福利主管等角色使复杂、抽象、枯燥的人力资源管理知识变得趣味化、生动化、形象化，提高学生的积极性。

（2）模拟经营，竞争对抗：平台以竞争对抗的方式，增加课程竞技性，激发学生热情，使其投入学习。

（3）理论与实际相结合：该平台紧密结合人力资源知识点，鼓励学生充分将理论知识运用于实际操作中。

（4）全面分析的实验报告：报告从实验目的、实验内容、实验设备、实验步骤、实验数据、实验总结、心得体会六大方面分别对总经理、人力资源经理、招聘甄选主管、培训开发主管、绩效考评主管、薪酬福利主管等进行分析，学生及教师可自主查询下载。

（5）训练模式+竞赛模式：在训练模式下，学生须自主核算薪酬、绩效结果等，运用理论知识进行实际操作；在竞赛模式下，结果自动生成，有助于控制竞赛进度，规范竞赛模式。

（6）运营周期自主选择：系统运营周期跨度为6年（24周期），教师根据课时要求可自主选择合适的运营周期。

（7）过程自动记录：平台自动记录所有经营决策过程，学生能实时查询做过的所有操作。

（8）数据实时生成：在完成每一步决策操作后，平台自动生成企业各项数据的实时情况，包括现金流、人员价值、薪酬明细、培训明细、研发明细、生产明细、销售明细等数据。

（9）数据实时查询：教师能实时查询企业的各类经营状态，了解所有小组经营进展情况。同时每年运营结束时教师和学生都能实时查询到各小组经营绩效与排名情况。所有历史数据均可实时查询。

（10）无值守操作：教师可根据授课习惯和安排，选择手动干预或无值守操作。教师可实现全程不参与，由系统自主判断和进行，从而让教师留出更多时间关注学生的具体操作并对学生进行当面指导和点评。

学生端程序包括人力资源规划中心、工作分析中心、招聘与甄选中心、培训与开发中心、绩效管理中心、薪酬管理中心、员工关系管理中心和产品中心以及信息栏和紧急操作栏。各小组必须在规定的时间内，通过团队的力量，分析本企业及竞争对手的数据，制订人力资源管理战略。具体如图1所示。

图1 学生端页面

（1）人力资源规划中心：主要功能为人力资源规划。按照现代企业人力资源管理惯例，人力资源规划主要包括人力资源战略规划（企业战略目标分析、组织外部环境分析、企业年度产量预测）、人力资源供需预测（内部供给预测，外部供给预测，净需求）、人力资源费用预测（人力资源经费预测，非人力资源经费预测）、人员发展计划（培训晋升计划，调岗计划）等。教师通过指导学生对当年人力资源战略规划的设计，帮助学生充分掌握人力资源规划的意识，树立人力资源管理战略思想。具体如图2所示。

图2 人力资源规划

（2）工作分析中心：每年在人力资源规划完毕后，需要对公司各岗位进行工作分析，制定各岗位的工作说明书。具体如图3所示。

图 3　工作分析

（3）招聘与甄选中心：系统中提供企业最常见的招聘渠道，包括校园招聘、人才交流中心招聘、Internet 平台招聘、传统媒体招聘、猎头招聘。人才层次不同，所分布的渠道也各有不同。企业还可根据需要，通过猎头从竞争对手那里挖人，这样也可破坏竞争对手经营战略。同时，市场流失的人员将有一定的比例继续流回市场，可以重新被招聘。具体如图 4 所示。

图 4　招聘和甄选

（4）培训与开发中心：系统帮助学生提供企业最常见的培训方式，包括新员工培训、技能提升培训、岗位轮换培训、企业文化培训等，使学生掌握基础培训方式，根据人力资源战略确定培训需求。帮助学生熟悉技能提升培训，掌握员工技能和价值提升手段；熟悉岗位轮换培训，掌握如何实现员工生产不同产品等管理效果；掌握脱产培训相关培训协议事项，了解协议期离职产生的后果等。具体如图 5 所示。

图 5　培训开发

（5）绩效管理中心：根据角色不同对普通员工和管理人员的绩效考评方式进行区别处理，这也符合管理因势利导的原则。普通员工以计件为考核标准。管理人员以 KPI 考核指标完成情况为考核标准，同时结合管理人员本身所具备的价值，其享受公司利润分配。帮助学生树立绩效管理观念，学习运用绩效管理思想统筹推动人力资源管理效益提升。具体如图 6 所示。

图 6　绩效考评

（6）薪酬管理中心：包括薪酬调查、薪酬设计、薪酬核算三个模块。薪酬设计又包括了薪酬结构设计以及具体薪资项目的设计具体薪资项目包括基本工资、人才引进津贴、法定福利（五险一金）、各种企业福利、各种津贴、绩效工资等。根据企业的人力资源管理现状，管理人员的工资为宽带级别工资。系统还根据岗位不同设计不同的绩效奖金发放标准，普通员工以计件为考核标准，管理人员以 KPI 考核指标完成情况为考核标准。帮助学生熟悉现代企业薪酬组成体系，掌握绩效奖金区别发放标准。学生通过改进薪酬福利体系，提升企业整体绩效。同时学生可以具体核算员工薪酬，计算各项社会保险、个人所得税等。具体如图 7 所示。

图 7 薪酬福利

（7）员工关系管理中心：包括员工入职管理、合同续签管理、员工辞退、劳动争议处理、员工自然流失管理等。通过系统学习，学生能了解企业调节人才结构的方式和手段，关注员工流失的主要因素，学习如何通过薪酬福利制度调整、企业文化培训实施等方式降低员工队伍流失率，为企业发展提供一支稳定的人才队伍。具体如图 8 所示。

图 8 劳动关系管理

（8）产品中心：包括产品生成、研发和销售。在产品研发过程中，系统提供不同的产品，只有研发成功的产品才可以进行生产，同时生产不同的产品还需要一定的技术保障能力。不同等级的研发人员具有不同的研发能力和产品技术保障能力。具体如图 9 所示。

图 9 产品研发

①产品生产：不同等级的生产人员具有不同的生产能力，公司需要根据市场需求以及公司的战略发展，通过供需平衡的方式预测产生最高价值时的生产数量，同时综合考虑公司内外环境情况确定最终生产数量。具体如图 10 所示。

图 10 产品生产

②产品销售：不同等级的销售人员针对不同类型产品，拥有不同的销售能力。各公司在产品出售时先提交各产品销售量，根据各公司出售的数量和市场需求量，市场提供市场指导价。根据市场参考价，各公司填写产品销售单价进行销售。市场收购从低到高，收满即止。未出售产品可以根据产品性质进行清仓或者囤货。具体如图 11 所示。

图 11　产品销售

（9）紧急操作：系统提供紧急融资、申请破产、经费回账和紧急申请等功能。具体如图 12 所示。

图 12　紧急操作

155

四、案例实施方案

人力资源管理智能仿真与竞赛对抗平台是通过竞争对抗模式让学生主动去了解和学习人力资源相关的理论和实践知识，并展开企业人力资源的管理和运营，具体课程课时安排详见表 1。根据调查统计的结果，建议课时为 50 个课时，具体课程课时安排详见表 1。

表 1　课程课时安排

序号	课程详细内容	
1	人力资源管理智能仿真与竞赛对抗平台授课简介　学时：1	
	学习目的	了解人力资源智能仿真与竞赛对抗平台的主要构成与具体操作
	内容提要	（1）了解人力资源智能仿真与竞赛对抗平台的基本设计思路、结构 （2）初步掌握基本操作规则 （3）对系统进行初步操作，了解系统流程与基本步骤
	学习重点	平台操作

序号	课程详细内容	
2	人力资源规划中心　学时：2	
	学习目的	了解人力资源规划的作用，进行人力资源规划
	内容提要	（1）进行企业整体战略和外部环境分析 （2）对个岗位各等级人员进行未来人力资源供需预测 （3）进行费用预算 （4）进行培训、晋升计划 （5）调岗计划 （6）确定员工的基本工资区间和岗位职责以及管理人员的岗位职责
	学习重点	掌握人力资源战略规划、人力资源供需预测、费用预算
3	工作分析中心　学时：2	
	学习目的	了解工作分析的作用，进行工作分析，并制定工作说明书
	内容提要	（1）人力资源经费申请 （2）工作分析
	学习重点	掌握工作分析的方法、工作分析的内容、制定工作说明书
4	招聘与甄选中心　学时：2	
	学习目的	了解招聘的作用以及招聘的方法和渠道，掌握招聘的原则
	内容提要	（1）人员招聘，选择招聘对象并确定招聘渠道，确定定岗和人才引进津贴 （2）加入备选库，确定招聘 （3）进入招聘市场，在规定时间内进行招聘
	学习重点	掌握招聘技巧和招聘方法、制定招聘策略
5	培训与开发中心　学时：2	
	学习目的	了解培训的意义，了解人员培训的方法和形式
	内容提要	（1）培训需求分析 （2）新员工培训 （3）技能提升培训 （4）岗位轮换培训 （5）企业文化培训
	学习重点	培训需求调研、制定培训方案
6	绩效管理中心　学时：2	
	学习目的	了解绩效考核的意义，掌握绩效考核的原则和程序
	内容提要	（1）确定绩效考核指标 （2）实施绩效考核
	学习重点	制定绩效考核方案

表1(续)

序号	课程详细内容	
7	薪酬管理中心　学时：2	
	学习目的	了解薪酬管理的基本思想，掌握薪酬设计的方法和原则，认识薪酬设计的结构
	内容提要	（1）薪酬设计 （2）基本工资设 （3）薪酬核算 （4）薪酬调查
	学习重点	掌握薪酬调查、薪酬设计、设定基本工资
8	员工关系管理中心　学时：2	
	学习目的	了解员工关系管理的意义，掌握劳动合同签订的程序，认识劳动争议产生的原因和解决方法
	内容提要	（1）签订劳动合同 （2）劳动合同续签 （3）劳动争议处理 （4）员工辞退 （5）员工流失
	学习重点	掌握劳动合同的签订、劳动争议的处理、如何降低员工流失
9	产品中心　学时：2	
	学习目的	了解产品研发生产和销售的程序和方法，掌握销售的形式和原则
	内容提要	（1）产品研发 （2）产品生产 （3）产品销售
	学习重点	掌握研发、生产、销售的规则
10	模拟经营（1~2年）　学时：8	
	学习目的	教师带领学生模拟经营1~2年，了解整个实训流程
	内容提要	（1）人力资源规划 （2）工作分析 （3）招聘与甄选 （4）培训与开发 （5）绩效管理 （6）薪酬管理 （7）员工关系管理 （8）产品研发、生产、销售
	学习重点	掌握实训流程和人力资源各模块的重点内容

157

表1（续）

序号	课程详细内容	
11	竞赛对抗（1~6年）　学时：24	
	学习目的	通过6年的经营对抗，掌握人力资源管理的重要内容，增强人力资源实际操作能力
	内容提要	（1）人力资源规划 （2）工作分析 （3）招聘与甄选 （4）培训与开发 （5）绩效管理 （6）薪酬管理 （7）员工关系管理 （8）产品研发、生产、销售
	学习重点	制定企业人力资源战略方案
12	点评总结、心得体会　学时：1	
	学习目的	互相交流经验，自主讨论实战模拟经营过程中存在的问题
	内容提要	（1）小组内讨论 （2）各小组代表总结小组经营的成果，分享成功或者失败的经验 （3）教师做总体总结 （4）以文字形式记录心得体会

五、案例评价

考核分为两部分：

（1）理论部分：课程理论部分学习心得。总结人力资源管理系统中各个模块之间的相互作用。

（2）实践部分：模拟记录，小组每个成员按角色记录运作步骤结果，记录模拟过程中出现的问题；总结报告，模拟活动结束后提交，主要总结模拟的感受和问题。

人力资源管理智能仿真与竞赛对抗平台考核以平台系统操作情况以及学生的课堂表现评定。考核标准与得分见表2。

表2　考核标准与得分

类别	系统操作	学生签到	学生上课表现
明细	系统提供实验报告及实验得分	签到统计	教师给出
权重	70%	10%	20%
总分	相应得分乘以权重后累加		

六、教学反思

人力资源管理智能仿真与竞赛对抗平台实训课程融合了人力资源管理中的专业知识和重点内容。在相同的市场背景下，学生通过团队合作的形式进行分组对抗，对公司进行人力资源规划、工作分析、招聘与甄选、培训与开发、绩效管理、薪酬管理和劳动关系管理等一系列人力资源管理活动。系统让学生在模拟竞争的过程中制订人力资源规划、进行工作分析、实施招聘策略、选择培训方案、制定薪酬标准、进行绩效考核以及规范劳动关系管理等，让学生在亲身实践中体验人力资源管理精髓，增强人力资源实际操作能力，掌握人力资源管理技能。

（西南财经大学工商管理学院 徐姗）

信用卡欺诈交易的识别与检测

一、案例基本情况介绍

本案例以信用卡欺诈交易检测方法为教学研究对象，阐述了数据挖掘课程中的异常检测模型在经典金融问题中的应用，帮助学生理解和掌握 LOF、OCSVM、孤立森林等异常检测模型的原理和 Python 实现技术，使其掌握金融交易欺诈交易行为的基本识别技术。

本案例的数据集来自于比利时 ULB 研究小组搜集的欧洲信用卡持卡人交易数据，共计 284 807 笔交易，所有数据经过了脱敏处理。

本案例适用于"数据挖掘"本科课程的异常检测模型的教学工作，教学内容包括数据统计分析、数据可视化、经典异常检测模型的原理和 Python 实现、基于深度学习模型的异常检测模型的原理和 Python 实现、欺诈交易检测模型的评价和比较、案例讨论等。

二、案例设计过程

本案例的教学目标是：理解信用卡欺诈交易行为识别问题的本质，掌握和使用 LOF、OCSVM、孤立森林等异常检测模型识别信用卡欺诈交易，比较和评价不同模型的识别效果和性能。

异常检测模型一直是数据挖掘课程教学中的一个难点模块。与分类、回归等模型相比，由于异常检测存在严重的数据不平衡、异常类型多样无规律、标签数据缺失等问题，我们很难构造一个广泛适用的异常检测。在以往的教学过程中，由于缺少真实的教学案例，学生对常用异常检测模型的原理和实现技术存在理解混乱、模型原理掌握不牢固、理论与实践脱节等问题，这严重影响了该模块的教学工作。

为了解决这个教学难点，我们以 Kaggle 竞赛平台中的信用卡交易数据集为基础，设计了信用卡欺诈交易行为检测方法案例，以实践教学和案例教学的方式向学生讲授如何使用 Python 工具实现常用的异常检测模型，有效解决信用卡欺诈交易行为的识别问题。

该教学的主要教学内容包括以下几个部分，见图 1。

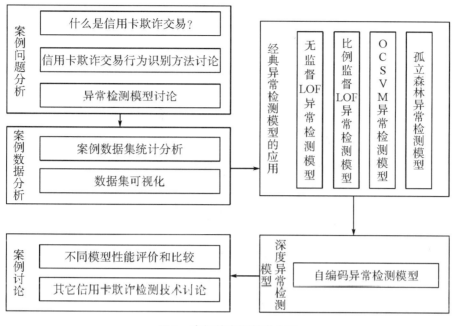

图1 案例的主要教学内容

三、项目式教学案例

1. 案例问题分析

（1）什么是信用卡欺诈交易？

①信用卡交易的特点。

②信用卡交易欺诈行为的表现、类型和危害。

（2）信用卡欺诈交易行为识别方法讨论。

①人工识别方法。

②统计阈值识别方法。

③传统识别方法的优缺点讨论。

（3）异常检测模型介绍。

①数据挖掘中异常识别模型的基本概念、基本原理。

②异常检测问题的特点。

③异常检测模型实现信用卡欺诈异常检测的可行性。

2. 案例数据分析

（1）案例数据集统计分析。

①欧洲信用卡欺诈交易数据集介绍。

②数据集加载、统计分析。

（2）数据集探索和可视化分析。

①查看数据集的不平衡情况。

②数据集特征分析。

③数据集 t-SNE 可视化，见图2。

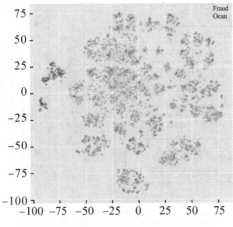

图2　数据集的 t-SNE 可视化结果

④数据集预处理：抽样、特征处理和变换等。

⑤讨论：信用卡欺诈交易检测数据集的特点。

3. 经典异常检测模型的应用

（1）无监督 LOF 异常检测模型。

①无监督 LOF 异常检测模型的原理。

②Python 实现技术。

③在信用卡欺诈检测问题中的应用。

④识别结果的可视化、分析及性能评价，见图3。

```
##在第1，2维空平面看一下分布
plot_lof(1)
```

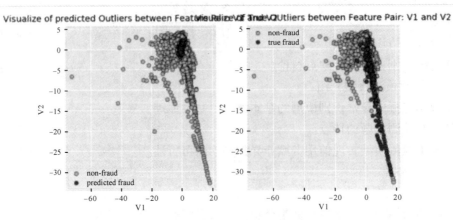

图3　无监督 LOF 异常检测模型的识别结果（V1 和 V2 维）

（2）带比例监督信息的 LOF 异常检测模型。

①比例监督信息的作用。

②监督式 LOF 异常检测模型的原理和 Python 实现技术。

③在信用卡欺诈检测问题中的应用。

④识别结果的可视化、分析及性能评价。

（3）One-class SVM 异常检测模型。

①One-class 异常检测模型的原理、优缺点。

②Python 实现技术。

③在信用卡欺诈检测问题中的应用。

④识别结果的可视化、分析及性能评价、比较，见图4。

```
plot_ocsvm(1)
```

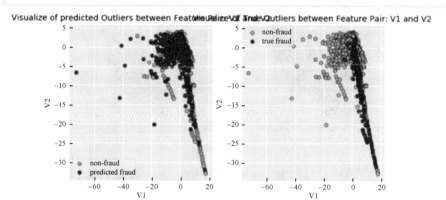

图4　One-class SVM 异常检测模型的识别结果（V1 和 V2 维）

（4）孤立森林异常检测模型。

①孤立森林与集成检测模型的原理、优缺点。

②Python 实现技术。

③在信用卡欺诈检测问题中的应用。

④识别结果的可视化、分析及性能评价、比较。

⑤讨论：集成异常检测技术的优势，见图5。

```
plot_iforest(1)
```

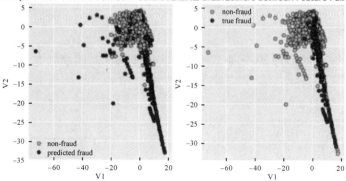

图5　孤立森林异常检测模型的识别结果（V1 和 V2 维）

4. Auto-Encoder 深度异常检测模型

（1）Auto-Encoder 的基本原理、深度网络结构。

（2）Python 实现技术。

（3）在信用卡欺诈检测问题中的应用。

（4）识别结果的可视化、分析及性能评价、比较，见图6。

plot_autoencoder(1)

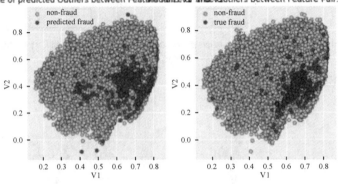

图6 Auto-Encoder 异常检测模型的识别结果（V1 和 V2 维）

5. 案例讨论

（1）经典异常检测模型和深度异常检测模型在信用卡欺诈检测问题上的性能评价、比较。

①评价指标。

②评价结果、优劣势分析。

③欧洲信用卡欺诈交易行为检测方法推荐。

（2）讨论：其他深度异常检测技术。

①Anomaly GAN 模型的应用。

②扩展模型的应用。

③深度学习的在异常检测问题中的应用优势分析。

（3）案例结论。

四、案例实施方案

本案例实施的总时间为120分钟，基本的实施步骤和时间规划如表1所示。

表 1　本案例实施步骤和时间规划

顺序	内容	时间	里程碑事件
1	1. 案例问题分析	20 分钟	
	（1）什么是信用卡欺诈交易	5 分钟	
	（2）讨论：信用卡欺诈交易行为识别方法	10 分钟	学生总结出可行的信用卡欺诈交易行为识别方法，包括：人工检测、统计阈值检测，并分析这些方法的不足
	（3）异常检测模型介绍	5 分钟	
2	2. 案例数据分析	15 分钟	
	（1）案例数据集统计分析	5 分钟	
	（2）数据集探索和可视化分析	10 分钟	学生绘制出欧洲信用卡欺诈交易数据集的二维、三维分布图、观察数据的分布情况
3	3. 经典异常检测模型的应用	50 分钟	
	（1）无监督 LOF 异常检测模型	10 分钟	
	（2）带比例监督信息的 LOF 异常检测模型	5 分钟	
	（3）One-class SVM 异常检测模型	10 分钟	
	（4）孤立森林异常检测模型	10 分钟	
	（5）讨论：几种经典异常检测模型在信用卡欺诈交易检测问题上的性能比较	15 分钟	学生掌握 4 种经典异常检测模型的使用方法，能够在欧洲信用卡欺诈检测数据集上建立 Python 模型，获得检测结果，并进行性能评价，实现结果可视化
4	4. Auto-Encoder 深度异常检测模型	15 分钟	学生掌握深度 Auto-Encoder 模型在信用卡欺诈检测数据集上的建模、训练、评价和可视化
5	5. 案例讨论	20 分钟	
	（1）经典异常检测方法和深度异常检测方法的性能对比、分析	10 分钟	学生使用多种性能评价指标评价两类异常检测方法在信用卡欺诈检测问题上的性能，形成评价报告
	（2）其他深度异常检测模型的介绍	10 分钟	

165

　　教师在案例教学过程中，提供每一种异常检测模型的实现代码，要求学生利用代码训练检测模型、观察实验结果、撰写分析报告。

　　教师在案例教学过程中，提供每一种异常检测模型的论文原因，帮助学生课后深入学习模型的原理和算法细节。

五、案例评价

通过本案例教学，学生逐渐掌握了数据挖掘异常检测模型，理解了机器学习和深度学习领域常见的几种异常检测模型的特点，理解了算法原理和 Python 实现技术，具备了利用 sklearn、pyod 等数据分析工具包解决异常检测问题的能力。学生充分理解了金融领域的信用卡欺诈交易行为的识别和检测方法，提高了解决金融行业实际应用问题的能力。

经过案例课程的学习，同学们对异常检测问题产生了浓厚的兴趣，班上的同学组成了 9 个项目团队，对信用卡欺诈风险检测问题进行了扩展研究，进一步验证了 Xgboost，Anomaly_ GAN，CNN 等先进模型在该问题上的识别性能，取得了优异的识别效果。

班上的同学组织了 2 个竞赛团队，参加了由教育厅、西南财经大学、新网银行组织的 2022 四川大学生数据科学与统计建模大赛（https://challenge.datacastle.cn/v3/cmptDetail.html？id＝745），并运用所学习的异常检测模型，完成竞赛任务，取得不错的竞赛成绩。

六、教学反思

项目式案例教学能显著提高学生对知识点的学习兴趣，引导学生从数据出发，深入研究数据挖掘模型的工作原理和算法细节。相比于传统的理论灌输式教学方式，学生从被动学习知识点变成了主动探索和研究。经过案例学习，一些晦涩的知识点变得容易理解和掌握。因此，项目式案例教学非常适合数据挖掘、程序设计等对实践性要求比较高的课程教学。

在案例教学中，我们也总结了一些教学经验：

（1）案例的选择和设计需要充分结合学生的专业背景，才能够吸引学生的学习兴趣。比如，我们在异常检测模型教学过程中，选择了财经院校学生经常遇到的信用卡欺诈检测问题，并用真实数据集来展开研究，极大地提高了教学的场景感、真实感，学生的学习兴趣和挑战精神一下子就被激发起来。

（2）案例教学需要鼓励学生积极参与讨论和实践。我们在教学过程中，把学生分为 4~6 人的项目小组，要求每个项目小组至少应该复现案例中的操作、模型，每个同学都应该发挥自己的贡献。同时，我们鼓励每个项目小组通过课后阅读和研究，探索新的模型算法的应用，并积极参与学科竞赛，以进一步提高学习兴趣和检验学习效果。

七、附录材料

附录：学生的部分成果

全班同学共计组成了 9 个项目小组，他们在案例教学的基础上，研究和采用了不少实用的异常检测方法，在信用卡欺诈检测问题上取得了良好的识别效果。例如：

（1）一组学生使用 SMOTE+自编码模型进行信用卡欺诈交易识别，用可视化的方法展示了模型的识别效果，并且达到了 99.6% 的识别准确度。他们的部分成果见图 7 至图 9。

\#数据分布的展示

```
clean_mse = mse[y_test==0]
fraud_mse = mse[y_test==1]

fig, ax = plt.subplots(figsize=(6,6))

ax.hist(clean_mse, bins=50, density=True, label="clean", alpha=.6, color="green")
ax.hist(fraud_mse, bins=50, density=True, label="fraud", alpha=.6, color="red")

plt.title("Distribution of the Reconstruction Loss for (Clean and Fraud ) Data ")
plt.legend()
plt.show()
```

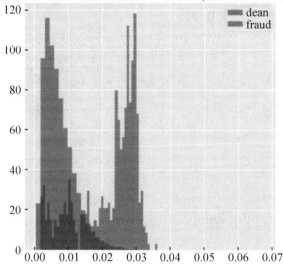

图 7　SMOTE+自编码模型的识别结果（第一组学生的成果 1）

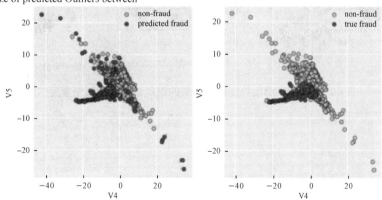

图 8　SMOTE+自编码模型的识别结果（第一组学生的成果 2）

#模型的性能、准确率

```
AUC = round(roc_auc_score(y_test, y_pred), ndigits=2)
#acc = round(precision_n_scores(y_test, test_scores), ndigits=4)

#Pecision@n
from pyod.utils import precision_n_scores
precision_rank_n = precision_n_scores(y_test, y_pred)

print("Auto-Ecoder异常识别模型的AUC:", AUC)

print("Auto-Ecoder异常识别模型的Precision@n:", precision_rank_n )
```

Auto-Ecoder异常识别模型的AUC: 0.75
Auto-Ecoder异常识别模型的Precision@n: 0.996

图9 模型的性能、准确率

（2）一组学生使用SMOTE+四层的神经网络模型实现了99.8%的欺诈交易识别准确率。他们的部分成果见图10至图11。

#可视化异常数据展示

```
# TruncatedSVD scatter plot
ax3.scatter(X_reduced_svd[:,0], X_reduced_svd[:,1], c=(y == 0), cmap='coolwarm', label='No Fraud', linewidths=2)
ax3.scatter(X_reduced_svd[:,0], X_reduced_svd[:,1], c=(y == 1), cmap='coolwarm', label='Fraud', linewidths=2)
ax3.set_title('Truncated SVD', fontsize=14)

ax3.grid(True)

ax3.legend(handles=[blue_patch, red_patch])

plt.show()
```

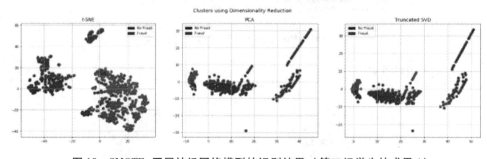

图10 SMOTE+四层神经网络模型的识别结果（第二组学生的成果1）

#模型的异常识别结果（混淆矩阵）

```
undersample_cm = confusion_matrix(original_ytest, undersample_fraud_predictions)
actual_cm = confusion_matrix(original_ytest, original_ytest)
labels = ['No Fraud', 'Fraud']

fig = plt.figure(figsize=(16,8))

fig.add_subplot(221)
plot_confusion_matrix(undersample_cm, labels, title="Random UnderSample \n Confusion Matrix",
cmap=plt.cm.Reds)

fig.add_subplot(222)
plot_confusion_matrix(actual_cm, labels, title='Confusion Matrix \n (with 100% accuracy)', cma
p=plt.cm.Greens)
```

```
Confusion matrix, without normalization
[[55148  1715]
 [    8    90]]
Confusion matrix, without normalization
[[56863     0]
 [    0    98]]
```

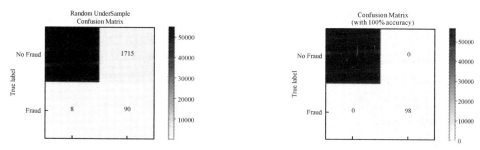

图 11　SMOTE+四层神经网络模型的识别结果（第二组学生的成果 2）

（西南财经大学计算机与人工智能学院　王磊）

计算机网络交换方式的设计与应用

一、案例基本情况介绍

（一）案例背景

说起计算机网络，大家都不陌生，我们现在的工作、生活都和网络息息相关。但是网络到底是如何工作的？互联网的结构是怎样的？网络是如何连接起来的？大家却并不了解。大家可能在使用网络的过程中多次遇到网络故障却束手无策：为什么突然无法上网了？可能是什么原因？应该如何排查故障？大家还可能对"互联网+""云计算""物联网"等新名词耳熟能详但却一知半解：这些词和网络有什么关系？"计算机网络"课程就是帮助大家解决这些问题，让同学们对计算机网络"知其然"，亦"知其所以然"。课程对计算机网络的原理与技术进行系统的介绍，使同学们了解网络各层次面临的问题和解决办法，并在实践中掌握网络组网和故障排查的基本操作。为了让同学们体会前人在计算机网络设计中的巧妙构思，本案例将带领同学们一同体验前人在网络设计之初的探索，从这一系列遇到问题、思考问题、解决问题的过程中培养自己思考、分析、探索、实践的能力。

（二）适用课程和对象

本案例适用于"计算机网络""TCP/IP 原理""组网技术"等计算机网络相关的理论和实践性课程，可以结合省级一流在线课程《计算机网络》MOOC 同步学习。适用对象为大学本科所有专业二年级以上学生，具有一定的计算机基础理论知识。

（三）教学重难点

①课程涉及计算机基础、数字通信、计算机组成原理等多学科理论，本身比较枯燥，难以激发学生学习兴趣。②课程涉及知识面较广，知识更新较快，教材内容无法体现当前的最新技术和方法。③传统网络课程难以和生活实践相结合，学生头脑中理论与实践脱节较严重。

（四）创新点与特色

为了解决传统网络课程枯燥、知识更新不及时、与实际问题联系不紧密的问题，我们从课程设计、课程内容和教学环节上采取了一系列措施。本课程具有如下创新点和特色：

（1）课程设计上：我们将计算机网络设计中的思路和方法总结成一个个独立但互相关联的专题或案例进行介绍，由繁化简，由浅入深，运用启发式教学，使整门课程妙趣横生，不再是枯燥的知识点的堆砌。

（2）课程内容上：本课程不仅仅局限于教科书，我们还将课程与教师研究领域相结合进行介绍，从大量网络资料中归纳总结，每年调整更新，而且特别引入了考研试题和 IT 公司网络管理岗位面试题；本课程内容丰富、深入浅出、兼顾趣味性和专业性，启发了学生的创新思维和科研能力。

（3）教学环节上：我们精心设计了递进式提问、小组讨论、案例分享和实践体验等环节，让学生能够主动参与教学，主动掌握知识点。学习本课程，提升了学生的创新能力，即解决问题的思路，提升了学生的工程能力，即解决问题的办法，并使学生在学习和工作中采用创新思维和工程思维来解决问题。

二、案例设计过程

（一）案例教学目标

本案例设定了两个不同层次的教学目标：从知识层面上，使学生对网络的数据交换方式有较为深入的理解，掌握电路交换、报文交换、分组交换三种交换方式的概念、思路、特点和应用，加深学生对计算机网络设计思路和技术演化的理解。从能力层面上，通过递进式、启发式案例教学，提升学生发现问题、分析问题和解决问题的创新能力，同时通过课堂理论与生活实践例如电话、计算机网络的结合，提升学生用理论知识解决实际问题的工程能力。

（二）学情分析

本课程面向大学本科二年级以上学生，要求学生具备一定的计算机基础理论知识。但传统网络课程存在内容枯燥难理解、知识更新不及时、与实际问题联系不紧密等问题，因此我们必须摈弃传统网络课程生硬的讲授和比较，采用递进式、启发式案例教学，这将大大提升课堂活跃度和学习效果。

（三）思维导图

思维导图见图 1。

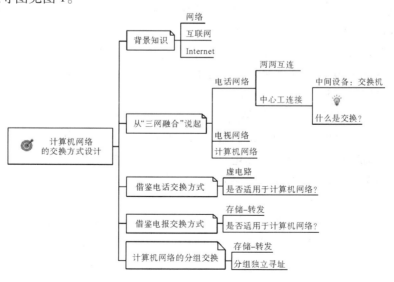

图 1　思维导图

（四）教学理论与实践

本案例采用 PBL 教学法，同时结合已有的一流在线课程 MOOC 视频，实施混合式学习和翻转课堂教学。本课程案例教学包含基础知识准备、问题引入、问题分析、解决方案评估和总结等多个阶段。在实现形式上，本课程案例综合采用了讲授法、案例法、启发法、图示法、回顾复习法、问答法、示范法等方法。总体来说，本课程案例以学生为中心，通过教师引导、学生主动学习完成教学，符合新型教学改革实践中培养教学学术观、教学民主观、教学协作观的理念。

三、项目式教学案例

（一）背景回顾和问题引入

本案例首先回顾前期基础知识：网络、互联网、Internet 的概念。（复习）网络就是把计算机连接到一起，互联网就是把网络连接在一起。当全世界各个地方、不同机构、不同规模和用途的多个网络都互相连接在一起，就变成了我们使用的这个巨大无比的 Internet——因特网（见图 2）。对于用户来说，我们能和连接到因特网上的任何一台主机进行通信，无论它处在世界上什么位置。（提问）那么因特网到底是怎么连接起来并实现通信的呢？

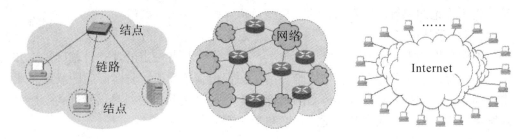

图 2　网络、互联网、Internet 的概念

首先要从三网融合讲起。三网融合是指通过对计算机网络、电话网络和电视网络的技术改造，实现互联互通、资源共享，能为用户提供语音通话、广播电视和数据传输等服务。（提问）那大家能举出几个身边的应用，说明计算机网络上的三网融合吗？（讨论）现在的计算机网络除了能完成上网浏览、文字办公、游戏娱乐等功能外，还能通过 VOIP（Voice over Internet Protocol）技术实现电话功能，例如 skype、微信电话本等；通过流媒体技术能收看电视直播，例如 PPS 等。（提问）那么三大网络中哪个网络是最早建成，技术最成熟的呢？显然是电话网络。1878 年美国在纽黑文市成立了世界上第一家电话局，1899 年清政府也成立了电报局，在全国各大城市及部分中等城市开设了电话业务。

（二）电路交换方式

电话是如何连接成网的呢？（递进式提问）假设我们现在有两部电话机，如果他们之间需要实现互相通信，那么我们只需要一根电话线就够了。如果我们有五部电话机，需要实现两两互通呢？也只需要 10 根电话线就够了。如果我们有 n 部电话呢？那需要的电话线为 n×（n-1）/2 根。如果电话数量进一步增多，这个问题就变得更复杂了,电话线的数量和电话机的数量的平方成正比。这种方式可行吗?(发起讨论并得出结论)每一部新的电话接入,都需要和世界上其他所有的电话之间拉一根线,这个成本太高,完全不可行,见图3。

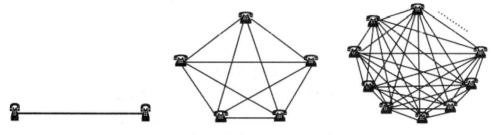

图3 电话机与电话线数量增长关系

那电话网络到底是怎么连接的呢?我们引入了一个中央设备叫交换机(见图4),由交换机来把电话机连接在一起。(引入概念,发起讨论)那什么是交换?

图4 交换机

(播放电影《手机》片段)从电影片段中可以看到那个年代的电话没有数字键盘,侧面有个摇动的手柄。(提问)摇动手柄后,对方说话的人是谁呢?(播放电影《紫蝴蝶》片段)李冰冰饰演的角色一直在重复地拔线,插线,她承担的是什么任务?(发起讨论并引导结论)人工交换的角色。现在已经用机器取代了接线员的工作,也就是交换机。比如A和B两部电话要通话,交换机就在A和B之间建立一个连接。如果C和D要通话,那么第一个交换机就在内部给它们也建立了一个连接。

(发起讨论)为什么长途电话比本地的要贵?(讨论提示)第一个电影片段的台词"三矿从来就没打通过,二百多里地呢,得多少电线杆啊?"距离越远,连接的代价就越大。(引导结论)长途电话之所以贵是因为经过的交换机数量多,每个交换机通常是不同城市的电信公司分别运营的,要打长途电话就要使用外地电信公司的交换服务,所以长途比市话贵,见图5。(扩展讨论)现在长途和市话为什么同价了呢?当年的交换机设备容量非常有限,并发通话的数量也有限,所以要对电话按交换服务的时间计费。而随着技术的进步和设备的升级,现在交换机的价格便宜,容量也增大了(扩展介绍:摩尔定律)。因此现在市话经过一个交换机,和长途经过多个交换机的成本差别可以忽略不计。

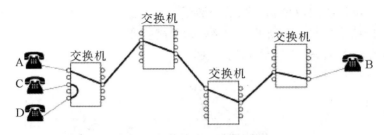

图5　长途电话使用的交换机

（总结并引入交换的定义）什么是交换？交换就是按照某种方式动态地分配通信资源。以电话机来说，就是把一条电话线转接到另一条电话线，使其连通起来。（引入电路交换的定义）电话所使用的交换方式称为电路交换，包含建立连接、通信、释放连接三个阶段。对应到电影中就是插线、说话、拔线的过程。（引入虚电路的概念）人们通过建立连接，在源点和终点间构成一条虚电路，以保证双方通信所需的一切资源，比如链路，比如交换机中的通路。（注意重点概念的理解）"虚"是指逻辑连接和虚电路的两个特性。

（发起讨论）既然计算机网络是后出现的事物，那么我们能不能借鉴电话网络的成功经验来设计计算机网络呢？这一思路是否可行？（引导讨论并总结）一是数据传输的时间特性不同，电话网络中的数据传输具有持续性，计算机的数据具有突发性（结合生活实际举例）。举例：打电话和访问网页时的数据传输。如果使用电路交换来设计计算机网络，每发送一条消息或接受一条消息都需要频繁地建立连接、释放连接，网速将变得完全极为缓慢。二是网络的健壮性要求不同。电话网络中只要虚电路上的任何一个交换机或者链路故障，电话就断掉了，见图6。（历史：Internet 的设计起源）Internet 的前身是美国军方网络 ARPAnet，它的设计初衷就是当部分结点或链路故障时，整个通信仍然能够继续。第三，电话网络采用面向连接的电路交换方式是不得已而为之，因为电话网的终端是电话机，无计算处理能力，不智能，只能简单地完成语音信号的转换和接收，而计算机网络的终端具有强大的存储和计算能力，这也决定了它们的设计思路的不同。

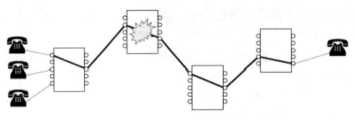

图6　交换机或故障

（三）报文交换方式

计算机不能照搬电话网络的设计思路，我们还有一种古老的通信方式——电报。（图文展示）电报信封上有收发件人的信息，而电报的正文则是以摩尔斯电码的形式存在，然后再解码转换成文字。

（播放电影《风声》片段）电报发报机是通过发报员按下的长短表示 0 和 1 来

发送信息。

（扩展讨论：摩尔斯电码）《星际穿越》中的书架现象。

（动画展示）这种方式称为报文交换，其和电路交换最大的不同在于通信不需要一直占用整条链路资源，而是分段占用，这样就灵活多了，见图7。

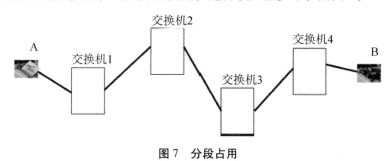

图7　分段占用

（发起讨论）请大家思考：为什么电报需要按字数收费？

（引导结论）原因是电报的报文发送到交换机后，交换机并不是立即发送出去，而是等待下一段链路资源空闲或可用时才建立连接发送出去，因此交换机的存储压力非常大，所以只能要求报文越短越好。

（发起讨论）那么我们能不能借鉴电报来设计计算机网络呢？这一思路是否可行？

（引导讨论并总结）报文交换的存储转发思路使得通信更灵活，占用通信资源较少。但是为了避免中间节点存储压力过大，人们必须限制计算机网络上传输的数据长度。

（扩展讨论）音频和短视频 APP、网络直播的兴起。

（发起讨论）如何改进报文交换的这一缺陷？

（引导结论）分治策略：在存储—转发的基础上对报文进行拆分。

（四）分组交换方式

计算机网络所采用的分组交换的工作方式：发送端将较长的报文划分成固定长度的数据段，在每一个数据段前面加上首部，构成分组。（发起讨论）首部中必不可少的信息包含哪些？地址信息、序号，等等。然后发送端将分组依次发送给交换机。交换机收到分组后，根据分组首部的地址信息，从不同接口转发给下一个，直到最后一个交换机将分组直接交付给接收方。接收方收到分组，剥去首部还原为报文，见图8。

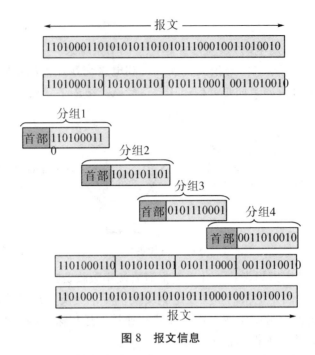

报文

1101000110101010101101010111000100110100010

1101000110 | 1010101101 | 010111000 | 0011010010

分组1

首部 110100011 0

分组2

首部 1010101101

分组3

首部 0101110001

分组4

首部 0011010010

1101000110 | 1010101101 | 010111000 | 0011010010

1101000110101010101101010111000100110100010

报文

图8　报文信息

（发起讨论）分组交换的优点和缺点。（引导结论）灵活，高效，但会带来一定的额外开销。

（五）总结

（图示对比）电路交换、报文交换和分组交换三种交换方式：电路交换需要建立连接、传输数据、释放连接三个过程，数据通过虚电路直达终点，可靠但代价高；报文交换是分段占用资源，采用存储转发方式，灵活性强；分组交换是在报文交换的基础上将报文划分成小的分组，分组独立选路发送，灵活性最强，见图9。

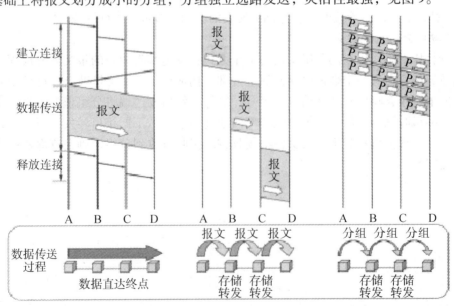

图9　三种交换方式对比

四、案例实施方案

本案例实施的总时间为 90 分钟，基本的实施步骤和时间规划如表 1 所示。

表 1　本案例实施步骤和时间规划

顺序	内容	时间	里程碑事件
1	（1）背景回顾和问题引入	10 分钟	
	①相关背景知识回顾	3 分钟	网络、互联网、Internet
	②三网融合	5 分钟	讨论：三网融合——电话、电视和计算机网络业务起初的划分、现在的趋同
	③问题引入：有了电话网络，为什么还要设计计算机网络	2 分钟	提问并思考：电话网络是如何连接工作的
2	（2）电路交换方式	35 分钟	
	①电话网络的连接	2 分钟	递进式提问：两两连接是否可行，引入中心式连接
	②电话网络的交换：电路交换	10 分钟	通过两个电影片段，引发思考：交换的本质是什么？引导结论：交换就是动态地分配通信资源的过程
	③电路交换的原理和特点	3 分钟	用图示总结电话交换的三个阶段
	④讨论：为什么长途电话比市话要贵	5 分钟	引导结论：要使用外地电信公司的交换服务。延展讨论：为什么现在长途电话和市话统一价格
	⑤拓展：移动通信 5G	10 分钟	1G、2G、3G、4G、5G 分别是什么特点？思政：我国在 5G 通信标准制定中的贡献
	⑥讨论：电路交换是否适用于计算机网络	5 分钟	对比电话网络和计算机网络的不同需求和现实条件
3	（3）报文交换	20 分钟	
	①电报的工作方式	5 分钟	图文和电影片段带领同学回顾曾经的书信和电报通信方式
	②讨论：电报为什么按字数收费	2 分钟	引导结论：交换结点存储空间限制
	③电路交换的原理和特点	10 分钟	用图示总结报文交换的存储转发模式
	④讨论：电路交换的优缺点	3 分钟	引导结论：电路交换是否适用于计算机网络

顺序	内容	时间	里程碑事件
4	（4）分组交换	15分钟	
	①讨论：如何对报文交换进行改进	5分钟	引导结论：整个报文的存储转发限制了报文长度，因此需要进行拆分
	②分组交换的工作流程	5分钟	动画展示分组交换的报文拆分、各分组独立路由、报文还原的过程
	③分组交换的优势	5分钟	引导结论：灵活、健壮性强
5	（5）总结	10分钟	
	①对比三种交换方式	5分钟	三张图示对比，回顾三种交换方式的工作流程和特点
	②引申和展望	5分钟	路由器如何实现分组交换？如何查找-转发

五、案例评价

通过本案例教学，学生理解了计算机网络的设计思路。从知识点传递上：学生理解了电路交换、报文交换和分组交换三种交换方式的特点。从能力提升上：本案例实现了计算机网络课堂理论和生活实践（电话、电报、计算机网络等）的结合，从具体的案例学习中提升了学生发现问题、分析问题和解决问题的创新能力和工程能力。同时，这个案例也是非常好的思政教育案例。例如，在案例学习中使学生看到计算机网络逐步发展和完善的过程，引导学生以发展的眼光看待事物，提升他们发现问题、分析问题、解决问题的能力，鼓励学生勇于探索、不畏艰难。又例如，在电路交换学习阶段引入我国在移动通信5G标准制定中所作的工作，提升文化自信，培育工匠精神，激励同学们为中华民族伟大复兴贡献力量。

经过本案例的学习，同学们加深了对计算机网络设计思路的理解，不仅仅掌握了专业课程的重要知识点，了解了网络是如何连接和工作的，也进一步激发了对计算机网络浓厚的兴趣，不仅仅满足于知道"What"，还自发去探索"Why"和"How"。班上同学组成了小组，对计算机网络相关的"互联网+""IPv6""银行账户安全"等专题进行了小组学习，并分组进行了课堂展示。任课教师曾用本课程及相关案例参加四川省青年教师教学竞赛，获得三等奖，也曾在计算机课程虚拟教研室的线上研讨会上进行了分享，受到了高度赞扬。

六、教学反思

教学总结：本课程的案例引入能显著提高学生对知识点的学习兴趣，相比于传统的理论讲授式教学方式，课堂从教师主导变成了学生主导，学生主动探索和研究，这使得原本晦涩的知识点变得更容易理解和掌握。本案例教学在教学理念上，秉持了理论联系实际，注重引导兴趣，学生快乐学习、主动学习的教学理念。首先是做到了坚持理论与实践相结合。本案例从生活中的热门概念、现象引入问题，引发同学主动参与，将自己代入计算机网络起源的那个年代进行分析和思考。其次是做到了注重引导兴趣，强调主动学习。本案例在多媒体课件中以实物图片、电影片段等方式进行展示，引入电话、电报发展过程中的历史背景，结合生活中的相关案例，调动学生积极性。

经验分享：在教学方法上可以综合采用讲授法、案例法、启发法、图示法、回顾复习法、问答法、示范法等方法，将课堂讲授、课堂讨论、小组辩论等多种形式结合，充分利用多媒体课件、图片展示、视频片段等手段调动学生自主学习的积极性，引导学生独立思考。

注意事项：学生可能对电路交换、报文交换和分组交换这三个比较抽象的概念比较难以理解，讨论时可以适当进行启发和引导，避免课堂沉默。为了提高课堂参与度，老师可以在每个讨论结束点对不同的方案让同学们进行投票选择或者简单辩论，挑选 2 名同学作为正方和反方辩手，分别阐述理由后由同学进行投票选择。

七、附录材料

四川省　流在线课程"计算机网络"西南财经大学 刘家芬 https://www.xuetangx.com/course/swufe08091004972.

（西南财经大学计算机与人工智能学院　刘家芬）

罪与罚：嵌入刑事控辩场景的七次较量

——"刑法分论"课程项目式教学案例

一、案例基本情况介绍

（一）案例背景

刑法学是一门实用性、实践性非常强的学科，学习刑法知识的一个重要目的是在以后的工作实践中高质量地办理刑事案件。运用刑法知识的实务型职业主要集中在法官、检察官和律师这三大群体。运用刑法知识的核心场景是刑事诉讼，在其中，检察官是犯罪的指控方，律师是被告人的辩护方，法官是居中裁判方。

在以往的刑法教学中，大多数教师从头讲到尾，中间间或有提问或讨论，刑事诉讼场景化没有得到展现。西南财经大学法学院一直要求本科教学引入实践教学内容，但以往大多是请实务界专家到课堂上进行一次授课，讲课内容大多是办案经验、案件介绍等，与相关课程具体教学内容契合度不高，同样没有展现刑事诉讼的场景。西南财经大学法学院一直有举办模拟法庭的传统，这虽然能高度仿真地再现诉讼场景，但这种活动往往只能以教学以外的竞赛形式进行，且参与人数有限、次数有限，一学期可能只有一次，参与人数仅十余人。

本项目旨在让选课同学全员参与，轮番进行，让刑事法庭的控辩场景在总共 19 个教学周中展现 7 次，一共 14 个小组参加。其中一组同学充任控方团队，一组同学充任辩方团队，每次由老师充任法官。每次就一个具体的案件是否构成犯罪，构成此罪还是彼罪，罪轻还是罪重进行对抗式辩论，由老师控制控辩秩序并对双方表现进行点评，对案例涉及的刑法知识点进行梳理总结。一学期下来一共辩论了 7 个案件，涉及近 20 个罪名，基本涵盖了"刑法分论"课程所讲授的刑法分则中的几大重要类型。

（二）适用课程及对象、范围

本教学案例适用于法学院二年级法学与会计学双学位班本科课程"刑法分论"。参加该课程的学生一共有 69 人，其中法学专业同学 52 人，非法学类专业选修本课程同学 17 人。学生一共分成 14 个小组，平均每个小组 5 人，其中有一组为 6 人，两个小组有 4 人。

（三）教学重难点

第一是时间把握。"刑法分论"的课程主体仍然是由老师讲授理论知识，因此学生的控辩活动不能耽误主体授课，但每次辩论平均有 10 名同学，其中含有双方立论、自由辩论和总结三个环节，时间很容易超过半小时。本项目实际上每次辩论学生平均用时在 35 分钟左右，老师点评 10 分钟。

第二是案例选择。"刑法分论"一共涉及十大类罪，除去两大类军事犯罪，主要讲授八大类犯罪，重点讲解三十余个罪名，涉及上百个知识点。7 个用于辩论的案例要涉及重点罪名，也要涉及重要的知识点，选择适合的案例有一定难度。本项目最终选择了故意杀人、盗窃、诈骗、信用卡诈骗、以危险方法危害公共安全、非法持有枪支、销售有害食品等犯罪行为，基本涵盖了犯罪的重要类别。

第三是争议点的确定。每个案例必须围绕两三个核心争议点，不然就难以形成针锋相对的局面。实践中法庭上控辩双方也往往只是围绕焦点问题进行猛烈的交锋，这些争议点会影响到被告人罪与非罪、罪轻与罪重的判定，因此老师在编排案例的时候，就必须有意识地将争议点蕴藏进去。本项目最终包含了安乐死是否构成犯罪、摆摊利用气枪打气球是否构成非法持有枪支罪、利用 ATM 机故障多次取款构成盗窃罪还是诈骗罪、销售工业用猪油是以危险方法危害公共安全罪还是销售有害食品罪等刑法理论和实践中均具有巨大争议的刑法要点。

第四是用好点评环节。点评不应当仅仅限于对双方口才和反应的一个评价，更重要的是利用这个时间再次深化学生对刑法知识的认识和理解，是一次刑法理论的复习、巩固和拓展，既要展现要点，也要形成知识介绍的体系，有一定的难度。本项目最终实现了每次点评的知识串讲，比如提纲挈领式地分析自动取款机案重点涉及到盗窃罪中"占有状态"和"预设同意"的判断以及诈骗罪中"机器是否能被骗"和"银行有没有处分财物"的要素判断，并对盗窃罪和诈骗罪的构成要件再次进行清单式梳理。

第五是训练学生的辩论能力。一名优秀的公诉人或者辩护人需要良好的辩论实力，这体现在口才和反应力上，也体现在对刑法知识的系统掌握上。本项目通常是提前一周布置下一次辩论题目，每一组同学都平等地具有一周的准备时间。老师和助教在这一周中，通过 QQ 随时回答同学的问题，启发找到争议点，提醒每人把握发言时间和节奏。从现场效果看，每组同学事先都做了精心准备，阅读了大量资料，进行了小组分工，提前准备了辩论预案，列举了对方可能的漏洞以及己方的攻击策略。不少小组发言精彩纷呈，体现了思辨的火花和语言的魅力。但有的小组也有准备不足，照本宣科等问题。

（四）创新点和特色

（1）把专业教学和思政教育结合起来，凸显立德树人的教育理念。在具体案例点评中嵌入了总体国家安全观、习近平新时代中国特色社会主义思想、党的二十大精神等重要思政内容。比如在点评销售有害食品案中，讲解在党的领导下，司法机关积极发挥职能，积极践行司法为民的理念。

（2）把生成性教学和互动性教学结合起来，极大地提高了学生的学习主动性。本项目要求每个同学都要发言，都要参加自由辩护环节，这就让学生几乎都做了发言提纲，有的还准备了思维导图，有的查阅了指导性案例，有的阅读了学术期刊的论文。

（3）把课堂场景和法庭场景结合起来，提前让学生获得了司法办案的现场感。

辩论中，控方和辩方分别站在讲台左右，黑板背景上是投影的屏幕，投放双方立论的PPT。老师像法官一样提示遵守辩论秩序、发言顺序、控辩进程等事宜。现场真实地呈现了法庭的对抗性。有同学发表与辩论无关的话题时，老师及时制止甚至警告，让学生体会到遵守法庭秩序的重要性。

（4）把知识学习和方法训练结合起来，提升学生的法学综合素质。刑法学有大量的刑法理论、刑法法条、司法解释需要了解甚至记忆，但实践办案中，控辩双方的核心目标都是说服法官接受己方的观点，这就离不开法学方法的训练。学生平时经常忽视论证，对问题的评论往往各执己见而无多大说服力。因此，三段论的论证方法、类案比较的类比方法、数据统计的说理方法、引用名家观点的引证方法非常重要。通过参加辩论，很多同学都尝试使用过不同的论证方法，显示出一定的逻辑能力。

（5）把法学教育和财经特色结合起来，帮助学生对不同专业融会贯通。刑法中的经济刑法部分与经济法以及财经知识密不可分，本项目有意识地引导学生拓展学习。比如在信用卡诈骗案件的辩论中，为了回答争议问题，学生不得不认真思考和阅读有关银行和储户关系以及有关信用卡的技术资料。

二、案例设计过程

（一）教学目标

（1）让学生加深对刑法理论知识的理解，加强对具体犯罪构成要件要素的掌握，了解有关罪名中的认定难点。

（2）让学生了解司法实践对于具体罪名的认定观点，掌握重要的司法解释精神，学习重要指导性案例、典型案例的裁判要旨。

（3）让学生利用团队协助的方法学习，学会在资料收集、扩展阅读、类案检索等方面分工配合，在立论、自由辩论、总结阶段各自承担不同的角色，并形成小组的总体统筹。

（4）让学生利用对抗的场景训练临场反应能力、语言组织能力、逻辑漏洞发现能力、突破关键创设能力，熟悉控方和辩方的策略和技巧，为未来进入司法职场提升实战能力。

（5）让学生通过案例的处理强化对中国特色社会主义刑事司法制度的信心，认识到中国刑法体系和刑法学知识背后的国情和民意，增强学好知识、服务社会、保护人民的意识。

（二）学情分析

大部分学生在之前的学期已经系统学习了"刑法总论"的课程，对刑法的基本原则、犯罪形态、违法阻却事由、罪责等基础性知识都已经系统掌握，但是对于个罪的具体犯罪构成尚不熟悉。本教学项目从第10周开始，老师在前面9周已经讲解了侵犯公民人身权利、民主权利罪、财产罪等涉及个体法益的两大类犯罪十余个罪名，学生对有关侵犯生命、健康、自由、名誉、财产的具体犯罪的成立条件已经有了了解，并且掌握了对案件的四要件或三阶层的分析方法，具有了独立分析相关案件的能力，这就使得学生通过团队作业进行案例分析并进行对抗式展示有了实现的基础。

班上有 24.64% 的学生属于外专业跨选，他们中间大部分之前也选修过"刑法总论"。其他专业的学生虽然不具备系统宪法、民法、行政法等法学知识，但是他们加入控辩团队有独特的优势，他们自己的专业思维可以为处理刑事案件开拓思路。刑事案件的处理是"情、理、法"交汇的过程，这个过程需要实现政治效果、社会效果和法律效果的有机统一，因此不同的专业背景有助于找到更加合理的解决方案。

从前 9 周的教学情况看，学生在课堂上主动参与性不强，课堂积极发问或者主动回答问题的较少，思维不够活跃，大多是单向地接受老师的讲解。而法庭控辩场景在课程中的嵌入，恰好可以弥补这一不足，对抗式的机制提升了学生积极思考、迅速反应、缜密表达的可能性。以前实施过的单纯的小组展示有一个不足之处，那就是其本质仍然是单向灌输，台下的听众学生大多不认真倾听。而小组对抗由于有辩论的交锋、有精彩的提问和回答，大大增强了吸引力，台下的学生普遍集中精力认真听。

抗辩场景嵌入课程客观上减少了老师讲授的时间，但由此也促使老师将讲授内容更加聚焦于重点知识，与 7 场对抗式控辩需要的知识形成呼应，总体上不会影响课程方案的实施。

（三）思维导图

思维导图见图 1。

图 1　案例设计思维导图

（四）理论和实践

刘雪莹在《从学生角度探索评价课堂小组展示的标准》一文中认为内容上信息量是否大、主题是否有趣和明确、形式上结构和布局是否明确、是否图文兼备、小组合作是否良好流畅、时间把握是否精准是判断课堂小组展示的评价标准（载《卷宗》2015 年第 8 期）。这也为本控辩场景嵌入课程项目的设计提供了参考依据。

李英在《高效课堂小组展示环节的有效性实施》一文中提出要重视对小组长的培养（载《师道（教研）》2019 年第 6 期）。这对本项目的设计具有很大的启发性。本项目要求每个小组确定一名小组长，他（她）要负责对小组的统筹，甚至与对抗小组的沟通。实践证明，这个环节对于本项目的成功实施十分关键。

胡佳楠、王丹丹在《ESL 课堂小组展示的实践与效果分析》一文中表示，课堂小组在准备时大多通过网络搜集准备资料，较少检索文献，这样会导致资料缺乏客观性和权威性（载《学苑教育》2013 年第 16 期）。这项研究成果提醒本项目在设计过程中，特别要求学生要通过知网等文献数据库查阅法学核心期刊的文章，通过最高人民法院的"裁判文书网"等权威数据库查阅典型案例，认真完成文献梳理工作。

段知壮在《案例辩论模式在法理学教学中的运用路径探索》一文中为辩论式教学提出了"议题设定""案例拟定""问题推动""理论升华""知识点回归"五个微观层面的具体操作法则（载《法学教育研究》2021 年第 4 期）。该文的理论指导了本项目在案例选题、编排、争议点设定、老师总结等环节的具体设计。

综合而言，理论和实践中关于实践教学、课堂展示和辩论式教学的论述和总结给了本项目丰富的理论支撑和经验借鉴，使得本项目的设计始终在科学、逻辑的轨道上进行。

三、项目式教学案例

教学案例见表1。

表1 项目式教学案例

序号	第一次辩论：我国首例"安乐死"案——王×成、蒲×升故意杀人宣告无罪案			
简要案情	王×成之母夏×文长期患病，1984年10月曾经被医院诊断为"肝硬变腹水"。1987年年初，夏病情加重，腹胀伴严重腹水，多次昏迷。同年6月23日，王×成与其姐妹商定，将其母送汉中市传染病医院住院治疗。被告人蒲×升为主管医生。蒲对夏的病情诊断结论是：①肝硬变腹水（肝功失代偿期、低蛋白血症）；②肝性脑病（肝肾综合征）；③渗出性溃疡并褥疮2～3度。医院当日即开出病危通知书。蒲×升按一般常规治疗，进行抽腹水回输后，夏的病情稍有缓解。6月27日，夏×文病情加重，表现痛苦烦躁，喊叫想死，当晚惊叫不安，经值班医生注射了10毫克安定后方能入睡，28日早晨昏迷不醒。8时许，该院院长雷××查病房时，王×成问雷××其母是否有救。雷××回答说："病人送得太迟了，已经不行了。"王×成即说："既然我妈没救，能否采取啥措施让她早点咽气，免受痛苦。"雷××未允许，王×成坚持己见，雷仍回绝。9时左右，王×成又找主管医生蒲×升，要求给其母施用某种药物，让其母无痛苦死亡，遭到蒲连开的拒绝。在王×成再三要求并表示愿意签字承担责任后，蒲×升给夏×文开了100毫克复方冬眠灵，并在处方上注明是家属要求，王×成在处方上签了名。当该院医护人员拒绝执行此处方时，蒲×升又指派陕西省卫校实习学生蔡某、戚某等人给夏注射，遭到蔡某、戚某等人的回绝。蒲×升生气地说："你们不打（指不去给夏注射），回卫校去！"蔡某、戚某等人无奈便给夏注射了75毫克复方冬眠灵。下班时，蒲×升又对值班医生李××说："如果夏×文12点不行（指夏还没有死亡），你就再给打一针复方冬眠灵。"当日下午1时至3时，王×成见其母未死，便两次去找李××，李××又给夏开了100毫克复方冬眠灵，由值班护士赵××注射。夏×文于6月29日凌晨5时死亡			
涉及刑法争议点	因果关系、被害人承诺、情节轻微、不作为			
辩题	控方：蒲×升构成故意杀人罪；辩方：蒲×升不构成故意杀人罪			
控辩时间	10月31日（第十周）（约）18：30～19：00			
分组情况	控方		辩方	
	组长	聂×伦	组长	张×云
	姓名	学号	姓名	学号
	聂×伦	421070××	张×云	421070××
	罗×杨	421070××	罗×馨	421070××
	张×语	421070××	赵×迪	421070××
	吴×蕊	421070××	胡×馨	421070××
	刘×新	421070××	陈×祯	421070××

序号	第二次辩论：穆×祥案			
简要案情	1999年9月6日10时许，被告人穆×祥驾驶其苏GM2789号金蛙农用三轮车，载客自灌南县孟兴庄驶往县城新安镇。车行至苏306线灌南县硕湖乡乔庄村境内路段时，穆×祥见前方有灌南县交通局工作人员正在检查过往车辆。因自己的农用车有关费用欠缴，穆×祥担心被查到受罚，遂驾车左拐，驶离306线，并在乔庄村3组李×华家住宅附近停车让乘客下车。因车顶碰触村民李×明从李×华家所接电线接头的裸露处，车身带电。先下车的几名乘客，因分别跳下车，未发生意外，也未发现车身导电。后下车的乘客张×森由于在下车时手抓挂在车尾的自行车车梁而触电身亡。张×森触电后，同车乘客用木棍将三轮车所接触的电线击断。现场勘验表明，被告人穆×祥的苏GM2789号金蛙农用三轮车出厂技术规格外形尺寸为长368 cm、宽140 cm、高147 cm。穆×祥在车顶上焊接有角铁行李架，致使该车实际外形尺寸为高235 cm。按有关交通管理法规的规定，该种车型最大高度应为200 cm。李×明套户接李×华家电表，套户零线、火线距地面垂直高度分别为253 cm、228 cm，且该线接头处裸露。			
涉及刑法争议点	意外事件、注意义务、过失、规范保护目的			
辩题	控方：穆×祥构成过失致人死亡罪；辩方：穆×祥无罪			
控辩时间	11月7日（第十一周）（约）18：30~19：00			
分组情况	控方		辩方	
	组长	李×芬	组长	张×云
	姓名	学号	姓名	李×
	李×芬	421070××	李×	421070××
	刘×宁	421070××	李×窈	421070××
	张×	421070××	黄×茹	421070××
	蒋×宸	421070××	陈言××	421070××
	董×	421070××	赵×萱	421070××
序号	第三次辩论：许×案			
简要案情	2006年4月21日21时许，被告人许×持自己不具备透支功能、余额为176.97元的银行卡，到位于广州市天河区黄埔大道西平云路163号的广州市商业银行自动柜员机前准备取款100元，其同行的朋友郭×山（已判刑）在附近等候。 许×在自动柜员机上无意中输入取款1 000元的指令后，柜员机随即出钞1 000元。许×经查询，发现其银行卡中仍有170余元，意识到银行自动柜员机发生故障，能够超出账户余款取款且不实扣账。于是，许×先后于21时57分至22时19分、23时13分至19分、次日零时26分至1时06分，在该自动柜员机170次主动指令取款174 000元，而其账户实际被扣账174元。郭×山从许×处得知该台自动柜员机出现异常后，亦采用同样手段先后取款19 000元。			
涉及刑法争议点	预设同意、机器能否被骗、处分财产、占有			
辩题	控方：许×构成盗窃罪；辩方：许×不构成盗窃罪，属于不当得利			
控辩时间	11月14日（第十二周）（约）18：30~19：00			

表1（续）

分组情况	控方		辩方	
	组长	李×彧	组长	娄×佳
	姓名	学号	姓名	学号
	李×彧	419510××	娄×佳	419080××
	李×如	419112××	马×娟	419081××
	刘×童	419140××	何×	419191××
	邓×豪	419040××	王×媛	419144××
	曾×芙	419141××	陈×佳	419052××
	王×	419141××		

序号	第四次辩论：邹×敏偷换二维码案
简要案情	2017年2月至3月间，被告人邹×敏先后多次到石狮市沃尔玛商场门口台湾脆皮玉米店、世茂摩天城商场可可柠檬奶茶店、石狮市湖东菜市场等处，将被害人郑某、王某等人店里的微信二维码调换为自己的微信二维码，骗取到店消费顾客本应转账至被害人微信账号的钱款共计人民币6 983.03元
涉及刑法争议点	三角诈骗、错误认识、对债权的占有、明知
辩题	正方：邹×敏构成盗窃罪，不构成诈骗罪。反方：邹×敏构成诈骗罪，不构成盗窃罪
控辩时间	11月21日（第十三周）（约）18：30～19：00

187

分组情况	正方		反方	
	组长	于×	组长	黄×哲
	姓名	学号	姓名	学号
	于×	421070××	黄×哲	419144××
	余×源	421070××	袁×森	419124××
	张×帆	421070××	周×华	419144××
	柳×瑞	421070××	朱×	419124××
	刘×萍	421070××	王×文	419120××

表 1(续)

序号	第五次辩论：赵×华非法持有枪支案
简要案情	天津市公安局河北分局鸿顺里派出所民警于 2016 年 10 月 12 日 22 时许，在河北区李公祠大街附近的海河亲水平台上诉人赵×华经营的摊位上发现枪形物，遂依法进行搜查，当场查获黑色枪形物 9 支、疑似枪支弹夹 15 个及圆形塑料 BB 弹一罐，并依法予以扣押，办案民警随即将上述查获的 9 支枪形物送往天津市公安局物证鉴定中心鉴定。经鉴定，天津市公安局河北分局鸿顺里派出所民警在赵×华经营摊位查获的 9 支枪形物中的 6 支为能正常发射、以压缩气体为动力的枪支。 上诉人赵×华供述，其从他人处以 2 000 元的价格接手了 9 支枪及弹夹、气球等物品，用于摆摊经营射击气球生意，并自行购买了塑料子弹，于 2016 年 8 月开始，每天晚上 9 点至 12 点在天津市河北区李公祠大街亲水平台附近摆设射击气球摊位。2016 年 10 月 12 日晚上，其在摆摊经营时被公安机关当场查获
涉及刑法争议点	枪支的认定、可预见性、非法的认定、认识错误
辩题	控方：赵×华构成非法持有枪支罪；辩方：赵×华不构成非法持有枪支罪
控辩时间	11 月 28 日（第十四周）（约）18.30~19：00

分组情况	控方		辩方	
	组长	江×川	组长	黄×韬
	姓名	学号	姓名	学号
	江×川	421070××	黄×韬	421070××
	陈×	421070××	谭×荣	421070××
	李×非	421970××	王×强	421070××
	徐×慧	421070××	周×	421070××
	蔡×洋	421070××	李×昕	621000××

序号	第六次辩论：赵×案
简要案情	赵×在事先猜到并猜准刘×银行卡密码为其生日的情况下，趁刘×不注意，使用刘×的手机向招商银行发送无卡取款信息，得到验证码后，赵×到招商银行以无卡取款和转款的方式取走刘×卡内 3 万元。他使用其中 3 000 元买了一条黄金手链并作为礼物送给刘×
涉及刑法争议点	无卡取款的刑法定性、冒用的认定、窃取信用卡信息资料的认定、损失认定
辩题	控方：赵×构成盗窃罪。辩方：赵×构成信用卡诈骗罪（要求双方阐明赵明的犯罪金额是多少）
控辩时间	12 月 5 日（第十五周）（约）18：30~19：00

表1(续)

分组情况	控方		辩方	
	组长	薛×楠	组长	黄×脂
	姓名	学号	姓名	学号
	薛×楠	421070××	黄×脂	421070××
	兰×荣	421070××	王×涵	421070××
	滕×池	421070××	赵×娜	421070××
	沙×落	421070××	潘×杉	421070××
	陈×阑	621000××	李×	421070××

序号	第七次辩论：林×群、林×坤案
简要案情	2014年，被告人林×群、林×坤连续几次将其以每吨1 400港币从香港购买的工业用猪油（其中部分被有机锡污染），冒充食用猪油，以每吨7 600元的价格批发给江西省定南县的食品经销商何×平。何×平加价后再批发给被告人王×香、罗×华等人销售。 同年12月16日之后，定南县的龙塘胡子、老陈等乡镇和龙南县文化镇等地相继出现大批群众使用猪油后中毒的现象。被告人林×群、林×坤等人的行为共造成1 002人中毒，其中三人死亡，57人重度中毒，同时造成被害人医疗费总计1 273 407元损失，造成龙南县被害人医疗费共659 778元的损失
涉及刑法争议点	有毒和有害食品的区别、危害公共安全的危险方法、食品的认定、法定犯
辩题	控方（正方）：被告人构成销售有害食品罪。辩方（反方）：被告人构成以危险方法危害公共安全罪
控辩时间	12月12日（第十六周）（约）18：30~19：00

分组情况	控方		辩方	
	组长	叶×霞	组长	刘×月
	姓名	学号	姓名	学号
	叶×霞	421070××	刘×月	421070××
	陈×羽	421070××	李×	419510××
	王×媛	421070××	李×芸	421070××
	王×韵	421070××	马×	421070××

四、案例实施方案

（一）实施步骤

1. 动员阶段

第一周在给学生介绍"刑法分论"这门课程的教学安排时，就介绍了本学期将要在课程中嵌入抗辩场景这一教学项目，对项目目标、理念、安排、要求做了阐释，给学生强调做一个合规法律人不仅需要理论知识，更需要操作技能，鼓励大家学会团队协助，勇敢面对对抗交锋，积极捍卫正义。

2. 分组阶段

班上共有学生 69 名，5 人为一组，拟分 14 组，以两组为单位进行课堂辩论。一开始采取自行组队的方式，每小组自行确定一名组长，组队成功后，组长将组员的名字、学号、组长手机联系方式及 QQ 号发给助教同学，并承担组织成员、与助教协调的职责。因本班学生组成情况存在外专业跨选、分属不同年级的情况，自行组队困难的学生均联系助教直接进行分配，最后所有学生都成功组队。

3. 培训阶段

从第一周到第八周，老师在按照教学方案推进教学的过程中，结合相关知识点和案例，有意识培养学生发现案件争议点，比如相约自杀案件中，启发学生思考行为人要出罪，到底是从因果关系角度出罪还是从被害人承诺角度出罪；同时有意识地展示、引用著名法学家的文章，告诉学生如何找到这样的文献，比如讲到盗窃罪时，就专门给学生介绍了张明楷教授关于"公开盗窃"的文章，让学生学会文献检索；在这个阶段还要重视对法学方法的阐释，告诉学生要重视"三段论"的论证方法以及类似论证方法。老师讲授抢劫罪和绑架罪的区别时，就引用了五个实践中的典型案例，并在细节处进行区分，最后告诉学生这些案例分别来自《刑事审判参考》、裁判文书网等。

4. 发布阶段

为了让每个小组都能够平等的准备，辩论的案例一般是提前一周在班级教学 QQ 群中发布，同时发布辩题。辩题既有为罪和非罪之辩，比如"×××构成过失致人死亡罪与×××不构成过失致人死亡罪"，也有此罪和彼罪之辩，比如"×××构成诈骗罪与×××构成盗窃罪"。发布案例和辩题后，同时提醒学生注意事实认定、围绕辩题、时间控制、立论和总结等方面的问题，并要求两个小组必要时相互沟通。事实证明，两个小组相互沟通的要求创造了较好的辩论效果，有的小组沟通后确定了双方的几个辩点，在具体控辩中围绕辩点展开，让整场控辩节奏非常紧凑并且避免了跑题。考虑到展示效果，需要求每个小组都准备立论的 PPT。

5. 控辩阶段

先由老师宣布两个小组上场，公布辩题，然后开始辩论。控方先立论，辩方接着立论，立论时都会播放 PPT，然后开始自由辩论，原则上按照一问一答的顺序进行，最后由控方和辩方总结。老师最后点评，对双方的精神风貌、辩论技巧、出场礼仪，更多是对辩题分析、理论交锋、临场反应等进行评论，强调双方的优秀之处、不足之处。在辩论过程中，精彩之处往往会引发听众的掌声，让现场气氛变得热烈紧张。

6. 答疑阶段

辩论完毕后，有的同学意犹未尽，会在辩论结束后直接找老师或者通过 QQ 和老师联系，就案例中涉及的刑法问题进行追问，老师则给予解答。

7. 意见征询和反馈阶段

教学完成之后，本项目还制作了"控辩场景在'刑法分论'课程教学中的嵌入项目意见征询表"，其中设计了四个问题来征询学生的意见和建议。学生填写完后交还给老师，以便老师总结改进。

（二）里程碑事件

1. 争抢申请参加第一次辩论

为激发学生热情，并为后续各小组展示起到表率及模范作用，老师为主动报名第一次展示的小组增加平时表现评分，以示鼓励。多个小组纷纷报名，最终选择了按时间顺序最早的两个小组作为第一次辩论的对抗双方，这说明了加分激励的方式可以提高学生的动力，激发同学们的参与热情，并且使课堂辩论得到了学生们的积极回应。

2. 第一次线上线下结合的辩论

因新型冠状病毒感染受疫情影响，有的学生无法返校参加第四次关于邹晓敏案的课堂展示，所以我们决定采取线上线下结合的方式进行课堂展示。已返校的同学参与线下的辩论，未能返校的同学利用腾讯网络会议平台，同步连线，及时有效展示观点、应对辩论，这一应急措施探索了新型冠状病毒感染疫情期间灵活丰富的教学模式，更说明了课堂展示形式可以多样化。

3. 第一次出现超越辩题攻击对方辩友的情况

因受新型冠状病毒感染疫情影响，第五次关于赵×华非法持有枪支案的辩论只能采取网上辩论的形式，通过腾讯网络会议平台进行。在本次辩论中，双方小组对于赵×华的枪支价格是否会随着时代的进步降低这一问题进行了非常激烈的争论，情急之下双方都对对方辩友的观点进行了贬低性的评价。对此，老师进行及时地打断纠正并维护辩论秩序，后续在点评环节也对这一不尊重对手的做法进行指正，课后也通过助教向同学们转达了只针对事实进行辩论，不做评价特别是贬低性评价的要求。此后再无类似情况发生。

4. 第一次出现照本宣科的冗长无聊情景

第三次关于许×案的辩论中，出现了双方事前编排，辩论呈现照本宣科冗长的情景。对此，老师在辩论过程中及时纠正双方的念稿子行为，要求他们对新的观点进行辩论，之后也呈现了较好的临场反应。后续点评环节，老师对这一事前编排的行为表示了批评，向同学们说明辩论考验的就是同学们的临场思辨及应对能力，照本宣科是无意义的行为。此后也没有类似情况发生。

5. 第一次出现完全法言法语的专业式风格的辩论

第六次关于赵×案的辩论，两组同学立论深刻，展示全面，理论知识储备深厚，自由辩论环节应对得当、交锋激烈，完全是一场法言法语式的专业辩论。在自由辩论环节，双方争议焦点完全围绕在法律定性上，出现了一些比较生僻的专业名词，例如不可罚的事后行为，体现了同学们在课前进行了准备充分，且理论基础深厚。

6. 最后一次辩论

最后一次辩论是极特殊的一次辩论，同样受新型冠状病毒感染疫情影响，一组同学在线下参与，一组同学通过网络会议平台线上参与，两组同学在不同的空间同步地进行思想的交流和碰撞，克服了新型冠状病毒感染疫情及设备的困难，成为同学们心中不一样的体验和记忆，较为圆满地为课堂辩论画上句号。

（三）教师引导过程

动员时激发参与热情、培训时强调理论方法、设计辩题时考虑学生的知识积累、辩论时注重控制秩序、点评时重在知识梳理、课后坚持答疑释惑。

（四）支撑要素

1. 场景构造

先由同学在讲台上结合PPT课件进行己方立论，完毕后双方同学在讲台两边对向而立，类似法庭公诉人、辩护人对向而坐，意在平等地位、激烈交锋之意。先由控方发问、辩方回应并质疑，一问一答，有序进行，最后再从控方、辩方的顺序总结陈词。

2. 成功组队

因本班学生组成情况存在外专业跨选、分属不同年级的情况，彼此之间不熟悉，也无联系方式，故由助教同学从中协调，自行组队困难的学生均联系助教直接进行分配，并获取组长联系方式，成功组队。

3. 学生准备

首先，两组学生私下先确定好案情事实的一致性，以免就事实问题发生争议。在此基础上双方根据己方辩题，收集类似案例、教材观点、学术资料等材料形成观点，进行立论，找出案件争议点。之后，两组学生需要就总结的案件争议焦点同对手交换意见，以免各说各话无法形成辩论。最后，小组内所有学生进行发言准备（需组织好语言、准备发言所需材料），积极发言。

4. 点评到位

老师的点评十分重要且必要。辩论本身就是观点的交流和碰撞，辩论的过程就是说服对手的过程，因此同学们也在辩论结束后想知道自己的表现如何，想知道控辩双方谁说得有道理，谁说得对，也想解决在辩论、倾听的过程中产生的疑问。对此，老师到位的点评将会使同学们增加自信、弥补不足，更会在此过程中培养法律思维，巩固知识。

5. 助教作用

助教在课堂辩论展示的过程中起到非常重要的沟通媒介作用。助教必须提醒同学们及时准备，督促准备进度、解答同学们在准备过程中遇到的疑惑、同时协助管控执行，在老师和同学之间起到沟通桥梁的作用；在展示过程中协助调试设备、留下音像资料等。

五、案例评价

经过七次辩论，本次课堂辩论式教学是一次较为有效且成功的尝试。

（一）总体印象

首先，学生对辩论形式非常欢迎，新的辩论方式相比以往的课堂展示更具趣味性，也更能展示个人在小组中的能力，所以同学们在课前都积极与助教沟通和咨询问题，课堂上更是觉得发言时间不够，意犹未尽。

其次，本次辩论需要用PPT形式展示己方观点，这也是检验学生熟练使用办公软件、刑法理论知识积累、语言表达等多项个人素质的重要途径，所有小组的PPT

制作都非常精心，其中第二小组、第十一小组的 PPT 除内容完备详细之外，还添加了动画等形式，两组同学的技能熟练，值得表扬及肯定。

再者，课堂辩论能很好地展示学生个人专业素养、道德品质、口才及临场反应能力。大多数同学都能够做到及时反应，积极应答，其中第二次辩论的第三、四小组的同学具备非常专业的法律人素养，沉着而冷静，对答如流。第六次辩论的第十一、十二小组的同学具备深厚理论基础，两组同学的辩论法律专业名词含量极高，辩论激昂，观赏性和学习性都很高。

最后，教师点评环节受到同学们的热烈欢迎，学生均认真聆听并记笔记，在老师讲到精彩有趣的环节时给予老师热情的回应，有不少的同学表示老师的点评环节比辩论更加有收获。

（二）学生评价

课后，老师对学生意见反馈非常重视，制作了"课堂辩论意见反馈表"发给学生自愿填写，并由助教汇总形成反馈结果。根据意见反馈结果看，全部的同学都认为这种教学模式很好，不落俗套，在学习到了专业知识的同时，也培养了其他方面的能力。90%同学表示口才和反应能力得到了锻炼、60%的同学提到提高了团队协作能力、100%的同学表示表达能力得到提高，另有10%左右的同学表示收获最大的是老师的点评环节。同学们还积极给予建议见表 2，提出了很多有意思有针对性的建议，对改进教学质量助益颇大。

表 2　学生建议（部分）

学生建议摘取：
1. 我认为时间还可以适当延长，因为我感觉很多小组都还没有表达完自己的观点就结束了辩论
2. 希望老师点评的时候可以稍微说一下如果自己拿到这个案子会对双方观点有怎样的看法（怎么辩，针对哪个点辩比较有效），这样可以稍微借鉴一下
3. 应该控制时长，在辩论开始前就确定好双方的发言时间，避免出现双方发言时间不同或者是发言时间不够、超出的现象
4. 辩论之后或许可以邀请听众分享一下自己的看法，增加听众参与感
5. 对于不是本组的案例，不会去注意，只会了解表面
6. 希望评分标准能再一开始就说明，最后才知道做出来的成果不太符合标准实在是难受
7. 提前两周公布案例，多一点时间准备
8. 辩论形式可以再正式一点

（三）团队成果

同学们的辩论产生了一些精彩的问答（见表3），值得肯定。

表3　辩论的精彩问答（部分）

案例	争议焦点	控方	辩方
许霆案	许霆的行为可期待否	许霆的行为明显缺乏期待可能性，大多数人都会这样做的行为，进行惩罚是没有意义的，即便行为违法，法律也可以进行宽恕。此外刑法的适用，还应考虑人之常情，诱惑越大，行为人去抵抗这种诱惑的可能性就越低，我们认为这种情况所应接受的谴责程度就越低。而且许霆案之后，社会公众也陷入了自己面临同种情况作出相同行为受到处罚的恐慌，而不是财物失窃的恐惧感	我方认为受到了巨大的诱惑应当减轻许霆的刑事责任，你方认为本案的银行过错引发了巨大的金钱过错，诱发了许霆的犯罪，那么，一个绝色美女站在我的面前，我对她实施了性侵行为，我告诉你不是我的错，是她太漂亮了，你方觉得合理吗？如果依照你方观点所有行为都诉诸期待可能性的话，那我国刑法的保障机能何在，其次，根据事实我们可以认定许霆具有较大的主观恶意和过错，取款17万元对当时社会来说是一笔巨款，主观恶意很大
邹晓敏案	商家是否有处分权	商家在把货物交付给顾客之后，实际上获得的是一个债权，商家有处分权，是对债权的处分权而非他拥有的财产的处分权，因此商家拥有债权处分权，商家误以为张贴的二维码是自己的二维码而指使顾客扫码付款，这个指使行为实际上就是自愿处分的行为	我方反驳，本案所说的债权应该是商家同银行之间的债权关系，因为电子货币支付都表现为顾客对银行的债权，顾客在购物时将自己对银行的债权转移给商家所有。嫌疑人偷换二维码将商家对银行的债权转移为自己所有，符合盗窃罪的逻辑
林烈群案	工业用油是否为食品	工业用猪油，虽然生产出来不是为了食用，但是我们可以将其理解为普通食用猪油的劣质版，因为其就是将普通食用猪油的炼制工艺降低了，故可以将其理解为不适合食用的食品，不能直接将其列入非食品的范畴。我们更应关注本案的销售行为，销售方将其作为食品销售，顾客作为食品食用，已经满足销售有毒有害食品罪的构成要件	您方也提到了工业用油是用死猪、瘟猪这些炼制的，本身就不符合食用猪油的标准，而且其用途是工业用，食品是供人食用，从性质和用途上都和食品有很大差异，那么工业用猪油就不应是食品

表3(续)

案例	争议焦点	控方	辩方
赵明案	赵明有没有侵犯新的法益	赵明构成信用卡诈骗罪，他一开始就具有非法占有的意图，无论是对着自然人使用，还是在柜员机上取款透支，由于在行为人骗领信用卡时发卡银行已经做出了概括性财产处分，并且使用行为还侵犯了金融管理秩序这一新的法益，故认定为信用卡诈骗罪没问题	根据大陆法系刑法理论中不可罚的事后行为，结合法益侵害标准，即是否侵害了新的法益或者扩大了原法益的侵害，本案中赵明并没有扩大对法益的侵害，而且前行为（偷看验证码）与后续取款行为之间存在某种紧密联系，事后行为无需单独定罪处罚，处罚前行为所构成之罪即可充分保护法益，故应定盗窃罪
穆×祥案	加高车身的危险状态应在何范围	我方认为加高车身的危险状态应当限制在交通领域，例如车辆侧翻	我们之所以认为穆×祥的加高车辆的行为是本案的实行行为，是因为他理应预见到他加高车身所造成的危险后果，因此他应该更加谨慎地行驶车辆，由此来证明穆×祥的主观方面，应当是有预见的，加高车身导致了危险的持续状态，介入行为同穆×祥的过失行为共同作用，导致了死亡结果

六、教学反思

本项目是任课老师在吸收课堂展示教学理论的基础上，结合法律界对提升控辩能力的实务需求，在刑法理论教学中的一次勇敢尝试。从同学的反应和提交的材料看，项目的实施获得了较好的效果。

该项目的完成有如下经验可以分享：

第一，科学的理念是成功的基础。该项目以习近平新时代中国特色社会主义思想为指导，以"双一流建设"的要求为实施标准，以思想政治教育为引领，以专业教学为核心，以贴近实战为抓手，牢牢把握课程正确的政治方向。

第二，严密的组织是成功的保障。该项目在学院的支持下，成立了以任课教师、助教、课代表为成员的组织团队，按照实施计划，分工负责完成组织工作，妥善解决其中的技术障碍，严格按照步骤推进，实施过程有条不紊。

第三，传授知识是成功的关键。该项目以课程实施大纲为基础，围绕"刑法分论"的教学知识点进行深化，以新的形式强化、巩固这些刑法知识，使教学形式为教学内容服务，避免单纯追求教学的"新、奇、特"而背离传授知识的初衷。

第四，贴近实战是成功的要诀。该项目着力营造法庭控辩场景，周密安排辩论环节，吻合刑事诉讼中的庭审步骤。案例的设计参考曾经在社会中引发公众关注的真实案例或者类似案例，辩题的设计参考实务中引发法学界争论的重要问题，辩论论证要求全面关注和引用有关司法解释、学者观点。

该项目有如下值得完善和改进的地方：

第一，老师要更加融入实战。老师在课堂上扮演法官的角色，但是法官在庭审中除了维护法庭秩序，更为重要的是释法说理，老师在辩论前和辩论后对这个问题都有待加强。

第二，学生要更加融入实战。教师部分小组存在照本宣科的情况，部分小组有辩论跑题的现象，这些有待纠正。要让学生认识到控辩的目的是追求影响法官，践行公平的诉讼价值。各小组把说服对方当成辩论目标，这一点应当纠正。

第三，准备上要更加融入实战。各个小组的准备大多自行组织，而实战中控方有公诉人联席会议、检察委员会审查等程序，辩方有律所专业小组讨论、能邀请专家论证咨询等。这个环节可以指导学生更加贴近真实的刑事诉讼情况。

（西南财经大学法学院　黄礼登）

税法知识图谱的设计与应用

一、案例基本情况介绍

课程名称：税法知识图谱。

适用对象：本科生。

适用范围：一般性税法商务咨询场景。

二、案例设计过程

（一）教学目标

1. 知识目标

本案例的设计与应用，旨在达到三层知识目标：一是，理解掌握企业所得税、增值税、土地增值税、契税、印花税知识体系。二是，理解掌握企业重组及税务处理知识体系。三是，培养税法、会计、财务管理与经济学相关专业知识素养。

2. 能力目标

学生在案例解析过程中，通过对税法知识的实践应用，旨在达到三层能力目标：一是，行业顶尖的税务专业能力。二是，批判性思维与创新能力。三是，团队合作与沟通能力。

3. 价值目标

本案例旨在实现的价值目标是，让学生具有家国情怀，社会责任感；同时对专业保有热情，激发学习兴趣，端正学习动机，提升自我效能感。

（二）学情分析

税法知识图谱课程针对大二数字财税实验班学生开设，教学周共 17 周。在专业方面，学生已接受了经济学基本知识传授、财政学基本知识传授，但尚未接触过税法及税收学基本知识。因此，税法知识图谱是学生们进入税收学专业课程体系的税法专业课程，也是数字财税实验班学生的基础性课程。

（三）实施基础分析

税法的内容很多很散且很杂。税法知识图谱场景化案例教学的方案设计需要做到：牵引阶段性学习目的及学习效果。在教学场景的知识能力体现的纵深设计中，案例场景的设计要具有连续性，涉税问题的复杂性及要求的能力显示要呈现递阶特征。同时，经济活动与税制应用之间的互动最终要形成逻辑闭环。

为了更好地保证场景化案例教学效果，教师前期对学生进行了知识教学与能力递阶案例训练。连续性场景化案例训练流程及目标、动作如图1所示，教师组织学生针对税法总论、货物劳务税系、所得税系、财产行为税系交叉进行了单元测验、纳税申报案例训练风险评估案例训练。经过这些训练之后，教师得到了学生们的基本学习画像，发现学生们已具备了开展税务商务咨询高阶场景案例训练的基本知识和能力。本案例场景化设计完全还原了市场中税务商务咨询真实场景，案例知识点应既充分契合培养目标，又真实反映市场对税务商务咨询的业务需求。

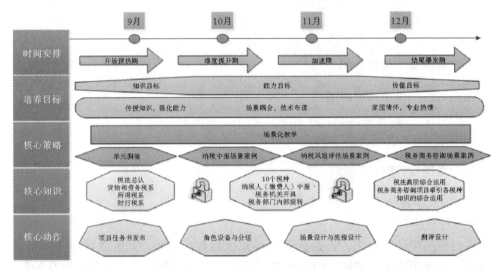

图1　连续性场景化案例训练

三、案例实施过程

（一）场景化案例教学流程及阶段设计

场景化案例教学流程及阶段设计见表1。

表1　场景化案例教学流程及阶段设计

时间	步骤	里程碑事件
第15周	发布案例任务消息	1. 讲解税务商务服务一般性流程（教师引领）
		2. 发布案例任务信息（教师引领）
		3. 基于雁形网阵发布税务商务服务团队构成要求及分组设计
第16周	案例准备	讲解案例所涉知识（教师引领）
		答疑（教师引领）
		各团队成员之间的工作磨合（学生）

表1(续)

时间	步骤	里程碑事件
第17周	案例汇报	第一阶段：分组汇报。 18：30-19：45，5组，每组15分钟（汇报10分钟，提问5分钟）
		第二阶段：小组组长述职。 20：00-20：25，5组，每组5分钟
		第三阶段：嘉宾点评
		第四阶段：成绩公布

（二）支撑要素

1. 案例任务信息及要求

千松药业是一家从事药物研发生产及医疗器械生产的大型综合医药企业。经过多年的生产经营，目前千松药业药物研发生产板块发展较快，而医疗器械销售板块处于常年亏损状态。

千松药业管理层为发展其相对薄弱的医疗器械生产板块，拟整合资源，筹集项目资金，就其医疗器械生产板块业务引入战略投资者，即蓉新基金管理有限公司（以下简称"蓉新资本）, 最终达到千松药业与蓉新资本对医疗器械生产板块业务各持有50%的目的。

公司管理层拟先将医疗器械生产板块业务装进新设公司，即千栢医疗设备制造有限公司（以下简称"千栢医疗"），而后将千栢公司50%股权出售给蓉新资本。从而达到双方各持有上述业务50%的持股结构。具体如图2所示。

199

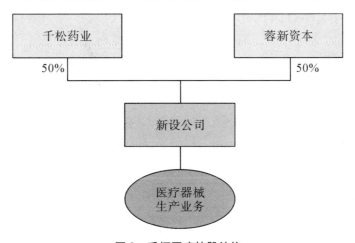

图2　千栢医疗持股结构

经资产评估，千松医疗的医疗器械生产板块业务公允价值为800万元。

公司管理层就如何将医疗器械生产板块业务装进新设的千栢公司进行了反复讨论，形成了如下三种解决方案：

方案一：千松药业以现金出资1 000万元设立千栢医疗，而后向千栢医疗转让其医疗器械生产业务并取得千栢医疗的现金支付800万元。

方案二：千松药业以现金出资 500 万元设立千栢医疗，而后向千栢医疗转让医疗器械生产业务并取得千栢医疗的股权支付（千栢医疗发行股份作为对价）。

方案三：千松药业以医疗器械生产业务出资设立千栢医疗（非货币性资产出资）。

就上述三种重组方案，千松药业管理层拟聘请专业税务服务机构，进行税务分析，评估各项方案的税务影响，从税务角度给出最优选择方案。

提示：

（1）分别从千松药业和千栢医疗角度进行税务分析。

（2）考虑税种可包括：企业所得税、增值税、土地增值税、契税、印花税。

2. 角色设置及分组设计

学生人数共 22 人，税务服务团队成员一般组成及分工情况如下表所示，共分 5 组，详细信息见表 2。

表 2　分组情况

序号	项目组成员	职责
1	税务合伙人（1 人）	1. 洽谈客户 2. 项目工作整体把握，审阅项目报告 3. 项目汇报等
2	税务项目经理（1 人）	1. 项目主要负责人 2. 向合伙人及客户报告 3. 制定项目方案，审阅项目报告 4. 项目汇报等
3	税务项目高级顾问（1 人）	1. 项目主要执行人 2. 完成工作底稿 3. 撰写项目报告等
4	税务项目助理（1~2 人）	1. 项目资料搜集及整理 2. 协助税务高级顾问完成工作底稿及项目报告 3. 项目税务问题调研等

3. 测评设计

测评设计详细信息见表 3。

表 3　测评

受评者	评分项		权重
合伙人	述职		20%
	文案	过程性评价（50%）	60%
		成果评价（50%）	
	成员打分		20%

受评者	评分项		权重
项目经理、高级顾问和项目助理	文案	过程性评价（50%）	80%
		成果评价（50%）	
	合伙人和项目经理打分		20%

4. 过程性评价表设计

详细信息见表4。

表4　过程性评价

主题	内容与依据	权重	非常符合	比较符合	基本符合	不太符合	完全不符合
			10~9	8~7	6~5	4~3	2~1
任务完成度	团队能够按照要求完成小组项目报告	10%					
自主探索能力	在项目推进过程中，能自主从多个渠道收集并探索项目背景，获取相关信息	20%					
问题分析能力	能对项目问题进行解构、判断，提出解决方案	20%					
创新能力	能多样化能够解决方案，并具有一定的创新性	10%					
反思能力	能在过程中总结团队和个人经验，认识到不足并制订提升计划	10%					
团队合作度	小组积极配合，成员参与度高，推进项目完成	20%					
任务分工	任务分工明确合理，按时交付任务	10%					

5. 成果评价表设计

成果评价详细信息见表5。

表5　成果评价

主题	内容与标准	权重	非常符合	比较符合	基本符合	不太符合	完全不符合
			10~9	8~7	6~5	4~3	2~1
分析目标	案例分析是否准确，案情分析要点是否全面，方案是否能够解决问题且是否具有实践可行性	20%					

表5(续)

主题	内容与标准	权重	非常符合	比较符合	基本符合	不太符合	完全不符合
			10~9	8~7	6~5	4~3	2~1
分析过程	分析过程是否合理、丰富且具有创意	30%					
图表使用	能对项目问题进行解构、判断，提出解决方案	30%					
口头应答	能多样化能够解决方案，并具有一定的创新性	20%					

6. 分主体评价表设计

分主体评价详细信息见表6。

表6　分主体评价

税务项目合伙人		
	打分	意见
专业操盘力（25分）		
团队凝聚力（25分）		
对外沟通力（25分）		
个人影响力（25分）		
合计		

项目经理、高级顾问和项目助理的评价		
	打分	意见
价值观（25分）		
顶尖专业能力（25分）		
专业热情（25分）		
工作心态（25分）		
合计		

四、案例评价

评价主要包括教学效果评价、学生个体成果，团队成果及班级等。教学效果评价见表7。

表7　教学效果评价

	增值税（单兵作战）	企业所得税（团队作战）	学情画像
税种场景案例分析	9个完全正确答案 8个正确但不完全答案 5个不正确答案	分了四组，每组5人，45分钟。 第一组：基本回答。 第二组：基本回答。 第三组：充分回答。 第四组：不能回答	1. 分组汇报展示结果差距较大。 2. 学生的参与积极性参差不齐，具有组群特征。 3. 分组内部的合作沟通表现不一，合作沟通好的组，成绩比较突出
单元测验			
内容	税法总论（单兵作战）	货物与劳务税系（单兵作战）	学情画像
成绩分布	及格率20%	及格率50%	成绩虽有提升，但学生呈现出较明显的焦虑状态
税务商务咨询案例场景			
内容	整体结果	个体结果	学情画像
成绩分布	—	—	—

五、案例反思

通过一个学期的系列场景化案例设计与实践，我们对税法知识图谱教学效果及其案例反思如下：

第一，不同形式的场景化案例教学交叉进行，教师能够准确衡量每一位同学的知识学习水平。

第二，在教与学过程中，教师能够准确接收到每一位同学的学习情绪，可以及时调整教学策略。

第三，通过案例场景设计，学生不仅能够学习解决问题的技能，还能够身临其境地观察、思考和提出问题，找出解决问题的方法。以往的老师会直接告知答案的形式，对学生限制太多，忽略了团队合作，不利于激发学生的主体性。

第四，教师进一步意识到多元场景教学的重要性。高质量完成项目所必需的知识、能力素养是综合性的，通过这些寻找答案的过程，也就是调研能力，可以不断触发学生的神经元，激活更多未知领域，激发其思维的连接，拓展其认知，让其形成自己的思维模式。

第五，在学情画像过程中，因为学生比较多，目前教师只能把学生粗放地分类画像，很难为每一个学生精准画像并反馈给学生。如果有相应的技术支撑，学生就可以清晰自己的学情画像，老师在与学生沟通反馈时有的放矢，提高沟通效率。

六、附录材料

学生作品见图3。

203

学生作品（部分）：

第一组成员：兰昌明 组嘉扬 陶池月 袁若彤 肖嘉钰 温美麟

一、可能存在的税收风险：

1、财务费用：向非金融企业借入200万元，利息18万，利率为9%，大于同期银行贷款年利率，该企业和非金融企业可能存在非关联的关联交易。且企业向非金融企业缴纳的利息支出，不超过按照金融企业同期同类贷款利率计算的数额的部分可以据实扣除，但就是应税额6%扣除，而不能全部扣除。

2、视同销售收入为零，该企业为生产型企业，应当存在将货物交付他人代销、将自产、委托加工或购买货物用于集体福利等视同销售行为，可能存在视同销售行为未实际纳税调整的情况。

3、职工福利费用不超过工资薪金总额的14%（490545.02元）的部分在纳税时before扣除，该企业可能存在职工福利费用、工会经费（6000元）和职工教育费（10300）、业务招待费（2410元、60%）在允许扣除范围内全额扣除，而该企业的纳税调整明细表中的扣除数额明显超标，可能存在汇算清缴未做的或漏做纳税调整的情况。

4、企业法的税年度没有资产折旧摊销和资产减值准备，可能存在在往年度进行了加速折旧，未按照税法规定来计折旧摊销费用，随意变更固定资产、无形资产净残值及年限、计提方法，将不满足加速折旧/摊销的资产进行加速折旧/摊销前税前扣除的情况。

5、企业营业外收入 320,000 元中，可能存在以非货币形式及各种来源取得的收入，均应该并入应税所得额，可能存在如接受捐赠的固定资产、以物易物式对外销售等情况，应按照公允价值确认收入，而企业的纳税调整明细表中公允价值变动净额为0。

6、企业税收滞纳金、罚金和被没收财物数额巨大，说明该企业存在不符合税收法律法规的规定，应缴纳税款未缴纳、少缴纳的情况。纳税人在计算应税所得额时，罚金、罚款和被没收财物的损失（190,000元）以及税收滞纳金、加收利息（115,776.1元），不得税前扣除。

7、企业货币资金面挂账余额较小，而营业收入的发生额较大，并且企业有大额应收账款和其他应收款，因而企业可能存在虚开发票的情况。

8、企业存货余额过多，而原材料、在产品、产成品、库存商品和周转材料都为0，作为一个生产型企业，明显不符合常理，可能存在隐瞒收入和成本的情况。

9、企业生产用固定资产的规模与产出规模不相符，企业可能存在少计收入、账外经营、营养开支不合理的情况。且其在建工程项目有大额需方余额长期挂账，可能存在企业在建工程不转资、逃避房产税的情况。

二、应对措施：

从企业自身角度：企业管理人员需要树立起税务风险意识，充分认识税收风险，杜绝侥幸心理，建立定期自查制度，对企业内部的税务合规、税收成本进行审核，避免补税、滞纳金与罚款，并控制合规成本，建立税务信息的沟通与共享机制，明确税务相关信息的收集、处理和传递程序...

第二组

连杰林 42103095 陈立策 42103174 祝钰佳 42103110 孟梦军 42103049 刘睿心 42103032

一、应收账款增加，三百万，货币资金减少三万，营业收入减少，一千四百万，存在风险。企业隐瞒收入的风险。

二、应收账款余额较大，一千六百万，一千九百万，且长期挂账，存在虚增收入，虚开发票的风险。

三、预付账款长时间挂账，余额过大，九百万，一千一百万，企业涉嫌不按规定取得进项发票或者不开票的行为。预付账款账龄超过一年，企业有假借预付账款之名，行融资之实的嫌疑。

四、存货的期末余额较大，通常情况下"存货/流动资产>50%"，在百分之四十九左右，且存在长期存在的非流动存货"企业则应该注意是否存在以下情况：①账外收款不结转成本的情况。②存在需要报废的存货。

五、在建工程，长期挂账，五百五十万，未结转固定资产计提折旧，降低了房产税的计提基数，存在一定的税务风险。

六、两千九百万，三千八百万，应付账款长期挂账且存在无法偿还的情况，企业所得税法实施条例释义第二十二条：确实无法偿付的应付账款，根据企业财务制度规定，企业应当按期偿付各种负债，如确实...

案例分析

第三小组组员：杜雨桐 刘小丹 程雅晟 张千寻 黄韵雯

1. 子公司给母公司的管理费用占比太高，且企业要注意这部分费用不得税前扣除。

2. 业务招待费用低于正常水平，可以报销实际发生额的60%。

3. 财务费用增幅过快，超过收入的24%，反映企业融资能力差。

4. 以高于百分之六的的利率水平借贷，可抵扣200*6%?12*7=7万。

5. 职工福利费用扣减达到上限，只能扣减薪酬的14%。

6. 应收账款很多，且占营业收入的一半，但没有任何的坏账损失，坏账风险很大。

7. 其他应收款数额庞大，且不清楚缘由，存在税务法律风险。

8. 预付账款余额较大，长时间挂账，涉嫌不按规定取得进项发票或者不开票的行为

第四组成员：朱紫玲 焦莉芸 任琳 周亦菲 麻绍婷 梁睿囊

一、对于纳税调整项目明细表

1、该企业税收滞纳金、加收利息（115,776.11元）和罚金、罚款和被没收财物的损失（190,000元）数额巨大，不符合税收法律法规的规定，应纳税而未纳税、少纳税，从面临补税、罚款、加收滞纳金、刑罚处罚以及声誉损害等风险。

2、该公司计入成本费用中实际支付合理的工资是 3,503,893.00元，税法上规定职工福利费前列支不得超过工资支出的14%，因此可以扣除的是3503893*14%=490545.02元，它小于账载金额1,195,445.41元，即职工福利费支出1,195,445.41元，因此存在职工福利费扣除费用超标而汇算清缴未做或漏做纳税调整的风险。

3、政策性搬迁征税情况是有具体要求，分为土地房屋搬移，其他如搬迁奖励土地的赔偿款免税。土地部分的赔偿款是免税的。房屋部分的赔偿款文件没有明确免征，实务中如果房屋被政府收回后拆除了，一般不予征收，未拆除的需要过户给政府，应该缴税。机器部分对应的赔偿款，应该税。实务中，如果机器设备作为废品处理而未征收，能正常实用的需要转移所有权给政府或政府指定单位的，应该缴税。这是一家生产型企业会会有设备的购进，因此会有来自机器部分的费用，而纳税调整明细表里看这项显示为0，所以我们推测这部分存在一定的税收风险。

二、对于资产负债表

1、通过计算，固定资产折旧率不足4%，一般固定资产折旧率最低为5%（20年），据此我们判断该企业产房折旧...

图3 学生作品

（西南财经大学财政税务学院 刘楠楠）

"饭圈乱象"与社会公德
——"思想道德与法治"课程项目式教学案例

一、案例基本情况介绍

引入项目式教学方法对"思想道德与法治"课堂实践学习的情境进行设计并实施，既是高校思政课实践教学改革走出困境的重要尝试，也是"思想道德与法治"课精准应对教学重难点的策略选择。通过项目式教学的开展，系统整合"思想道德与法治"课堂实践教学的内容与资源，有效结合课堂教学，聚焦当下复杂真实的社会问题和情境，让学生通过团队合作的方式完成富有挑战性的项目，以实现包括高级思维能力提升、人文价值观塑造、同他人进行富有成果的合作、个体元认知培养与自我效能感提升等在内的高阶学习目标。项目式教学方法在"思想道德与法治"实践教学中的应用经验，适用于面向本科生开设的其他思想政治理论课。

（一）案例背景

近年来，党和国家高度重视大学生思想理论教育和价值引领工作。把理论武装与实践育人相结合，创新思政课教学模式，强化思政课实践教学，成为当前高校思政课教学改革的重要方向。高校思政课的实践教学主要是运用课堂、校园、社会和网络四个载体来开展。由于疫情影响、覆盖人数、实践基地、经费保障、安全隐患、复杂环境等因素的限制，以学生社团组织为主的校园实践和以社区参与、社会调研为主的社会实践，无法落实"围绕学生、关照学生、服务学生"的理念，实现"实践教学覆盖全体学生"的要求。比较而言，以课堂和网络虚拟空间为载体的实践教学，则因具有全员覆盖、条件完善、操作性强、可行性高等特点，成为当前广大高校思政课教师最广泛采用的实践教学形式。

目前来看，高校思政课的课堂实践教学普遍存在教师重视不够，学生参与意愿不强，流于形式；课程设计缺乏整体性、系统性，理论教学与实践教学脱节，教学过程与考核评价"两张皮"；实践过程缺乏教师引导，学生学习获得感不足，教学效果欠佳等问题。

（二）教学重点与难点

"思想道德与法治"是一门面向本科一年级学生开设的思想政治理论课程，在大学生的思想道德教育中居于核心地位。大学阶段的"思想道德与法治"课在认知、情感与能力方面均有不同于中小学相关课程的教学目标，这也决定了其独特的教学重点与难点。

205

1. 教学重点

随着对现实世界认知调解、理解建构能力的不断提升，大学生对马克思主义道德观、社会主义道德观以及共产主义道德观（以下简称"三德"）的学习就不再满足于认识和理解"是什么"，而要进一步追问和反思"为什么"。这就要求教师不仅要通过理论讲授，让学生掌握"三德"的科学内涵、思想渊源、理论逻辑，运用适宜案例让学生能够在不同的情境中合理运用集体主义原则，把握为人民服务的核心，解决好个人与集体、社会和国家之间的利益冲突，做到爱祖国、爱人民、爱劳动、爱科学、爱社会主义；还要具体针对当代大学生在理想和现实、主义和问题、利己和利他、小我和大我、民族和世界等方面的困惑，以时事辨析、研讨碰撞、分享交流等形式，将"三德"与西方自由主义道德（以利己主义为核心，以个人主义为原则）进行比较，引导学生对"三德"做出合理的分析与评价，由此领悟"三德"的价值优势，从而实现思想道德教育从"理论教化"到"思想内化"的转变。

2. 教学难点

"三德"是以马克思主义理论为基础、立足历史唯物主义立场、指引无产阶级追求自由全面发展的道德观，具有马克思主义理论的实践品格。因此，大学生要把"三德"当作人的感性活动、当作实践去理解，避免空洞形式主义义务倾向（只讲义务感，不讲责任感）；不仅要忠实地遵守伦理共同体道德规范、履行义务要求，还应当有责任感地行动，在履行义务的创造性活动中，践行"三德"。这就要求教师要创新教学形式，强化实践教学。教师一方面要引导学生尽可能多地在真实且复杂的情境中，把握并践行满足时代需要的价值优先性内容；另一方面，面对伦理共同体道德规范的发展开放性，要立足生活实践的情境性、独特性、创造性，帮助学生提升创新性践行的意识与能力，培育道德主体的创造性精神，更好地推动大学生思想道德教育从"思想内化"到"行动外化"的转变。

目前来看，"思想道德与法治"课堂实践教学还存在诸多困境。如：在大班教学中，如何兼顾群体目标与个体需要；在小组实践活动中，如何平衡教师主导与学生主体的关系，如何通过评价与反馈，提升学生参与实践学习的积极性，增加学习获得感；在铸魂赋能上，如何满足学生道德认知与实践能力发展的需求，实现道德主体从"思想内化"到"行动外化"转变。

综上可见，项目式教学方法的引入增加了"思想道德与法治"课堂实践学习的情境，这不仅有利于破除当前高校思政课实践教学的诸多困境，彰显高校思政课实践教学全员覆盖、全面塑造、全面发展的人文价值关怀，还能对标课程教学的重难点，培养学生的问题意识和创新精神，提升自主学习能力与团队合作能力，补充反思和批判向度，真正实现立德树人的根本任务。

（三）案例特色

第一，本案例采用线上 SPOC+线下翻转课堂的混合式教学。线上 SPOC 是通过 MOOC 与其他线上资源，让学生自主完成教材知识点的学习；线下翻转课堂是开展项目式教学，以实现高阶的学习目标。具体来说，为了避免理论教学与实践教学脱节的问题，线下翻转课堂采取对分课堂的形式，教师围绕学生项目选题，结合课程知识点进行讲授。同时，为了解决好实践教学过程与考核评价"两张皮"的问题，本案例强调"评价即学习"，将评价、教学、学习融为一体，采用多主体综合评价的模式，项目式学习成果可作为案例或材料分析题进入期末标准化考试，强化评价反馈的"回流"作用。

第二，本案例提出要在项目式教学中构建"师生学习共同体"，以平衡教师主导和学生主体的关系，避免学生在传统实践教学过程中形成"信息茧房"和"沉默螺旋"的问题，提升学生参与实践学习的积极性，增加学习获得感。具体来说，在共同体中，教师不再是知识权威，而是为学生提供完成项目的"脚手架"，是给予学生及时有效的反馈、引导学生重视项目反思与总结的合作者。教师在实践教学的各个环节的主导作用，主要是通过对教学过程中的偶发情况进行掌握、调控和保护，提供相应的学术性、认知性、人际性支持来实现。由此，教师与学生之间就不再是围绕权威知识而建立起的等级关系，而是一种互动互生、教学相长的动态合作关系。

第二，本案例致力于为项目式教学在高校思政课实践教学中的应用，提供一套完整且详细的"操作指南"；致力于围绕教学目标、小组建设、学习实践、成果展示、评价反馈五大核心要素，构建以"课堂"为中心的实践教学模式，推进项目式教学在高校思政课实践教学中的应用制度化、规范化和科学化发展。

二、案例设计过程

教师在引入项目式教学方法对"思想道德与法治"课堂实践学习的情境进行设计时，要注意教学设计的整体性、系统性与全面性，避免理论教学与实践教学脱节、教学过程与评价考核"两张皮"的问题，且在教学的各个环节都要注意平衡好教师主导与学生主体的关系，通过建立有效的激励、评价与反馈机制，充分调动学生参与项目实践学习的积极性。具体来说，从"教"的角度，教师应在明确教学目标的基础上，选择适配目标实现的项目形式，制定合理的项目评价标准与方式，为学生提供完成项目的"脚手架"，并给予及时有效的反馈，引导学生重视反思和总结。从"学"角度，学生要自主选择项目形式，自由选题并组建项目团队，充分利用"脚手架"，探索团队深度合作模式，与他人进行富有成果的合作，顺利完成项目。

（一）明确教学目标

根据2021年对"思想道德与法治"课程组教师进行的"实践教学环节教学目标调查"的结果，教师期待通过实践教学实现高级思维能力提升、人文价值观塑造、同他人进行富有成果的合作、个体元认知培养与自我效能感提升等高阶学习目标。这项调查的目的在于帮助任课教师明确实践教学的育人目标，通过集体备课等方式，将育人目标转化为可操作的实践教学目标，回答教师在实践教学环节"要干什么""该怎么干"以及"要达到什么效果"等具体问题（见表1）。

表 1　育人目标与教学目标

	育人目标	教学目标
1. 高级思维技巧	培养问题意识和解决问题的能力	掌握、运用马克思主义人生观、价值观、道德观和法治观的相关知识与方法，分析、评价真实且复杂的社会问题与现象，以形成明辨是非善恶的价值取向和理性判断能力
	培养创造性思维能力	
2. 人文价值观	培养明达的道德选择能力	
3. 工作和事业准备	培养同他人进行富有成果的合作能力	掌握文献搜索和互联网信息检索能力，提升在各种情境中的表达与沟通能力，具备规范撰写读书报告与调查报告的能力
4. 个人发展	培养个人行为的责任感	提高社会实践活动能力，增强对社会公共生活的感性体验，提高社会责任感
	培养个人价值观责任感	
	培养诚实的自觉性	
	培养自我反思的能力	

（二）制定项目形式

"思想道德与法治"课立足自身使命，针对当代大学生思想道德教育特点，围绕具体的教学目标，整合已有的实践教学资源，制定了问题—研究型、读书—分享型与微电影这三类基本项目形式。

1. 问题—研究型项目

驱动问题：组建团队，经由团队内部讨论，根据社会真实情境，遵循需求与供给原则，提出项目的驱动问题，经与教师讨论、沟通后确定。

项目描述：学生进行团队合作，提出研究思路、制定计划并分工。经与教师的讨论、沟通后执行项目计划并形成成果，将研究成果通过汇报形式在课堂上呈现并答疑。课堂汇报完成后由教师带领团队完成项目与小组的总结反思（见表2）。

主要成果：用 3 000 字以内的研究报告进行课堂汇报。报告由三部分组成：正文（研究对象、框架思路、基本观点、研究方法、创新之处等）、研究计划与执行、研究分工。

表 2　项目描述 1

流程	学习活动	活动内容	活动要求
问题	选题	根据社会真实情境提出驱动型问题	遵循需求原则、供给原则
研究	研究思路	提出假设、分析论证、证明/证伪假设、得出结论/解决方案	明确研究对象、框架思路、基本观点、研究方法、创新之处等
	研究计划	制定研究计划并分工	计划和分工要体现在最终报告中
	项目实施	执行计划并形成成果	通过阶段性反馈了解完成进程
展示	课堂汇报	将研究成果通过汇报形式在课堂上呈现并答疑	展示形式不限于讲授；要充分考虑展示效果

表2(续)

流程	学习活动	活动内容	活动要求
总结	总结反思	课堂汇报完成后由教师带领团队完成	—

2. 读书—分享型项目

选择书籍：组建团队，经由团队内部讨论，在教师提供的书目中选择感兴趣的书籍，经过与教师讨论、沟通后确定。

项目描述：以读书会形式展开，经过自主阅读、集体阅读、集体讨论的流程，形成读书报告。经过与教师的讨论、沟通后，小组将研究成果通过汇报形式在课堂上呈现并答疑。课堂汇报完成后由教师带领团队完成项目与小组的总结反思（见表3）。

主要成果：3 000字以内的读书报告与课堂分享。

表3　项目描述2

流程	学习活动	活动内容	活动要求
读书	选书	在教师提供的推荐书目中选择	略读：整体脉络、主要观点 精读：梳理纲要，亮点和疑点 重读：找到自身（群体）关联点
	自己阅读	仔细阅读讨论书目	
讨论	集体阅读	提问、激发与引导 积极聆听并与他人探讨	开展（至少）1次线下/线上读书会，要求有导读人，需邀请教师旁听
总结	集体总结	提炼讨论的主要观点、结论，商讨课堂汇报的内容	开展（至少）1次线下/线上总结会，需邀请教师旁听
展示	课堂汇报	将总结成果通过汇报形式在课堂上呈现并答疑	展示形式不限于讲授；要充分考虑展示效果
总结	总结反思	课堂汇报完成后由教师带领团队完成	—

3. 微电影项目

选择主题：组建团队，经由团队内部讨论，选择感兴趣且与课程内容相关的主题，经与教师讨论、沟通后确定。

项目描述：学生进行团队合作，讨论确定剧本内容、制定拍摄计划并分工。经与教师讨论、沟通后执行项目计划并形成成果。微电影成果在课堂上播放。课堂展示结束后由教师带领团队完成项目与小组的总结反思（见表4）。

主要成果：微电影视频与剧本。

209

表 4　项目描述 3

流程	学习活动	活动内容	活动要求
制作	选题	选择与本课程内容相关的主题	健康守法，有创意，兼具艺术性、观赏性与思想性
	剧本思路	根据主题选择适合的视频呈现方式	
	制作计划	制定研究计划并分工	记录在最终报告中
	项目实施	执行计划并形成成果	—
展示	课堂展示	在课堂上播放视频	要充分考虑展示效果
总结	总结反思	课堂汇报完成后由教师带领团队完成	—

（三）创建项目小组

项目小组分为 5~7 人一组，随机或自愿组建项目团队，推选组长 1 名。小组要体现组内异质、组间同质的原则和职责明确、分工合作的原则，确保每个小组之间的水平、能力的平均化以及小组的有序合作。项目小组的创建分为组建期、激荡期、规范期、执行期、休整期五个时期，在各个时期分为学生任务行为、学生人际行为、教师支持行为三个部分（见表 5）。

表 5　创建项目小组

发展阶段	学生项目团队发展		教师为学生团队提供的支持
	任务行为	人际行为	教师行为
组建期	小组任务（选题）是什么	明确组长（领导者、负责人）是谁	向学生清楚讲授项目团队的目的、意义和发展阶段模型，帮助团队领导者和成员判断全体在某个阶段发挥相应作用时可能出现的问题，积极寻求解决问题的办法
	我将如何为这个任务做出自己的贡献	什么样的行为是可接受的？我将在小组中如何表现	向学生详细描述读书报告、研究报告、微电影等项目任务的目标与成功指标，包括选题、思路、方法等，帮助学生明晰和理解任务学习目标与成功指标
激荡期	完成任务的思路、计划与分工是什么	我真的想和这些人一起工作吗？为什么	教学者应该根据课程任务要求，对项目团队的选题和完成任务的思路、计划和分工进行一定的指导，提供促进学习反馈
	安排是否合理？我能否胜任我的工作		通过电话、面谈等方式与学生团队交流，引导学生解释自己的选题、思路、计划与分工，引出学习的证据，确保成果的顺利产出

表5(续)

发展阶段	学生项目团队发展		教师为学生团队提供的支持
	任务行为	人际行为	教师行为
规范期	我是否在认真完成任务	我和大家的沟通是否越来越深入了	安排一次项目中期调查： ▶教师是否给予了促进学生学习的反馈？
执行期	我在任务上有什么灵感、观点或问题	我能够为小组的团结和谐发挥何种作用	教师是否给予了关于本团队"具体任务"的反馈？教师给与反馈的时机是否适当？是否给予学生团队充分的思考空间和时间？学生是否得到了具体的应该如何改善的建议？学生是否得到了去完成特定活动的建议？ ▶学生对于反馈做出的反应？ 学习者是否感到反馈的信息是有用的？使用了反馈信息是否改善了项目的实施、计划和完成？是否认为反馈信息是有启发性的，引发了思考？教师的反馈是否切实推进了项目下一步的进展？教师的反馈是否聚焦
	我们可以如何成功完成这个任务	我们每一个人可以为这次任务的成功发挥何种作用	
休整期	采取何种方式在课堂上展示成果	耐心听取非小组成员的意见、建议和称赞	教师可适当给予一些建设性的反馈（指向未来的行动）： A. 引导学生自己反思在任务完成的过程中哪些方面进展比较顺利？ B. 在哪些方面还可以做得更好？ C. 在人际方面，成员间可彼此表达感谢，进行庆祝等
	过程中哪些方面进展比较顺利？我们在哪些方面可以做得更好	相互表达感谢、告别	

（四）考核评价方式

项目式教学采取过程性评价与总结性评价相结合的方式，过程性评价以小组内部活动为对象，以学生自评与组内互评的方式实现。总结性评价主要是对项目成果进行评价，以学生互评和教师评价相结合的方式展开（见表6）。

表6 考核评价方式

考核形式	评价类型			
项目考核（50%）	过程性评价（10%）		总结性评价（40%）	
	学生自评（5%）	组内互评（5%）	课堂展示学生互评（30%）	成果提交教师评价（10%）
期末考试（50%）	闭卷考试			

为了进一步强化评价的"回流"作用，本案例为学生提供过程性评价表（见表7），并针对不同项目类型为学生互评提供参考标准（见表8）。

表 7　过程性评价

关于你自己
1. 请描述你在小组活动中参与或互动的行为（多选）：
□项目选题　　□项目构思　　□按时完成自己的任务　　□课堂展示 □组织小组讨论　　□参与小组讨论　　□表达自己　　□倾听他人 □与他人沟通　　□与老师沟通　　□向他人提供帮助　　□帮助小组解决问题 □其他：＿＿＿＿＿＿＿＿＿＿
2. 你曾经参加过几次小组活动？
□0 次　　□1 次　　□2 次　　□3 次　　□4 次　　□5 次　　□6 次　　□6 次以上
3. 你认为你在小组活动中的参与度如何？
□几乎没参与　　□不高　　□比较高　　□高　　□非常高
4. 你认为你在参与小组活动时积极性如何？
□几乎没有积极性　　□不高　　□比较高　　□高　　□非常高
关于你的项目
1. 请描述你们小组项目的完成情况：
□已完成　　□基本完成　　□尚未完成　　□其他：＿＿＿＿＿＿＿＿＿＿
2. 你认为你对组内其他人的任务了解程度如何？
□完全不了解　　□不了解　　□比较了解　　□了解　　□非常了解
3. 你认为你对小组任务总体的了解程度如何？
□完全不了解　　□不了解　　□比较了解　　□了解　　□非常了解
4. 你认为小组内部各个板块间的契合程度如何？
□完全不契合　　□不契合　　□比较契合　　□契合　　□非常契合

表 8　不同项目类型评价标准

微电影作品评价标准		报告类展示评价标准	
思想性	创意新颖	内容好	选题新颖
	主题突出		思路清晰
	叙事清楚		观点明确
艺术性	情节生动	形式佳	方法适当
	富有美感		服务内容
	表演卖力		表达清楚
技术性	画面质感	沟通畅	演讲效果
	音乐音效		现场参与感
	剪辑特效		听众的专注度
	时长标准		学习获得感

三、项目式教学案例

经过 2021 年和 2022 年秋季学期的两轮教学实践,参与者一共完成 76 项任务,有超过 600 名学生参与。本案例选择其中一项,对该项目式教学的开展进行分享。

(一)创建项目小组、确定项目形式与选题(1~4 周完成)

本项目团队由 7 名 2021 级经济管理专业学生以自由组队的方式组建,通过组内协商产生组长。该小组经过组内讨论并与教师进行线上、线下沟通,确定了问题—研究型的项目形式,并以"饭圈"乱象作为研究对象。

在该阶段,教师要注意两点:

①教师通过线上、线下的课堂讲授,为学生提供完成项目的"脚手架",向学生详细描述问题—研究型项目的具体任务目标与成功指标,包括选题、思路、研究方法等等,帮助学生明晰和理解任务学习目标与成功指标。在选题上教师要注意给予及时有效的反馈。

②教师通过电话、面谈等方式与学生团队交流,向学生讲清楚项目团队组建的目的、意义,帮助团队领导者和成员判断全体在某个阶段发挥相应作用时可能出现的问题,积极寻求解决问题的办法。

(二)制订项目计划、分工、执行并形成成果(5~8 周完成)

确定研究选题后,学生团队根据教师提供的研究方法确定研究思路,制定研究计划,进行组内分工并执行,形成初步的研究成果。

在该阶段,教师要根据项目任务要求,对项目团队完成任务的思路、计划和分工进行指导,并提供反馈;通过电话、面谈等方式与学生团队交流,引导学生解释自己的选题、思路、计划与分工,引出学习的证据,确保成果的顺利产出。

(三)线下翻转课堂(11~16 周完成)

线下翻转课堂要完成项目成果展示、小组反思总结,学生通过互评进行成果展示并进行反馈,教师围绕学生项目选题,结合课程知识点进行讲授,每节课时长约为 45 分钟,内容包含:

(1)由项目团队对项目成果进行课堂展示,教师对展示过程进行视频记录,以供教师与学生反思总结使用。

(2)展示结束后,在课堂上进行学生互评,让其他同学给出 3 个展示亮点、2 个不足与改善以及 1 个分数的评价;同时由教师带领项目小组进行简短的反思总结。

在该阶段,教师要根据此前学生自评以及组内互评的结果对小组活动的情况进行总结评价,并适当给予一些建设性的反馈。比如:引导学生自己反思在任务完成的过程中哪些方面进展比较顺利?哪些方面还可以做得更好?在人际方面,成员间可彼此表达感谢,进行庆祝等。

(3)教师围绕学生项目选题,结合课程知识点讲授课程内容。

①适用内容:"饭圈研究"的选题及内容适用《思想道德与法治》(2021 版)教材第五章第三节"投身崇德向善的道德实践"相关教学内容,主要包括公共生活与公共秩序、公共生活中的道德规范以及网络生活中的道德要求。

②教学目标：教师通过翻转课堂的成果展示、课堂讨论以及教师的理论讲授，帮助学生巩固教材中相关知识点；学生通过对具体道德情境中出现的问题进行分析、讨论、评价、反思，提升自身的公德意识，自觉遵守社会公德。

③教学重难点：如何运用学生"饭圈研究"项目的成果与教材相关知识点结合，让学生能够在真实复杂的社会情境中运用抽象的道德理论进行分析与思考，并在日常生活的道德情境中践行道德规范。这是在翻转课堂中开展课堂讨论并进行理论讲授的重点和难点。

④教学形式：以对分课堂的形式，结合"饭圈研究"案例进行理论讲授，开展课堂讨论。

⑤讲授与讨论的重点：经过项目小组的成果展示，学生对"饭圈"乱象、对"饭圈"的认知及态度、"饭圈"运营、粉丝心理及其社会影响有了基本的认识。但"饭圈"乱象近年来越演越烈，反映出的问题是青年群体对于公共生活与私人生活的界限不清，对社会公德在新兴的公共领域包括"饭圈"、网络空间中的运用存在认识误区。因此，教师首先要提出"饭圈"与社会公德相关的问题让学生思考并讨论，比如："饭圈"作为共同体是否具有公共性？公众人物是否具有隐私权？粉丝在"饭圈"中的活动是否属于公共生活，是否应该受到公共秩序的限制？应该如何看待国家相关部门整治"饭圈"乱象的举措？其次，在讲授上，教师可以从"公""私"划界的问题展开，结合中国的文化特色与中国传统道德现代化的历史过程，对公共领域、公共生活、公德与私德等内容进行阐释，引导学生对公共道德规范在新兴的公共领域包括"饭圈"、网络空间中的运用进行分析、评价与反思；让学生能够立足当下的生活实践，认识并体会到伦理共同体的道德规范是历史的、发展的和开放的，认同国家整治"饭圈"乱象的相关举措；推动学生自觉遵守新兴公共领域的道德规范，实现思想道德教育从"思想内化"到"行动外化"转变。

四、案例实施方案

项目式教学安排的详细信息见表9。

表9　项目式教学安排

教学周	教师引导活动	学生实践活动	里程碑事件	支撑要素
1	向学生介绍项目式学习目标、团队组建、考核方案、教学周安排等	理解项目式实践学习的理念与实施方案；组建团队	完成分组，确定组长	线下大班教学，线上建群，并与每个学生小组建立联系
2	向学生介绍项目式实践的项目形式，通过讲授与分享成功案例为学生提供完成项目的"脚手架"	思考、讨论项目类型与选题	提供完成项目的"脚手架"	采取线下大班教学，同时提供微课，供学生在课后反复学习
3~4	答疑	初步确定项目类型与选题		线上、线下沟通与交流

表9(续)

教学周	教师引导活动	学生实践活动	里程碑事件	支撑要素
5~6	指导项目任务的选题与思路	要求整个小组与教师沟通选题与构思	确定项目形式与选题	整组参与的线下面谈或线上会议
7~8	指导项目的计划与分工	自愿与教师沟通计划与分工	确定项目计划与分工	线上、线下沟通与交流
9~10	答疑并为学生项目执行提供必要支持	停课两周集中执行并完成项目	形成成果	
11	①引导学生完成学生自评与小组互评;②随机产生项目汇报顺序	①完成组内互评;②根据顺序进一步完善项目	确定展示顺序并公示	
12~17	课前:与学生分享评价反馈的形式与标准。课中:①组织学生互评;②引导展示小组进行总结反思;③结合项目选题进行理论讲授与课堂讨论。课后:将课堂展示录像与学生互评结果,反馈至完成展示的小组	翻转课堂项目展示,每个项目展示15~20分钟,展示完成后进行小组总结反思,课后完善并提交最终成果	完成课堂展示、小组总结反思与学生互评反馈	提供课堂展示录制;在线反馈软件
18~19	以班级为单位,完成项目整体的评价和总结,对表现突出的团队与个人进行表彰		以班级为单位进行总结	制作总结视频

215

五、案例评价

（一）教学效果评价

本案例通过问卷星对参与项目式实践教学的 183 名学生和参与传统实践教学的 255 名学生进行调查,对教学效果进行比较后发现:

（1）参与了项目式教学的学生更能明显感受到教师与其分享了实践教学的学习目标、评分规则与成功的标准（见图1、图2）。

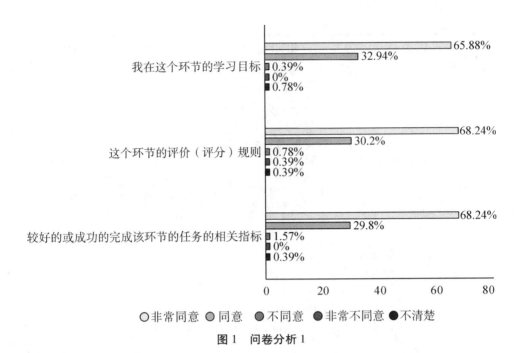

图 1　问卷分析 1

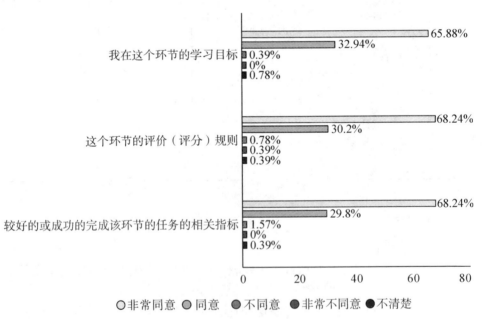

图 2　问卷分析 2

（2）参与了项目式教学的学生认为自己的项目选题更加具有问题意识，有新意、有创意，也更有趣（见图 3、图 4）。

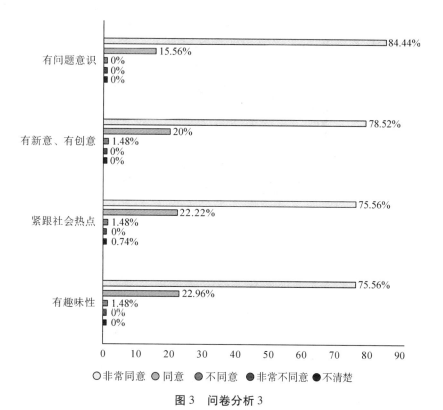

图 3   问卷分析 3

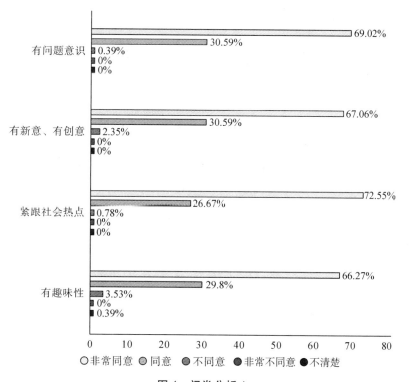

图 4   问卷分析 4

（3）参与了项目式教学的学生对研究问题的流程更加熟悉，教师的指导对于项目的顺利完成发挥着更加显著的作用（见图5、图6）。

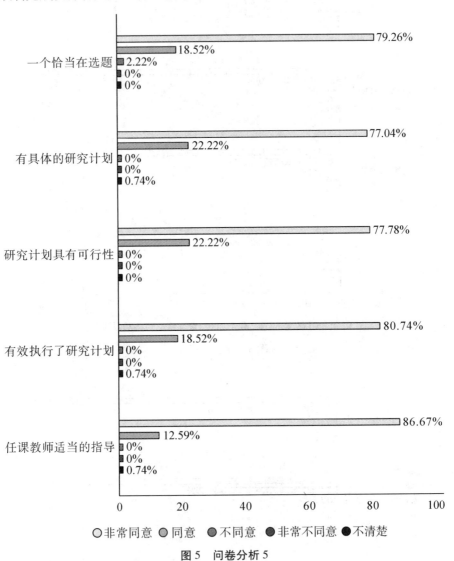

图5　问卷分析5

项／目／式／教／学／案／例／集／萃

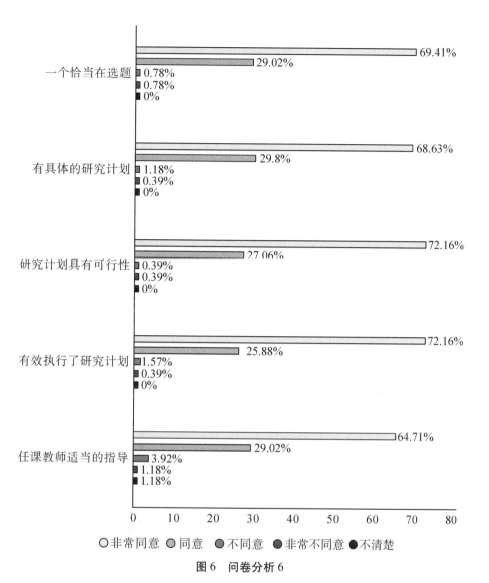

图6 问卷分析6

（4）参与了项目式教学的学生对自身的问题意识、自我元认知、思维能力、沟通与合作能力以及社会责任意识等提升均有更加明显的感受（见图7、图8）。

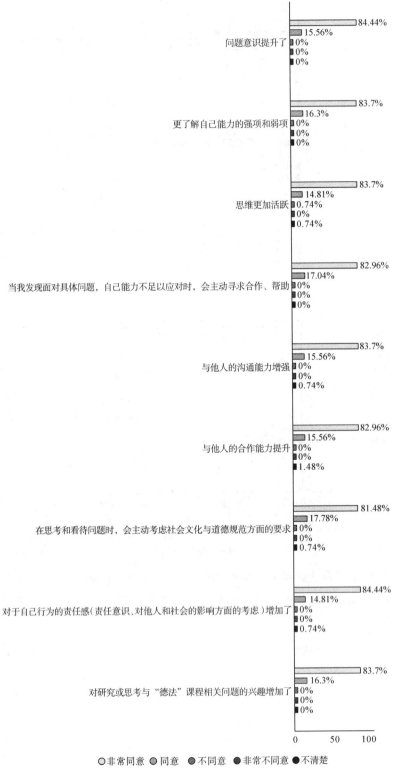

上方的数据标签：

问题意识提升了
84.44%
15.56%
0%
0%
0%

更了解自己能力的强项和弱项
83.7%
16.3%
0%
0%
0%

思维更加活跃
83.7%
14.81%
0.74%
0%
0.74%

当我发现面对具体问题，自己能力不足以应对时，会主动寻求合作、帮助
82.96%
17.04%
0%
0%
0%

与他人的沟通能力增强
83.7%
15.56%
0%
0%
0.74%

与他人的合作能力提升
82.96%
15.56%
0%
0%
1.48%

在思考和看待问题时，会主动考虑社会文化与道德规范方面的要求
81.48%
17.78%
0%
0%
0.74%

对于自己行为的责任感（责任意识、对他人和社会的影响方面的考虑）增加了
84.44%
14.81%
0%
0%
0.74%

对研究或思考与"德法"课程相关问题的兴趣增加了
83.7%
16.3%
0%
0%
0%

0   50   100

○非常同意 ◐同意 ◑不同意 ●非常不同意 ●不清楚

图 7　问卷分析 7

220

项/目/式/教/学/案/例/集/萃

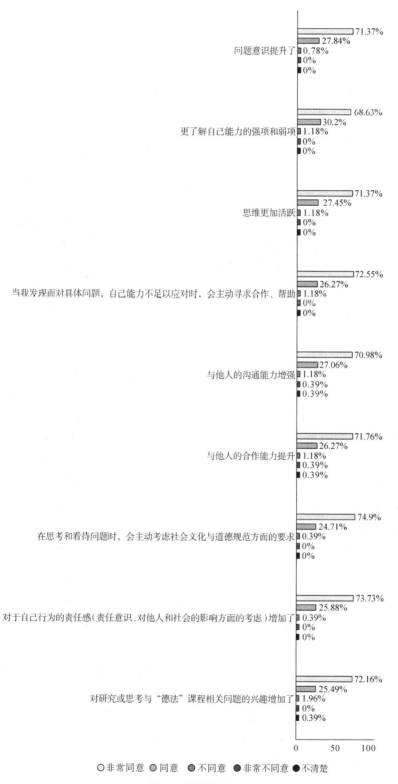

221

图8 问卷分析8

（二）学生项目成果目录

学生项目成果主要有研究报告、课堂展示录像、微电影视频与剧本等，见表 10。

表 10　学生项目成果目录

问题—研究型/读书—分享型项目	微电影项目
关于中国养老模式现状、前沿及展望的研究报告	《逃离孤岛》
盲盒黑洞	《你完美了吗？》
国内娱乐分级制度实行可能性探讨	《爱，非我所愿，如你所是》
中日动漫产业对比	《绩点大学》
浅析元宇宙	《404 not found》
生态文明建设与经济增长背后的伦理博弈	《最后的赢家》
饭圈那些事——关于青年人对饭圈的认知及态度	《Mr. X》
为什么盗版影视网站受到欢迎	《玫瑰少年》
现代社会的"躺平"现象	《再就业》
"娱乐至死"的相关讨论	《拒绝摆烂》
"抄袭"现象原因与影响	《你合群吗？》
"拼多多"模式研究	《看脸的世界》
大学生焦虑的成因与解决	《逃离"丧"Day》
关于降低女性生育成本的最优解探讨	《破茧—拒绝内耗》
由明星"塌房"引发的思考	《"00"后整顿职场》
"直播带货"行业生态研究	《网恋》
工业化暴打田园牧歌之"预制菜"	《讨好型人格》
"小镇做题家"相关研究	《路口》
"正义迟到"相关研究	《浮生一日》
大学生考研心理探究	《后悔有期》
中国同性婚姻合法化的合理性研究	《夜莺与国王》
读加缪《局外人》	《陷》

六、教学反思

（1）每门思政课的实践教学目标并不相同，也不是既定的，而是随着学情与时代的发展不断变化的。因此，每门课的任课教师需要通过集体备课，不断对实践教学的目标进行调整、补充和更新。

（2）引入项目式教学方法对课堂实践教学进行设计与实施，的确能够实现高阶的学习目标，提升学生学习的获得感，增强思政课教学的实效性。但同时，这也增加了教与学的工作量，提高了对教与学的要求，加大了教学管理的难度。因此，教师要尽量采用线上 SPOC+线下翻转课堂的混合式教学形式，把备课和教学的精力都放在线下翻转课堂的理论讲授与课堂讨论上，这样才能真正避免理论教学与实践教学脱节的问题。

（3）教师要尽可能运用多种方式了解小组合作的情况，对一些小组与教师沟通意愿不强的现象，教师要灵活使用线上线下的各种手段与组长建立联系，对一些普遍存在的小组内部沟通与合作的问题，比如如何解决小组合作中搭便车的现象，教师可以让学生可以在大班教学时主动进行分享和讨论。当一些小组内部出现不可调和的问题时，教师也可适当运用权威调和矛盾。

（4）教师在分享学生互评形式时注意要声明评价的匿名性，以便获得真实的互评结果，在给展示小组反馈互评结果时也要注意匿名。

（西南财经大学马克思主义学院　敬狄）

英语场景下的多元任务与能力提升
——"基础英语"课程项目式教学案例

一、案例基本情况介绍

1. 关于课程

历年来基础英语的地位和作用受到英文教学工作者的公认。随着我国对外语人才的要求不断提高，它的重要性也越来越突出。本课程题材丰富，涉及西方文化诸多方面及当今社会的热点，给学生提供了广阔的关于社会、文化、人生的主题。课文在语言技能上的难度（如词汇数量大、用法多、句型复杂等），以及课文涉及的庞杂的文化背景、有深度的主题，及学生有限的阅读经历、相对薄弱的分析批判能力和思维习惯对深刻理解文章、达成课程目标也有很大影响。

2. 适用对象

案例的适用对象是大一第二学期英语专业学生。经过半年的英语专业课程学习，学生们在英语语言技能上相较于高中阶段有所提高。就基础英语这门课来说，教材编写目的是"让学生在丰富的语言现象里不仅学到语言知识和技能，同时激发他们的心智，开阔他们的视野，培养他们独立思考的精神和分析批判的能力"。这对目前学生的语言学习能力、习惯都提出了一定的挑战。

3. 案例背景

（1）英语专业人才培养要求

在经济全球化和高等教育国际化进程日益加速的时代背景下，在专业英语教学的历史转型时期，如何强化学生的英语综合应用能力培养，尤其是如何实现《高等学校外语类专业本科教学质量国家标准》明确提出的培养学生的思辨能力、研究能力、自主学习能力和实践能力，是英语专业教学改革面临的重要课题。

（2）英语专业教学现状

传统的基础英语教学实践中，英语语言的工具性往往被过分强调。即便是语言技能的学习，也存在突出的语言学习和语言运用相分离的现象。这导致了学生运用所学语言知识和技能的机会缺乏，语言输出能力欠佳。此外，英语学习者专业思辨能力、研究能力不足，尤其对专业内容的研究性学习缺乏足够的深度，与新时期复合型人才的培养要求有一定差距。

（3）关于 PBL 项目式教学

PBL（Project-based Learning）是美国教育家杜威所倡导的以学生为中心的，体验式学习和基于行动的学习理念。它要求"具有'过程及结果'导向；（至少部分地）由学生确定；持续一段时间（而不仅仅是一堂课）；鼓励各种技能的自然融合；语言学习与内容学习双重努力；学生既需独立学习又需在小组中合作学习；要求学生从目的语资源收集、处理及汇报信息，对自己的学习负起责任；要求老师和学生承担新的角色和责任；产生一个实实在在的最终成果；以学生对学习过程及结果的反思而结束"（Stoller，2006）。研究表明，项目式学习作为教学的核心内容和基本框架，具有开放性、研究性和实践性等特征，学生通过项目研究能够达到习得和运用语言的目的。项目式教学使学生获得了更多体验真实世界和应用语言的机会，提高了其实践、研究、创新意识能力及通用英语能力、学术英语写作能力（Affandi，Sukyadi，2016；杨莉萍，2012）

4. 教学重难点

PBL 项目式教学模式将书本知识与实际问题、英语语言学科与其他领域有机结合，以学生为主、教师为辅，致力于构建与真实社会息息相关的深度学习模式。这与传统的英语教学截然不同，后者更强调浅层学习中的记忆与理解两个方面，很少涉及深度学习中的应用、分析、评价和创造四个层面。这挑战了学生之前的较为被动的学习语言的习惯。另一个难度在于，如何在深度理解课文主题的基础上，提炼出一个与课文主题相关的现实社会的真实问题，并通过合力协作的研究、探索过程，找到答案。尽管学生们被给予了充分的时间与空间，通过多样化的方式去探寻，但在最初阶段，学生们还是感觉困难重重。一个小组在回顾确定驱动性问题的困难时，这样写道，"我们此次 PBL 的最终主题为对霸凌现象的研究。在先前的小组讨论中，我们每位组员都认真研读分析了课本内容，并在之后的小组会面讨论中，对课本内容发表了自己的见解，从而展开激烈的讨论，将文章主要事件重点剖析。在分析文章时，我们对文章后期提到的对小朋友的霸凌感到痛心。生活中的暴力霸凌、言语霸凌、社会霸凌、网络霸凌等现象可以说是层出不穷，我们不得不承认这一现象是社会普遍存在的。我们从小男孩被邻居霸凌，银行人员和社会相关人士对小男孩的帮助，从而引出对霸凌现象的讨论，并将它作为最终研究话题。"

因此，在项目构建阶段，我们已经选出具有现实意义、适合开展 PBL 研究的单元，饱含人文性，覆盖社会、文化等方面，对学生的具体选题也有积极的导向性作用。通过学习 PBL 的内容、案例，教师参与线上线下小组讨论，并引导学生关注身边的人和事，挖掘社会中具有积极意义的话题作为项目题目，从宏观上把控选题的导向，尽量避免空、大、泛。

5. 创新点与特色

融合培育语言能力、研究能力、团队合作能力等综合素养的 PBL 教学模式以学生为主体，过程学习为构架，是一次基础英语课程的教学模式探索。从驱动性问题的确定、团队研究过程、产品呈现、产品答辩，学生们经历了一次完整、全新的主动学习和全方位成长的体验。

在本项目实践过程中，我们通过反思、修改、补充，不断完善，切实增加了学生使用语言，运用语言解决社会真实问题的机会和能力，帮助学生看到了语言学习

225

的意义，增加了其对真实世界的认知。与同伴积极协作，积极分析问题、解决问题的研究过程，会提升学生的语言知识学习能力、英语语言综合运用能力、跨文化交际能力、获取和更新专业知识的学习能力。同时，学生们的团队合作能力，运用本专业知识进行思辨、创新和参与科学研究的能力也得到了提高。开展基础英语项目化学习，对于我国高等院校适应高等教育国际化、构建国际化课程体系、提高大学生的英语综合能力、满足大学生的学习和职业发展需求具有教学方向的指导性意义。

同时，对于加强在教学实践中客观评估和验证 PBL 的应用价值的问题，以及对于 PBL 过程及影响因素关注不够的问题，教师也会提供研究素材，以加深我们对 PBL 教学实践改革的认识，也为专业英语教学的转型，以及强化学生的英语综合应用能力培养寻求新的解决方案

二、案例设计过程

1. 教学目标

（1）学：学生既需要对课文的难点、作者的主张、复杂的文化现象做出批判性的理解和陈述，掌握语言技能，提取、梳理、判断、分析大量原版信息等的专业能力和跨文化素养；也需要在解决实际问题的过程中，积累主动学习、有效沟通、团队协作、项目管理、复盘反思等核心素养；还需要在推动和完成项目的过程中，拓展学科视野，培养科研精神，积累成长体验。

（2）教：为帮助学生获得丰富、深度的学习体验，教师首先帮助学生了解 PBL 学习模式内容及意义，以及对学生的期待。在引导学生投身包含场景理解、问题定位、资料采集、数据处理、解读分析、结果呈现等步骤的同时，教师需要重视学生的学习过程，了解学生的学习情况，并针对可能的学习困境，适时搭建匹配项目挑战度的学习"脚手架"。最终通过师生共同推进和交流讨论，推动学生持续完成设计、实践、反馈、改进的闭环迭代，实现专业技能和核心素养的有效培养。

2. 学情分析

（1）学生的语言能力：传统的英语课堂教育因为资源的限制、高考的要求等原因，学生们的阅读能力比听说能力更好。尽管如此，大多数学生的英文阅读仅限于课本及考试试卷，课外原版阅读非常有限。他们的单词量大约在 6 000 个，在大一上期学习了部分阅读策略，阅读量有所上升。

（2）学生的学习习惯：英语学习过程中更多依赖记忆、模仿、背诵、复述，很少从事复杂的、富有挑战性的思维活动。上课期间，学生缺乏自信和勇气阐述观点，不太能与他人或小组合作解决问题。经过半年的专业学习，这一情况有所改观。

（3）学生的学习动机：绝大多数学生学习动机强烈，学习态度认真，有强烈的愿望来提高自己的整体英语学习能力。

（4）学生的需要和期望：学生需要一个更具鼓励和支持性的学习环境来使用英语，从而提高他们对学习的自信，与他人合作的信心，愿意挑战批判性、开放性的问题。学生同样需要多样化的教学活动，提供丰富的语言输入和输出机会，以帮助他们看到在课文中所学到的知识与现实世界问题之间的关联，从而全面提高英文综

合能力、思辨能力和研究能力。

3. PBL 教学流程

PBL 教学流程详情见图 1。

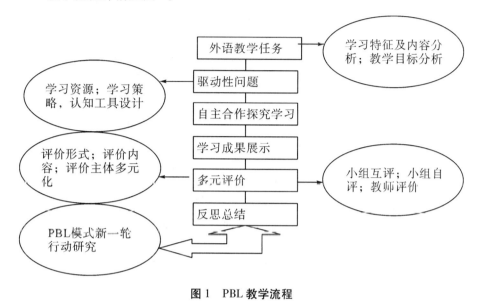

图 1　PBL 教学流程

三、案例实施方案

（1）项目名称：基础英语项目式学习。

（2）项目目标：通过为每个单元主题构建相关但非结构化、没有固定答案的实际生活情境问题，小组合作寻求全方位的解决方案。助力学生摆脱被动学习习惯，在主动学习中经历释义、分析、评价、推测、解释和自我调整，针对项目自主设计解决措施、提出创新解决方案，并完成作品的创造与呈现，现场答疑等全流程的实战。

（3）选题设计：基础英语课程开设两学期，根据教材内容，每学期选择五个单元使用项目教学法学习。基于项目教学法的核心设计要素，教师选择了更适合实施项目研究的单元，既有利于学生开展实践与深度探索，也利于更好地实现课程目标（见表 1）。

227

表 1　基础英语项目式学习选题参考

单元名称	主题	驱动性问题（建议版）	项目阐述（建议版）	目标产品（建议版）
Another school year—what for	大学教育的意义	Why do I/we go to university	"我们为什么要上大学"，小组以大学校长的身份，撰稿一篇新生欢迎演讲，回答这一问题；通过查阅资料，问卷采访，整理解读数据，班级汇报	演讲稿；演讲；小组汇报（presentation）
Say yes	种族歧视	1. Is interracial Marriage possible? 2. Do we have prejudice against some group of people in the society	"跨种族婚姻可行吗?"班级辩论；通过查阅资料，问卷采访，"我们是否也对某些社会群体有歧视吗?"整理解读数据，班级汇报；小组集体延申阅读经典读本，查阅时事热点，观看 TED 视频，回答"马丁路德金的梦想如今在美国实现了吗?"形成关于美国黑人民权运动的班级汇报	辩论；小组汇报（presentation）
Quick – fix Society	快速社会	Isn't it a good thing to find quick fix for everything, to have great efficiency, to save time and labor, to have faster speed, and more morerapid production? Is quick – fix unique to USA? DO we face a similar situation in China? Does it have any relevance to us students, esp, students of English studies	问卷采访，"你对快速社会利弊的看法"，整理分析数据，班级汇报；对作者的观点做出批判性的回应，辩论	小组汇报（presentation）辩论
Confession of a Miseducated Man	全球公民	What has happened in our world that has made it more important to understand that we are all basically similar? Living in the global village, do you think we are being educated in the right way? Are we prepared to think and act globally, and why	采访校内留学生或外教，"文化的差异性和重要性，孰重孰轻? 为什么"，并录制小视频，整理分析数据，班级汇报；批判性地回应作者观点，整理分析数据，班级汇报	视频；小组汇报（presentation）

表1(续)

单元名称	主题	驱动性问题（建议版）	项目阐述（建议版）	目标产品（建议版）
Button，button	人性的复杂	Why is it that many people hurt others without having a guilty conscience? Is there any way we can make people stop pressing that fatal button	"面对诱惑，只需按下按钮，你可以得到100万美元，同时，世界上你不认识的某个人会死去。你会按下按钮吗？"课本剧表演；深度讨论、分析课文观点，并批判性地回应，整理分析数据，班级汇报	表演；小组汇报（presentation）

（4）任务布置：

①提供选题介绍，由各小组自主选择。教师团队对各选题进行解读，供学生课后讨论和进一步了解选题。

②提供支撑团队合作完成项目的工具：

portfolio 公文包：活动过程清单、任务分配表、反思记录。提升协作效率的辅助工具，也帮助教师了解学生活动过程中遇到的困难，及每个同学的参与情况。

（5）学生分组方式：自愿组队，每组6~7人。

（6）项目实施要求：项目开始第一周内，各组规划项目工期和关键里程碑，在项目开展过程中，逐一认真回答"活动过程清单"上的问题，后续每周梳理项目进展和疑问，提交小组活动记录表，课上获取教师反馈。

（7）项目考核方式：邀请课程组教师团队，观看学生们的课堂表现。

（8）项目成果评价组成：教学团队评分（50%）、小组互评投票（30%）、小组自评（20%）。

（9）过程性评估表与PBL项目成果评估表（见表2、表3）。

229

表2 过程性评估

主题	内容	评估依据	权重	完全符合	基本符合	不太符合	完全不符合
				9~10	7~8	5~6	1~4
任务完成度	团队按要求准时完成任务，熟悉课文，准备充分，陈述清楚	项目产品	10%				
团队合作	小组成员积极配合，互相学习，参与程度高	"任务分配表"及现场呈现的配合整体性	20%				

表2(续)

主题	内容	评估依据	权重	完全符合	基本符合	不太符合	完全不符合
				9~10	7~8	5~6	1~4
探索能力	自主从多渠道搜索项目背景；对语言技能、技术技能、新的观点的探索和学习	活动过程清单、反思记录	20%				
创新能力	对项目的核心问题，体现出有创意的解决之道	活动过程清单、反思记录	20%				
任务分工	小组在过程中有具体分工，交付时间和内容	任务分配表	10%				
反思能力	小组在经反馈后的反思态度和能力，及所作改进的过程提升	活动过程清单、反思记录	20%				

表3　PBL 项目成果评估

主题	内容	权重
班级互动及效果	展现过程中有观众意识，与班级有互动，并切实增进大家对主题的理解	20%
分析目标	作品分析目标是否清晰，研究问题是否合理	20%
口头陈述	语言合理有逻辑组织，表达清楚，在回答观众提问时是否清楚自信	30%
语言英语能力	作品能否体现对主题内容的把握，灵活运用各种英文表达，确切的为表达观点服务	30%

附课程活动清单：

Questions to answer while preparing for the teamwork：

①students plan, complete and present the task；（explain how your team plan, complete, and finally decide in what way you'd like to present your findings, any part you think is most creative?）

②challenging questions, problems or topics of student interest which

become the center of the project and the learning process；（what are the challenging questions of your interest? What did you do in the design, problem-solving, decision making, or investigative activities in search for the answer?）

③a collaborative learning environment rather than a competitive one；（explain how you collaborate with your teammates, and how you benefit from working with them；any difficulties and suggestions?）

④the use of effort in connecting ideas and acquiring new skills during different stages of projects; (how did you connect ideas in the text and beyond the text, eg. the reality during different stages, any language or computer or other skills you've newly acquired?)

⑤meaningful products (any one of the products: debate, poster, video, interview, case study or research findings?) that can be shared with peers, teachers, and experts in a public presentation;

⑥must conclude with students' reflection on both process and product (each individual writes their own part).

⑦Please attach at least four pictures of how you prepare the teamwork.

（10）教学周和课时安排。

本课程 5 个单元，大约 3 周完成一个单元。在具体实施过程中，根据单元具体难度和学生的具体接受情况会有些许调整，课程讲授内容同步。

1~3 周（3 课时）：铺垫阶段 1（介绍 PBL 项目内容、目标、意义；心理建设，完成团队分组）

4~5 周（3 课时）：铺垫阶段 2（介绍团队合作工具，实践，答疑；反馈小组合作情况）

6~8 周（2 课时）：准备阶段（发布选题；探索数据；及时反馈）

9~17 周（每周 1 课时）：实施阶段（确定选题；项目构思，分析内容可行性；聚焦分析；跟踪、答疑、打磨产品初级版）

18~19 周（3 课时）：作品呈现（总结项目过程及学生复盘报告；小组互评；教师现场评价）

四、案例评价

1. 教学效果评价

在秋季学期，我们在基础英语课程中融入了 PBL 的教学改革实践，旨在为学生创造更多体验真实世界和应用语言的机会，更好地达成课程目标。学生们针对课文主题，联系社会真实问题，在项目式学习的环境下，设计出了能够解决问题的项目作品。实践证明，学生们在 PBL 活动的准备和呈现过程中提高了团队合作能力、与人交流的能力、研究能力和解决问题的能力。下面摘取了部分他们在 PBL 研究日记中的感悟和收获。

（1）合作能力："我在 PBL 活动中感受到了工作小组中小组成员合作的魅力，大家积极配合，主动承担相应的责任，并在呈现形式模块分别提出自己的想法，使我们的工作小组成果表现形式更具新意。在这次的工作小组中，我在同伴身上学会的是创新和包容，无论是主题的确定、内容的规划，还是形式的创新、细节的沟通，工作小组成员间一直以一种积极主动、认真配合的氛围实现小组的合作。"

（2）与人学术交流的能力："在思考内容和查询资料的过程中学习到了同他人交流的方法，了解了相关的专业术语和心理学知识。我们通过沟通来找到彼此认为有价值且自身感兴趣的话题，然后思考和创新展示形式。我们首先要把自己的想法准确的表述出来，最好是纸面化的展示，然后结合报告的形式把想法进行拆分和提炼，把自己展示的内容投入到合适的模块中去。我们学会了在 PBL 中更加逻辑清楚地阐释观点；学会了在面对一个主题时如何发散思维去找到相关的有价值的话题，并在保持双方关联的同时往现实生活方向去做更加有实践意义的延伸。"

（3）与人沟通的能力："组员们主动参与，敢于发表自己独特的见解，营造了一种民主的氛围。我学会了倾听、尊重他人的意见，从别人的发言中激发自己的想法，把自己的想法大胆说出来，给探索的内容以合理的补充和扩展，在别人的启发下完善自己的观点" "遇到意见分歧之时，合理协商、沟通是化解矛盾的最佳方式。"

（4）解决问题的能力："从发现问题到研究问题再到解决问题，通过调查问卷，上网查找，小组交流等形式搜集数据并提出新观点。第一次讨论我们以具有创造性的思维建立学习研究框架，明确分工，将小组成员分为收集数据组和成果展示组，并设置 deadline。第二次讨论我们分享了搜集的数据并讨论第二次分工，计划要完成的 PBL 问题清单和要达到的学习成果。第三次小组讨论进行了完善，按时完成学习任务。我们的创新思维能力、信息搜集能力、小组合作能力、沟通表达能力都得到了提升。" "在这次 PBL 中我学会了运用知网去搜索相关学术论文要达到的我觉得这对我的信息检索能力是一个很大的提升。" "PBL 这种模式让我由被动变主动，主动思考问题，力求找到解决办法。"

（5）英语语言能力："在 PBL 工作过程中，我们都提升了英语演讲水平、口语发音以及逻辑思维能力，收获了与小组成员的友谊。"

（6）反思能力："我也深刻认识体会到，一直拖延的坏处，以及自身经验与能力的欠缺，对时间的安排与管理的不合理性。" "遇到问题不能够快速想到解决办法，对问题的思考不够深入，缺乏创新。在以后的学习中，我将更加注重多角度思考，培养创新性思维，多与他人交流，勇于表达自己的想法，学习他人的优点，在小组合作中服务集体，成就自我。"

同学们也谈到了本期参与 PBL 活动的困难和困惑。集中体现为：

（1）大家对 PBL 的概念不够了解。

（2）在最初很长一段时间里，小组讨论效率低下，迟迟没有讨论结果。

（3）在合作过程中遇到的最大困难就是线上讨论与展示，这在一定程度上阻碍了我们的发挥。以后如果有机会再次合作，我们都非常希望能没有阻碍地在线下团聚并工作。

2. 评委评价

评委评价的主要内容见图 2。

评委评语.doc

同学们，恭喜你们完成了一项浩大的工程！今天能得到李老师的邀请，来欣赏大家的汇报展示，我深感荣幸！同学们在PBL活动中的辛勤付出和丰硕成果给了我很大的惊喜。

大家在小组合作中集思广益，各种点子精彩纷呈，问卷调查、迷你短剧、辩论、演讲等各种形式新颖而有趣。它们既能促进大家深入思考，又能以直观生动的方式将研究结果呈现给观众。

同学们选择的主题也很有启发意义，不论是网络暴力还是城乡差异，抑或是美好爱情，都能让我结合自己的生活经历深入思考，为我提供很多新的见解和思考方式。

在此也给大家提点建议。问卷设计本身也是一门学问，大家在初次尝试之后，可以抽时间学一下问卷设计的原理和简单的统计分析方法，以便下一次能够更加深入地挖掘数据背后的信息。

同时，大家在讨论一个主题时，可以将相关的内容一并拿来讨论，以便收获更多有意思的知识。比如《夜莺》一课讲爱情，而探讨爱情的文学作品还有很多，大家可以多拿几篇来比较分析，从而对爱情有更加深入的理解。这里给大家推荐一个短篇小说《A Dill Pickle》，篇章名是一道开胃菜，作者用它来象征初恋，感兴趣的同学可以去读一下。

总之，我很享受大家的精彩演出，只可惜线上无法完全感受到大家的风采，期待能有机会在线下欣赏大家更加精彩的表现！

图 2　评委评价

3. 学生团队成果

学生成果展示见图 3。

图 3　学生成果呈现

五、教学反思

此次场景化项目式教学实践，从学生的过程研究日记，及最后呈现出的多样化的项目产品，如问卷调查分析、短剧、视频、辩论、演讲、采访等，我们认为，学生们对课文主题有了更深的了解。同时，同学们选择的主题，无论是乡村差异、网络暴力、美好爱情等，都直指与课文主题相关的社会现实问题，通过小组在持续时间内的协作、分析、研究，最终找到驱动性问题的答案。这次教学改革提升了学生们的批判性思考能力、解决问题的能力、团队协作及语言使用能力。

但毕竟是第一次探索，我们改进的空间仍然巨大。通过与课题团队、学生的交流，反复阅读学生的研究日记，我们将本次教改的不足之处及未来改进方向总结如下：

（1）教师缺乏对PBL项目式学习的深入理解，关键环节把握不够。教师要加强该领域的学习，这样才能在为学生提供学习的"脚手架"时，提供更多高质量、建设性的、有针对性的指导。在未来的PBL教学改革中，我们要在改革初期设置铺垫阶段，帮助学生清楚了解PBL项目内容、目标、意义及进行相应的心理建设。

（2）此次教学实践中，PBL项目式学习的流程设计不够细致，特别是在时间管理上，项目工期和关键里程碑未能详细设置，未能给学生提供提升协作效率的辅助工具，比如任务分配表、反思记录。这样就没有办法在每次活动中给予学生及时的反馈。学生们因为对流程设计不了解，把项目推到后期才开始行动，从时间投入到产品质量，都受到了负面影响。

（3）PBL项目式学习强调多元评价，但如何开展、如何平衡过程性评价和结果性评价，如何在限定时间完成项目并保证效果等，这些问题的解决仍存在困难，有待进行改进。

（4）PBL教学实践对学生学习效果及其他能力的提升，除了在学生的研究日记及反馈中获得数据，还应该通过更加多样化的方式进行评估，比如采访、问卷和语言测试等。

五、附录材料

附录1：参考文献

［1］AFFANDI A，SUKYADI D. Project-based learning and problem-based learning for EFL students' writing achievement at the tertiary level［J］. Rangsit Journal of Educational Studies，2016，3（1）：23-40.

［2］CHEN C H，YANG Y C. Revisiting the effects of project-based learning on students' academic achievement. a meta-analysis investigating moderators［J］. Educational Research Review，2019，26：71-81.

［3］STOLLER F. Establishing a theoretical foundation for project-based learning in second and foreign language contexts［J］. Information Age Pub，2006.

［4］SCHUTZ K M，DANIELSON K A，COHEN J. Approximations in English language arts：scaffolding a shared teaching practice［J］. Teaching and Teacher Education，2019，81：100-111.

［5］董艳，孙巍. 促进跨学科学习的产生式学习（DoPBL）模式研究：基于问

题式 PBL 和项目式 PBL 的整合视角［J］. 远程教育杂志，2019（2）：81-89.

［6］何其莘，黄源深，秦秀白，等. 近三十年来我国高校英语专业教学回顾与展望［J］. 外语教学与研究，2008，40（6）：427-432.

［7］教育部高等学校教学指导委员会. 高等学校外语类专业本科教学质量国家标准［Z］. 北京：高等教育出版社，2018.

［8］蒋洪新. 关于《英语专业本科教学质量国家标准》制订的几点思考［J］. 外语教学与研究，2014（3）：453-460.

［9］杨丽萍，韩光. 基于项目式学习模式的大学英语学术写作教学实证研究［J］. 外语界，2012（5）：8-16.

［10］张文忠. 国外依托项目的二语/外语教学研究 三十年［J］. 中国外语，2010（2）：68-74.

［11］张文忠. 英语专业学生对依托项目学习的评价［J］. 外国语文研究，2011（2）：89-101.

附录 2：学生作品（PPT、采访视频及音频、短剧视频、演讲、辩论视频、图片、评委问答、过程性评价材料）

（1）学生准备过程（见图 4、图 5）：

中体会课文相关内容的思想

3. 我们最具有挑战性的问题是：怎么样可以与观众互动并且产生共鸣，我们采取了讲述词汇的新型方式，加大词汇的趣味性，增加了辩论环节，让大家可以更好的发表言论。

4. 遇到的问题以及解决方案：我们在进行问卷撰写的时候，想不到特别好的问题。所译我们就去参考了一些网上的热点相关话题以及相关问题。并且同时找寻了相关问卷调查的问题进行参考。

5. 我们在合作过程中有意见不相符也有意见相遇的时候，在意见不相符时我们会一起讨论寻求一个解决方案。就像我们在讨论话题引入的时候，在考虑时否需要视频，有同学觉得太麻烦，但是有同学觉得很有意思，所以在最后的讨论中我们选择在网上找一个视频进行剪辑，而不是自己拍一个既节省了时间，又可以取得很好的效果。在和他们一起工作的时候，我的思维得到了极大的启发，他们中有些人思维很跳跃可以提供特别好的思想，他们的汇总找寻资料的能力也很强可以很好的帮助到工作的推进。

6. 在项目的不同阶段：我们联系了自己的生活，因为自己现在的生活也是属于快生活，和自身联系可以更好的体会快慢生活之间的差距。同时我们还查阅了历史背景，感受过往慢生活与快生活的不同。

7. 在项目的不同阶段，我们使用了剪辑的技术 同时也提高了自己查阅资料的能力。

8. 最后在展示中我们可以呈现的项目有视频：有关课文内容的概述

案例分析：有关课文背景内容

辩论：就课文主旨进行讨论

问卷调查：关于快慢生活的调查。

图 4　学生准备过程 1

图 5　学生准备过程 2

（2）部分项目成品展示（学生答辩、评委问答，见图 6）：

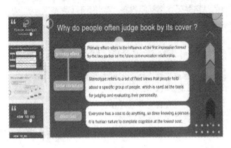
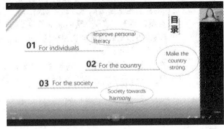

图 6　部分项目成品展示

（3）教师指导（见图7）：

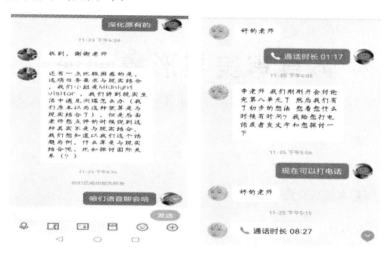

图7 教师指导

（4）过程性评价材料（见图8）：

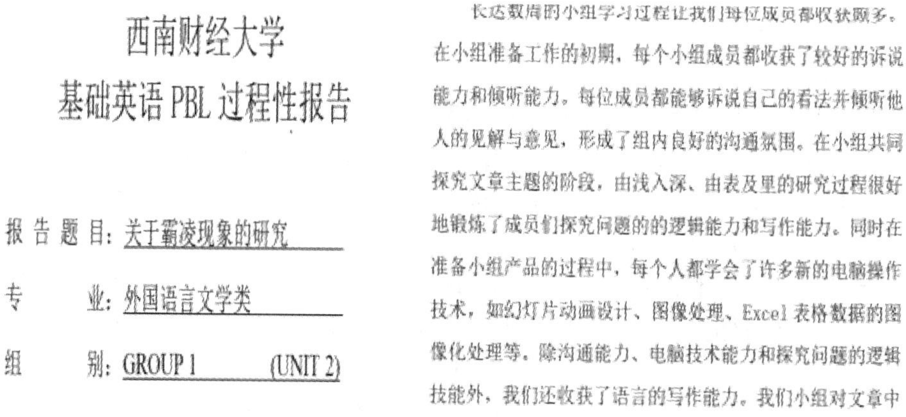

西南财经大学
基础英语PBL过程性报告

报 告 题 目：关于霸凌现象的研究

专 业：外国语言文学类

组 别：GROUP 1 (UNIT 2)

长达数周的小组学习过程让我们每位成员都收获颇多。在小组准备工作的初期，每个小组成员都收获了较好的诉说能力和倾听能力。每位成员都能够诉说自己的看法并倾听他人的见解与意见，形成了组内良好的沟通氛围。在小组共同探究文章主题的阶段，由浅入深、由表及里的研究过程很好地锻炼了成员们探究问题的的逻辑能力和写作能力。同时在准备小组产品的过程中，每个人都学会了许多新的电脑操作技术，如幻灯片动画设计、图像处理、Excel表格数据的图像化处理等。除沟通能力、电脑技术能力和探究问题的逻辑技能外，我们还收获了语言的写作能力。我们小组对文章中

图8 过程性评价材料

（西南财经大学外国语学院 李琳）

体育审美与形象管理
——"形体与礼仪"课程项目式教学案例

一、案例基本情况介绍

（一）适用课程

体育理论课、实践课。

（二）适用对象

本科大一、大二学生。

（三）适用范围

本课程教学内容均适用。

（四）案例背景

在全国高校思想政治工作会议、全国教育大会等重要场合，习近平总书记就思政课建设多次提出明确要求："办好思政课，是我非常关心的一件事。""人无德不立，育人的根本在于立德。这是人才培养的辩证法。办学就要尊重这个规律，否则就办不好学。"在习近平总书记看来，青年学子"人生的扣子从一开始就要扣好"。处于"拔节孕穗期"的青少年，需要思政课补钙壮骨、固本培元。立足于实现"两个一百年"奋斗目标，立志于中华民族千秋伟业，习近平总书记强调办好思政课的深远意义就在于，"必须培养一代又一代拥护中国共产党领导和我国社会主义制度、立志为中国特色社会主义事业奋斗终身的有用人才"。思想政治理论课就是落实立德树人根本任务的关键课程。

"形体与礼仪"课程是为本科一、二年级开设的公共体育选修课程，也是学校体育课的核心课程之一。在体育与艺术交融的坐标系内，"形体与礼仪"课程在美化大学生体态，增强大学生自信，培养大学生优雅的气质等方面有着非常重要的作用。形体训练和礼仪规范中蕴含很多可挖掘的思政教育资源，能够发挥多方面、多维度的育人功能，与思政课程同向而行、同频共振。因此，建立党史融入"形体与礼仪"课程就显得尤为重要。本课程通过结合党史进行系统知识讲授、翻转课堂、分组探讨、混合式教学、比赛表演等形式，使学生了解我国迎宾礼仪发展史的特点，明确大学生礼仪的基本概念，掌握体育理论基础知识，正确理解形体训练技术要领，懂得如何提升礼仪行为规范；运用形体和礼仪相互融合的关系，使学生在练中学，在学中悟，在悟中用；同时重点培养学生的创造能力和实践能力，培养学生的团队意识、组织能力与协调能力，起到健全人格，锤炼意志的作用。

（五）教学重难点

如何将党史等课程思政元素融入到体育教学中。讲好党史故事，融入体育课程，是时代赋予高校体育课教师的责任和使命，教师要从把握党史故事学习教育的重点、彰显党史故事的深度、传递党史故事的温度三个方面着手，讲好党史故事，结合体育课程特点，赓续红色基因，体现奥林匹克精神。讲好党史故事是党史学习教育的一个重要渠道，党史故事学习教育要借助于党的英雄人物、典型事件、革命精神等，吸引、打动、感召学生，引导学生爱党、爱国、爱社会主义，做社会主义事业的接班人。

（六）创新点与特色

形体训练是通过专门练习进行优美体形的塑造，具有美的肢体语言。礼仪规范是对人的美好形象的约定，施礼是对美的形象的塑造与展示，个人形象与仪容、服饰礼仪关系密切。本课程群从形休塑造、礼仪形体训练及个人形象管理等方面入手，让同学们能较容易地掌握塑造优美体形的方法，在强身健体的同时，掌握基本礼仪形体和基本形象管理相关知识，从形体和形象全方位塑造学生自信、独立、优雅、沉稳的品质，助力同学们在社会交往和职业生涯的实践中取得成功。

本课程经过长达 16 年的形体与礼仪教学和 13 届西南财经大学"光华杯"健康活力大赛的淬炼和积累，建立了"形体与礼仪"课程群，其中包括"芭蕾形体训练""礼仪形体训练""个人形象管理""艺术体操比赛"和"游泳"五个方面，各环节相互融合、互为补充。课程团队在不断创新和优化课程内容的过程中，积极探索、建设、完善本课程体系，通过项目特点、课程特色，全方位地对体育育人功能进行诠释，在课程教学中实现了以下课程思政融合。

（1）16 年来，课程教学团队采用《红色娘子军》《青花瓷》《茉莉花》等中国特色音乐，将思政教育、中国传统文化融入球操、纱巾操、扇操、徒手操等原创作品中；将东京奥运会艺术体操中国代表队比赛曲目《敦煌》录像、芭蕾舞剧《红色娘子军》等作品作为创编欣赏范例，将党史融入思政教育中，潜移默化地进行课堂思政教育，培养学生树立乐观、积极的人生态度和爱国主义情怀，传承中国优秀传统文化。

（2）在课堂上，教会学生优美体型练习方法、礼仪形体练习方法、集体成套动作创编方法、身体素质训练方法，让学生在享受学习乐趣、增强体质、健全人格、锤炼意志的过程中做到相互尊重、团结协作、和谐包容、交流互鉴。

（3）2020 年 9 月课程团队在中国大学慕课（SPOC）平台和超星学习通平台建设线上课程。在线上教学中，课程团队积极拓展形体训练方法、个人形象管理、礼仪形体练习、服饰色彩搭配、化妆技法技巧、身体素质练习、商务礼仪运用以及游泳的学习等内容，让学生利用碎片化时间进行知识积累和储备，丰富教学内容，延伸教学效果，使学生达到完善自我形象，提升个人魅力，增强社会适应能力的学习目的。

（4）在课下督促学生进行课外锻炼打卡，树立终身锻炼意识，并将锻炼视频、照片、截图等提交到学习通上。除了将课堂知识、线上拓展知识融入日常生活及交往中并形成习惯，做到举止大方、彬彬有礼、阳光自信之外，教师还鼓励大家用实际行动去感染、帮助身边的同学改善不良体态，使之拥有挺拔的身姿和得体的举止，把礼仪社会化、生活化。

（5）在连续13年的西南财经大学"光华杯"健康活力大赛舞台上，同学们均设计了原创艺术体操作品参与比赛，检验了课程的学习成果，培养了团结协作精神，增强自信心，提升审美观，完善自我修养。

（6）为优化课程思政内容供给，教师除了选用专业教材外，还增加了两本马工程重点教材——《当代中国外交》和《艺术学概论》，为学生的价值塑造和能力培养提供了坚实的理论基础。目前本课程开展线上线下混合式教学，线上教学通过超星学习通和中国大学MOCC（SPOC课程）平台进行教学内容的完善和补充。课程集健身性、知识性、趣味性、实用性于一体，以身体练习为基本手段，融入职场礼仪规范和标准，展现个人的气质和魅力，体现个人的内在学识和文化修养，培养团队协作精神，激发学生树立乐观、积极的人生态度，树立终身体育观，全方位、多维度打造健康体质、完美体态、健全人格的新时代大学生。

二、案例设计过程

（一）教学目标

1. 知识目标

通过本课程的学习，了解我国迎宾礼仪的发展历史，弘扬礼仪传统；领略我国领导人在外交礼仪中展现的大国风范，增强民族自信；锤炼待人接物的不凡气度与道德修养，建设精神文明；掌握礼仪基本姿态的形体动作要领及行为规范，完善个人形象。

2. 能力目标

通过对礼仪的学习，提高学生自我约束、自我克制的能力，启发、引导学生"知史爱党、知史爱国、以史明志"，不断提升学生礼仪实际运用能力，使学生学会优雅的姿态，建立良好的审美能力和艺术文化修养。针对财经院校学生特点，加强形体训练和塑造，不断提升学生的礼仪实际运用能力，让立德树人和"五育"并举落地、落细、落实，培养综合发展的新时代财经人才。

3. 情感目标

中华民族素有"礼仪之邦"的美誉，学生在交往过程中应时刻提醒自己养成有礼貌、有素养的习惯。厚植学生爱国主义情怀和民族自豪感，使学生明白礼仪是社会文明的具体展示和重要体现，是人际关系中不可缺少的纽带，更是展现一个民族、一个国家的人情风尚、精神面貌和进步程度的媒介，是连接国与国之间平等沟通、相互尊重的桥梁。

（二）学情分析

1. 自然情况

本课程是全校任选课，一学年两学期，本学期开设教学行政班7个，共193人，均是大一学生，来自全校不同学院不同专业。

2. 学习情况

（1）本课的教学对象是大一年级学生，对东京奥运会、全运会、北京冬奥会、冬残奥会有一定的了解和认识，观看过奥运赛事的精彩画面。因此，课程选择融入习近平总书记的体育情怀、体育外交和体育强国梦更能引起学生的共鸣，运用最真实的事例，触及学生内心的情感，激发民族精神，弘扬爱国主义。学生通过观看图片、视频赏析、理论学习，领悟到体育精神的真谛，明白了体育外交的作用，感受到体育不仅事关人民的体质和为国争光，更是在全面提高中国国民身心素质和精神鼓励上起到不可或缺的作用。因此，体育强国梦是中国梦不可分割和不可缺少的有机部分。学生通过参与线上讨论、完成课后作业、提交锻炼视频等方式，进一步树立终身体育观，把个人梦想、体育强国梦和中国梦紧密结合起来。

（2）在学习通讨论区关于芭蕾舞剧《红色娘子军》编排的元素运用的讨论中可以看出，学生对这台舞剧的感知仅限于听说的阶段，对其原型故事知之甚少，更不明白它具备的深层次含义和重要作用。因此，在教学过程中，教师更应耐心细致地讲解，配合视频赏析，让学生直观感受到这台舞剧的魅力。学生通过学习，领会到这不仅仅是芭蕾舞剧的创新，更是中国革命的创新，这在世界芭蕾舞史上都是第一次，它既有芭蕾舞剧的共性，又具有中国风格和中国气派。学生们表示，他们在观看视频的过程中产生了强烈的共鸣，跌宕起伏的情节和配乐，有助于帮助自己在音乐语言和身体语言方面相互渗透融合，让自己得到进一步提升，这对形体芭蕾动作的学习更具指导意义和现实意义。在混合式教学过程中，学生通过观看线上视频教学，配合线下自拍练习动作视频，加强了对动作的领悟能力；在生生互评环节，更能实现互帮互助、交流互鉴的作用。

（3）大学本科学生，身心发展已渐成熟，不仅具备了一定的观察、分析、创新能力，还具备了一定的社会形态认知能力和运动能力。教师在教学中应充分发挥学生的主体地位，调动其主观能动性和求知积极性，增强学习效果，为课后自主练习打下良好的基础。学生对我国迎宾历史的发展比较陌生，教师要注意采用简单明了、直观具象的方法来教授本课内容，让学生明白礼仪知识的运用在众多场合都非常重要。学生从日常休闲的状态进入商务严谨的场景，难免会有生理和心理的茫然及困惑，教师应适时引导，从身边事说起，从小事说起，从日常说起，帮助学生掌握正确的学习方法，由简到繁、由易到难、循序渐进地引导学生完美转变。课程采用分组的方式进行社会化学习，让学生在自主消化知识的同时也能在同伴的启发下获得提升和改进。课程还采用情景模拟的方式，把礼仪知识转化成社交能力，为求职面试赋能。

（4）在教学过程中教师要充分引导学生树立良好的思想品德和道德情操，在学习体育知识的同时学会如何做一个懂礼仪、知礼节的人。教师应培养他们的集体主义精神、不怕苦不怕累的顽强精神，更应培养他们独立自主的能力。我国迎宾礼仪发展史是党史融入思政中非常重要的一部分，学生应结合礼仪知识的学习，了解党史是如何贯穿迎宾礼仪发展全过程的，了解如何在商务场合中灵活运用礼仪知识，保持优雅得体的姿态。在日常生活中讲究礼节礼仪、注重仪表形象是社会主义核心价值观及精神文明建设最基本的要求。

（5）帮助学生建立良好的学习习惯和运动方法，引导并要求学生先从自身行为做起，再到怎样学习，最后到提高技术技能。教师在教学过程中要激发学生的学习兴趣，养成其自主学习的能力；鼓励学生的创新、尊重学生的意见和认可学生的努力，让学生在课堂上获得新知、敢于挑战、得到滋养。

（三）思维导图

案例思维导图详情见图1。

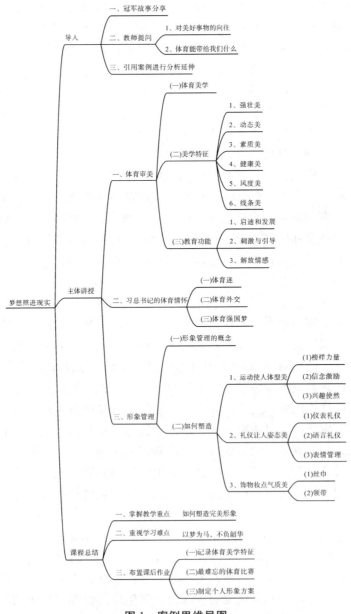

图1 案例思维导图

（四）理论及实践

"形体与礼仪"课程于 2021 年 3 月同时在超星学习通和中国大学 MOCC（SPOC 课程）上线，2022 年秋季学期该课程超星学习通累计访问量近 11 万（见图 2—图 5）。学生在线上进行理论学习、小组讨论、作品赏析、视频纠错、课后锻炼情况提交等。现代化教学技术的运用丰富了教学手段，巩固了教学成果，提升了教学质量，真正实现了线上线下混合式教学。学生不仅能在线下与教师进行面对面学习，也可以在线上反馈学习情况。本课程利用信息技术优化课程教学，转变学习方式，创新教学模式，打破了传统体育课的约束，使体育课更有深度和广度，是普通高校体育选项课教育教学改革的成功范例。

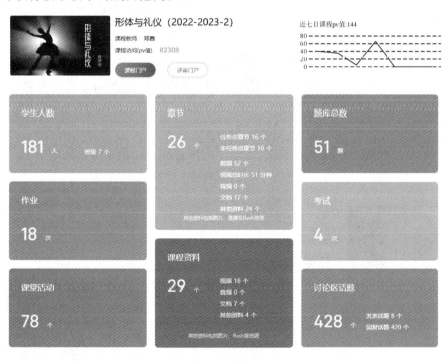

图 2　课程上线网络平台 1

图3　课程上线网络平台2

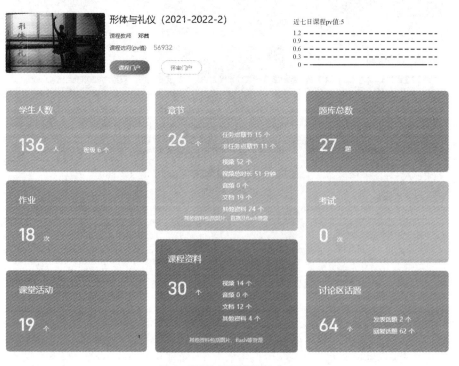

图4　课程上线网络平台3

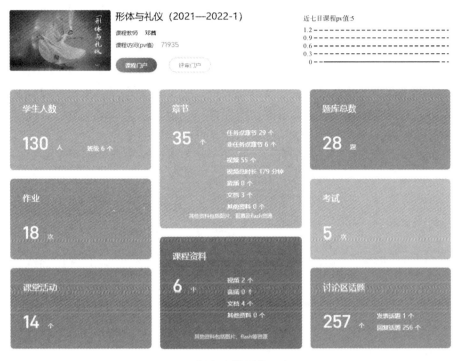

图 5　课程上线网络平台 4

三、项目式教学案例

本课程包括体育理论、形体训练和仪表礼仪三大板块，根据教学内容多样化的特点和体育课程的特殊性，案例节选实施方案中"梦想照进现实"来进行展示，教学时长为 20 分钟。具体内容可扫描二维码观看。

PBL 项目式教学设计案例

四、案例实施方案

（一）课程教学内容

本课程内容包括五个部分：

（1）芭蕾形体训练，主要讲述基本姿态、舞姿、扇操成套动作、创编成套作品、体能组合训练、身体素质练习等，让学生通过专门练习进行美的体形的塑造，学会美的肢体语言。

（2）礼仪形体训练，主要讲述基本站姿、蹲姿、行姿、坐姿、礼仪形体综合训练、商务礼仪，通过礼仪规范，对美的形象进行塑造和展示。

（3）形象管理，主要讲述色彩认知与辨识、色彩搭配原理、体型与着装、体型自测与分析、个人形象管理（风格种类与搭配、如何拥有精致妆容、着装搭配等），通过讲解基本礼仪形体和形象管理相关知识，从形体和形象方面全方位塑造同学们的自信独立、优雅、沉稳的品质。

（4）健康活力大赛艺术体操比赛，主要通过创编成套作品，检验和提高教学效果，帮助学生在体育锻炼中享受乐趣、增强体质、健全人格、锻炼意志，使学生做到课中相互尊重、团结协作、相互包容、相互理解，课后举止大方、彬彬有礼、阳光自信，树立"做人礼先行"的意识，传承中华民族传统美德和优良作风。

（5）游泳，教学内容为蛙泳。游泳作为人类生存的基本技能以及减肥塑身、强身健体的运动项目，对于每个大学生来说都是非常有必要学习和掌握的。

（6）本学期课程教学内容如下：

①芭蕾形体训练：手位、脚位、重心移动、手臂波浪、身体波浪。

②礼仪形体训练：基本站姿、行姿、坐姿、蹲姿、握手、礼仪形体训练、商务礼仪。

③形象管理。

第一，色彩认知与辨识。

第二，色彩搭配原理。

第三，体型与着装。

第四，体型自测与分析。

第五，个人形象管理。

西南财经大学"形体与礼仪"课程开课情况如图6所示。

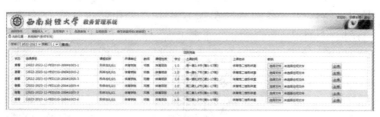

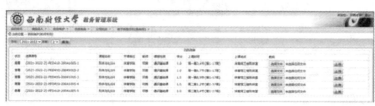

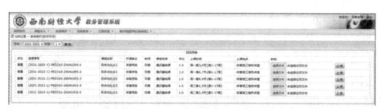

图6 西南财经大学"形体与礼仪"课程开课情况

（二）课程实施方案

西南财经大学"形体与礼仪"教学实施方案见二维码。

教学实施方案

五、案例评价

（一）教学效果评价

经过 16 年的"形体与礼仪"课程教学和 13 届的西南财经大学"光华杯"健康活力大赛的积累、沉淀以及两年线上课程的建设实践，我们在不断总结、创新、完善、提升本课程构架的同时，充分实现将课程思政融入本课程教学内容和教学环节中，潜移默化地贯穿"教会—拓展—勤练—常赛"全过程，取得了不错的教学效果，得到学生一致好评。在不断创新建设和优化课程构架的过程中，课程团队先后参加中央高校教改课题"高校慕课建设""线上线下混合式金课建设""'形体与礼仪'课程线上线下混合式教学法的探索与研究"等课题研究；原创作品《古韵扇操》于 2020 年 12 月登录"学习强国文艺素养频道"。我们通过课程融合创新应用教学手段的实施，线上线下相结合，弥补了传统体育教学中重技术轻理论、强外化弱内功的不足，丰富了学生对体育技术的理解，提升了学生的学习热情和动力，加速了学生掌握技能的进度。我们运用网络载体，督促学生课后巩固练习、锻炼身体，养成每天锻炼一小时的习惯。据统计，95% 以上的学生能够按照要求在学习平台上进行学习并提交作业。大部分学生能在课后自主进行团队成套编排，上传练习视频和照片，参与分享和讨论。学生参加西南财经大学"光华杯"健康活力大赛——艺术体操比赛的热情高涨，每年参赛人数近千人。该课程在 PBL 项目式教学的应用中使大学体育教学更加全面化、深入化、多样化。"光华杯"相关报道见图 7。

图7　西南财经大学"光华杯"健康活力大赛新闻报道

（二）学生个体、团队或班级成果

在 2021 年西南财经大学"光华杯"健康活力大赛的五个大项（武术、瑜伽、健美操、体育舞蹈、艺术体操）中，艺术体操的参赛人数最多，普及面最广。本人所教授的五个教学班共 191 人参加了此次比赛，经过同学们课上齐心协力地编排，课后认真刻苦地排练，参赛学生取得了不俗的成绩。混合组：第二名，233 队；第四名，烟雨行舟队；第五名，炫舞飞扬队。女子组：第三名，惊鸿队；第四名，远黛山队；第五名，千霜队；第六名，TEN PERCENT 队；第八名，金陵十三钗队（见图8）。最佳编排奖，海棠队。同学们收获的不仅仅是荣誉，还有难能可贵的友谊。更重要的是学生们通过线上的作品赏析和竞赛裁判法学习，减少了动作错误、提高了编排质量、开阔了审美视野，在线下编排过程中学会了团结协作、拼搏奋斗、包容理解。

“爱成都，迎大运”

2022年西南财经大学第13届“光华杯”健康活力大赛

艺术体操专场获奖名单

（学院组/混合组）

名　次	学　院	成　绩
第一名	统计学院	92
第二名	会计学院1队	87.25
第三名	金融学院1队	85.5

（学生组/女生组）

名　次	队　名	成　绩
第一名	两朵七色花	92.5
第二名	微经宏经不如尘地叠经队	90.5
第三名	名门望组队	90
第四名	青云队	89.25
第五名	娉婷不群的9987队	88.75
第六名	广场舞温江分队	87
第七名	十二瓣儿护橘橘队	86.5
第八名	醉把佳人成双队	86.33

（学生组/混合组）

名　次	队　名	成　绩
第一名	南风知我意	91.875
第二名	啊对对对（3）	91.125
第三名	啊对对队（1）	90.625
第四名	都市十二兵王队	90.125
第五名	与扇队	89.5
第六名	江南风流帆	89.125
第七名	像木队	88.375
第八名	蓝色茉莉花队	87.875

最佳单项奖

单项奖	队　名
最佳编排奖	花田队
最佳表演奖	Swu-dancer
最佳团队奖	灵活的形体队
最佳创意奖	蜂蜜队
健康活力大使	李奥晴

图 8　2022 年西南财经大学第 13 届“光华杯”健康活力大赛艺术体操获奖名单

经过一学期的党史融入课程教学，教学效果显著，学生体悟颇多。课程教学以体育为载体，以党史为养料，减少了照本宣科、死记硬背，实现了在课上知史，课后明理，在赛中践行。为学而教，在引导中让学生学会知识；为用而教，帮助学生把知识转换成能力。

2020 级通识学院学生陈××说：“这门课程让我这个极度厌恶体育锻炼的人开始认识到体育的好处，同时形体课的学习使我不断提醒自己要保持优雅。我通过比赛更好地体会到体育与舞蹈、形体与礼仪的乐趣。唯有坚持锻炼才能拥有健康的身体和多彩的生活。”

2020 级财政学专业学生张××说：“从大一开学到现在我学到了很多东西。有扇操基本功、编排成套的能力、面试礼仪、服饰着装、打领带系丝巾、形体矫正与塑形、如何穿高跟鞋、化妆等很多有用的知识。同时，参加比赛还培养了我们团结协作，坚韧不拔的意志品质。这门课内容丰富且实用，非常值得选择、学习。”

2020 级经管专业学生赵××说：“‘形体与礼仪’课程对我而言是一个崭新的领域，我不仅学习到了很多新知识，还通过健康活力大赛，在审美素养、陶冶情操、激发创造力等方面得到了提升，使我拥有更多自信与勇气去发掘自己更多的可能性。”学生赛后感言见图 9。

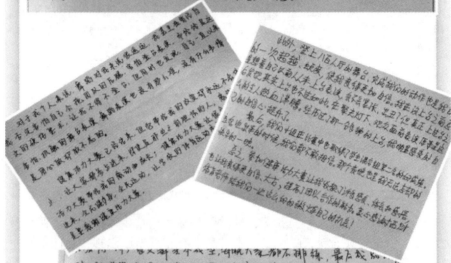

图 9　学生赛后感言

　　2020 级财务管理专业学生马××说："'形体与礼仪'是一门十分实用的课程，不论男生还是女生，都能学习到不少礼仪知识，感受礼仪的魅力，同时也给了我们锻炼团队精神、体育精神的机会，我非常推荐同学们学习这门课程。"学生礼仪学习感悟见图 10。

图 10　学生礼仪学习感悟

2020 级信息管理与信息系统专业学生杨××谈到："我从健康活力大赛中收获良多，不仅积累了比赛经验，锻炼了胆识，还收获了友谊，这也将成为我人生中一段珍贵的记忆。对自己选择"形体与礼仪"这门课程，跟随邓茜老师学习，参加健康活力大赛，我感到非常幸运，幸而遇之，幸而知之，幸而习之。"2022 年第一学期线上期末测验学生感情见图 11。

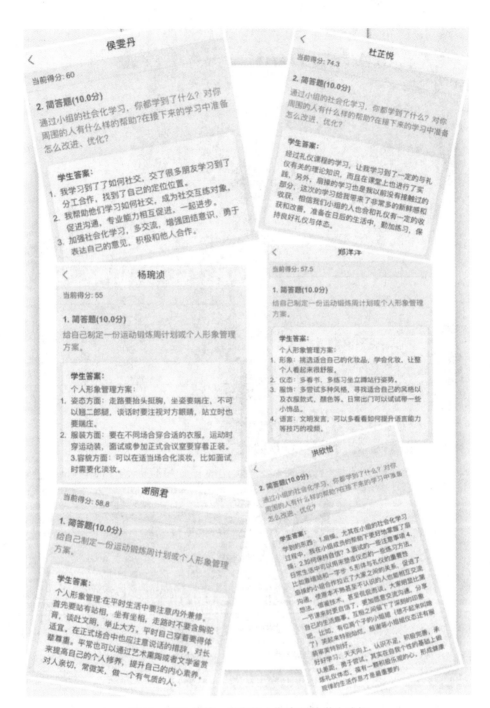

图 11 2022 年第一学期线上期末测验学生感悟

2020 级会计专业学生姜××说："在这次比赛中，我锻炼了自己团队协作的能力，意识到团队中必须互帮互助，同心协力，才能取得最佳成绩。感谢学校组织这次比赛，不仅让我们强健了体魄，还增强了集体主义精神，锻炼了团队合作能力。"

西南财经大学"光华杯"健康活力大赛精彩瞬间见图 12。

图12 西南财经大学"光华杯"健康活力大赛精彩瞬间

（三）其他教学成果及实施效果

（1）教案设计"形铸党魂，体育双馨，礼敬百年，仪聚风范"获西南财经大学2021年"党史融入课程思政"教学竞赛教案类一等奖。

（2）2021年西南财经大学课程思政教学比赛三等奖。

（3）《萧瑟秋风今又是，换了人间一百年》获2021年西南财经大学学习贯彻习近平总书记"七一"重要讲话精神主题征文比赛一等奖。

六、教学反思

讲好党史故事，融入体育课程，是时代赋予高校体育课教师的责任和使命。高校体育教师要从把握党史故事学习教育的重点、彰显党史故事的深度、传递党史故事的温度三个方面着手，讲好党史故事，结合体育课程特点，赓续红色基因，体现奥林匹克精神。讲好党史故事是党史学习教育的一个重要渠道，党史故事学习教育要借助于党的英雄人物、典型事件、革命精神等，吸引、打动、感召学生，引导学生爱党、爱国、爱社会主义，做社会主义事业的接班人。

1. 教师要树立正确的党史观

教师自己要对党史有科学的研究、客观的评价，才能向学生输送正确的知识，帮助学生树立崇高的信念。教师要切实把握中国共产党历史的主题和主线、主流和本质，坚决彻底地反对历史虚无主义，严斥断章取义、哗众取宠、造谣中伤的卑劣行径，正本清源，大力弘扬红色文化。讲党史故事的目的是传承红色基因，"历史"是内容，"故事"是形式，"育人"是目的，不能重"故事"轻"育人"，错把形式当成目的，故事讲得热闹，学生听得开心，但忘记了目的，这就是本末倒置、得不偿失。因此，讲党史故事要精心设计，让形式为内容添彩，让内容为目的服务，引导学生知史爱党、知史爱国。

2. 教学过程要严谨细致、善于引导，凸显党史故事的深度

习近平总书记指出，学党史讲党史不能停留在讲故事、听故事层面，要防止肤浅化和碎片化，要通过讲故事引导学生加深对党的历史理解和把握，加深对党的理论理解和认识。我们要立足党史故事的真实性，从细节着手，注重总结和引导，展现故事背后的理论性，挖掘故事的深度。

（1）要保证真实。党史故事不同于一般故事，真实性是党史故事的前提和价值源泉，只有真实才经得起细节的推敲和历史的检验。我们要遵循唯物史观的研究方法，占有第一手资料，多方考证、互相对比、去粗取精、去伪存真，客观公正地讲好党史故事，既不夸大取得的功绩，也不回避曾走过的弯路，用历史的真实回应质疑、展示成果。

（2）要注重细节。细节是历史的脉络，最能说服人。从时间的角度看，在当下的现实生活中，我们最容易感知到的是生动的细节，但缺乏对当下事件纵深性的认识。对于久远的历史，我们多的是概括和总结，缺少的是细节的支撑，这就容易使历史变得模糊不清，只能远远看到一个轮廓，给戏说和谎言留下了空间，也容易使人们对历史事件的解读停留在表层，难以提炼出史料背后的智慧。因此，我们要注重细节，通过历史的横断面，摸清事件的脉络肌理，凸显党史故事的深度；同时，要把细节放在宏大的历史进程中衡量，从整体的角度把握细节，不能碎片化研究和解读，只见树木不见森林，犯唯心主义的错误。

（3）要善于引导。教师要坚持灌输性和启发性相统一，注重启发性教育，引导学生发现问题、分析问题、思考问题，在不断启发中让学生水到渠成得出结论。青年学生处在人生的"拔节孕穗期"，最需要精心引导和栽培。教师要精心设计教学

方案，采用主题讨论、小组辩论、情景模拟等方式，或在春风化雨中润物无声，或在思维碰撞中火花闪现，让学生做到学有所思、学有所悟、学有所得。

3. 真信才有真情，真情才能感染人

假装的感情空有其表，无论语言多动听、辞藻多华丽、手段多先进，都不能触动人心。要把党史讲得有温度，教师首先要把自己沉浸到党史中，通过理论研究、深入学习等方式自我教育、自我提升，根植爱党情感，把党史的"党"字摆在首位，放入心里。

4. 丰富教学方式，让党史故事"升温"

党史故事和其他故事相比，有一定的严肃性，容易让学生产生距离感。我们可以用线上线下混合式教学、翻转课堂、VR模拟等方式调动课堂气氛，用故事会、辩论赛、实地调研等方式延伸课堂，用活泼的语言、生动的描述让党史故事"燃起来"，用漫画、微电影、文创等符合青年性格特点的方式让党史故事"活起来"。我们要优化教学模式，打破传统体育课教学理念，加强理论与实践融会贯通，同时也要注意形式和内容的关系，防止过分追求形式导致内容"空心化"。

七、附录材料

（一）参考教材

1.《当代中国外交》——高等教育出版社，马工程重点教材

2.《艺术学概论》——高等教育出版社，马工程重点教材

3.《外交外事知识与国际交往礼仪》——广西师范大学出版社

4.《普通高校体育选项课教程》——西南财经大学出版社

5.《有礼走遍天下》——清华大学出版社

6.《形体训练》——北京体育大学出版社

根据《高等学校课程思政建设指导纲要》精神，打造有特色的体育课程，针对本课程的专业特点，结合课程教学内容，教师选用了马工程重点教材《当代中国外交》和《艺术学概论》为课程思政的主要教材，分别从外交礼仪、外交手段、新时代中国外交特点等方面树立学生的爱国主义情怀；再以学科基本内容和艺术学理论为基础，系统扼要地揭示艺术学的认知途径与研究方法，帮助学生在艺术创作、审美体验、艺术消费等方面初具意识形态。另外，辅以《外交外事知识与国际交往礼仪》《普通高校体育选项课教程》《形体训练》这三本专业课教材对学生进行全方位的塑造，让学生不仅在思想上得到洗礼，还能在实践中得到锻炼。

（二）教学平台

各种教学资料见超星学习通平台，线上教学链接：

超星学习通平台 https://mooc1.chaoxing.com/course-ans/ps/227716700

（三）学生作品

PBL项目式教学能激发学生的学习兴趣，提高学生的动手能力，使其快速掌握礼仪的基础知识并在各种场景中运用。经过多年的PBL项目式教学，我们认为这种教学方式加强了师生的双向交流，充分调动了学生的积极性和能动性，活跃了课堂

255

气氛，把学生的潜能挖掘出来、释放出来，从而达到了提高课堂教学效果、培养学生自主学习能力的目的。应用 PBL 项目式教学方法后，学生对课程的兴趣度明显提高了，并且能举一反三，用编排情景剧的方式，把基础知识转换成应用能力，结合社交场合和生活实际，将礼仪变成习惯（见图 13 至图 15）。

图 13　学生以小组为单位进行职场礼仪情景剧展示 1

图 14   学生以小组为单位进行仪表礼仪情景剧展示 2

图 15　学生以小组为单位编排扇操成套动作造型

（四）线上课程评审数据

本课程在超星学习通平台上已连续开设了四个学期，教师在平台上发布教学内容、课后通知、锻炼作业、开展讨论，将传统体育课进行线上线下混合式教学，这让学生不仅能学会知识，还能做到融会贯通，把课程的学习从课堂延伸到课后，促进学生持续地学习、锻炼、实践。由于课程性质的特殊性以及教学内容的多样性，教学活动通常在体育馆二楼形体室进行，大部分的教学活动也以实践课为主。因此，课程的板书、PPT 的使用、视频的播放等需要多媒体教学手段的部分相对受局限，向教师借助学习通平台，将以上相关内容用另一种方式呈现，在课堂上结合教学内容，在不同环节引入线上教学模式就能有效的解决这些局限，达到教学目的。比如：在学习扇操的阶段，先让学生进行视频观看，然后教师进行动作讲解，学生在练习过程中再对照视频进行巩固学习，课后还能进行再练习、纠错。本课程还有很多不完善的地方，我们还将进一步提升改进、迭代升级，把课程激活起来、把学生调动起来，立体施教，营造高质量的课堂场域，促使全人学习；在教学设计上、教学过程中充分关注学生的学习需求、情绪和状态，把"形体与礼仪"课打造成聚焦问题、激活旧知、论证新知、应用新知、融会贯通的五星教学活力课堂。形体与礼仪（2022—2023-1）评审申报数据表见图 16 至图 19。

形体与礼仪（2022—2023-1）评审申报数据表

https://mooc1.chaoxing.com/course-ans/ps/227716700　　数据导出时间：2022-12-20

期次名		2022-2023第一学期
选课人数	人数(人)	193
授课资源	授课视频总数量（个）	59
	授课视频总时长（分钟）	207
非视频资源	数量（个）	18
课程资料	数量（个）	62
课程公告	数量（个）	226
课堂活动	发放活动总数（次）	26
	参与活动总数（人次）	738
	发放签到总数（次）	26
	参与签到总数（人次）	738
测验和作业	总次数（次）	96
	习题总数（道）	40
	参与人数（人）	190
互动交流情况	发帖总数（帖）	1424
	教师发帖数（帖）	1239
	参与互动人数（人）	90
考核（试）	次数（次）	6
	试题总数（题）	18
	参与人数（人）	184
	课程通过人数（人）	184

图 16　申报数据表 1

形体与礼仪（2021-2022-2）评审申报数据表

申报链接：https://mooc1.chaoxing.com/course-ans/ps/223126004　　数据导出时间：2022-10-21 13:38

期次名		2021-2022第二学期
选课人数	人数(人)	124
授课资源	授课视频总数量（个）	52
	授课视频总时长（分钟）	51
非视频资源	数量（个）	49
课程资料		95
课程公告	数量（个）	185
课堂活动	发放活动总数（次	19
	参与活动总数（人次）	356
	发放签到总数（次）	14
	参与签到总数（人次）	248
	发放分组任务总数（次）	5
	参与分组任务总数（人次）	108
测验和作业	总次数（次）	103
	习题总数（道）	27
	参与人数（人）	122
互动交流情况	发帖总数（帖）	74
	教师发帖数（帖）	12
	参与互动人数（人）	30

图 17　申报数据表 2

形体与礼仪（2021—2022-1）评审申报数据表

申报链接：https://mooc1.chaoxing.com/course-ans/ps/219604098　　数据导出时间：2022-10-21 13:36

期次名		2021-2022第一学期
选课人数	人数(人)	130
授课资源	授课视频总数量（个）	55
	授课视频总时长（分钟）	179
非视频资源	数量（个）	9
课程资料	数量（个）	58
课程公告	数量（个）	168
课堂活动	发放活动总数（次	14
	参与活动总数（人次）	292
	发放签到总数（次）	14
	参与签到总数（人次）	292
测验和作业	总次数（次）	90
	习题总数（道）	28
	参与人数（人）	128
互动交流情况	发帖总数（帖）	897
	教师发帖数（帖）	768
	参与互动人数（人）	125
考核（试）	次数（次）	5
	试题总数（题）	10
	参与人数（人）	125

图 18　申报数据表 3

形体与礼仪（2020-2021-2）评审申报数据表

申报链接：https://mooc1.chaoxing.com/course-ans/ps/207141464　　　数据导出时间：2022-10-21 13:39

期次名		2019-2020第二学期	2020-2021第二学期
选课人数	人数(人)	216	173
授课资源	授课视频总数量（个）	52	52
	授课视频总时长（分钟）	51	51
非视频资源	数量（个）	45	45
课程资料	数量（个）	91	91
课程公告	数量（个）	23	23
测验和作业	总次数（次）	6	34
	习题总数（道）	11	11
	参与人数（人）	0	161
互动交流情况	发帖总数（帖）	12	0
	教师发帖数（帖）	12	0

图 19　申报数据表 4

　　全面推进课程思政建设是落实立德树人根本任务的战略举措，而体育正是塑造品格、锤炼精神、磨炼意志的重要环节。将课程思政融入 PBL 项目式教学活动中，能打破传统教学的枯燥和平淡，让教师的状态拉满，调动学生的情绪，凝聚学生的向心力，为课堂注入新鲜活力，使学生和教师彼此滋养、共同成长。教育家蔡元培曾说过，"夫完全人格，首在体育"，因此，我们不仅要强调体育强身健体的作用，更要深耕体育的育智育心的功能。相信在思政元素的融入和滋养下，西财学子将具备坚韧不拔的意志、团结协作的精神、遵守规则的意识，厚植爱党爱国情怀，成为能担当民族复兴大任的高素质、精专业财经人才。

（西南财经大学体育学院　邓茜）